나를 단단하게 만드는 심리학

나를 단단하게 만드는 심리학

—

2022년 5월 25일 초판 1쇄 인쇄
2024년 7월 5일 초판 5쇄 발행

—

지은이 피파 그레인지
옮긴이 장진영
펴낸이 고영성
책임편집 윤충희 편집·디자인 정혜림 저작권 주민숙

펴낸곳 주식회사 상상스퀘어
출판등록 2021년 4월 29일
주소 경기도 성남시 분당구 성남대로 52, 그랜드프라자 604호
팩스 번호 02-6499-3031
이메일 publication@sangsangsquare.com
홈페이지 www.sangsangsquare-books.com

값 17,800원
ISBN 979-11-92389-01-1 (03180)

FEAR LESS

나를 단단하게
만드는 심리학

두려움으로부터 벗어나는 방법

피파 그레인지 지음 | **장진영** 옮김

상상스퀘어

아블라예는 현실적인 관점과 사랑을 지녔으며,
내게 진정한 영감을 준다.
당신의 사례는 공포에서 자유로운 대담한 삶으로부터
얼마나 많은 것을 얻을 수 있는지 일깨워 준다.

추천사

"진정한 게임 체인저."
— 브레네 브라운 박사, 뉴욕 타임스 베스트셀러 《리더의 용기 Dare to Lead》의 저자

"두려운 시대를 살아가는 데 필요한 최고의 지침서."
— 마이클 캘빈, 《갈 곳 없는 사람들과 현재 상황 The Nowhere Men and State of Play》의 저자

"최고의 스포츠 심리학자 피파 그레인지가 공포와 마주하고 회복탄력성을 키우는 방법에 대해서 최고의 선수들과 일한 경험을 바탕으로 얻은 자신의 혜안을 들려주는 책이다."
— 애덤 그랜트, 《뉴욕 타임스》 베스트셀러 《싱크 어게인》《오리지널스》의 저자

"이 책은 우리가 느끼는 공포의 근원을 살펴보라고 격려한다. 이를 이해하고 받아들임으로써 감정적인 자유를 누리게 도와준다. 이 책을 추천한다."
— 줄리아 사무엘, 《애도 작업과 이 또한 지나가리니 Grief Works and This Too Shall Pass》의 저자

"피파 그레인지 박사가 날카롭게 진단했다. 공포는 내면 깊숙한 곳에서 자기표현과 기쁨, 성공을 가로막는 장애물이다. 피파 그레인지 박사는 낙관적이고 설득력 있게 공포를 극복하는 해결책을 제시한다."
— 가보 마테 박사, 《몸이 아니라고 말할 때, 당신의 감정은 어떻게 병이 되는가
When the Body Says No : Understanding the Stress-Disease Connection》의 저자

"실용적이고 강렬하며 심오하다. 피파 그레인지는 공포가 더는 당신의 발목을 잡지 않게 한다."
— 제임스 케르, 《흑인의 유산 Legacy: What the All Blacks Can Teach Us About the Business of Life》의 저자

"놀라울 정도로 개인적이고 강력한 책이다. 피파 그레인지는 우리가 공포와 대면하여 자유롭고 성취감이 가득한 삶을 사는 방법을 들려주며 아무도 모르는 사실을 폭로한다."
— 펀 코튼 TV 호스트 겸 프로듀서

"삶에 활력을 불어넣는 좋은 자극을 주는 책. 우리는 모두 공포를 이해하고 용감한 사람이 되는 법을 배워야 한다. 읽을 가치가 있는 훌륭한 책이다!"
— 전 NBA 농구선수 에디 존스

"가레스 사우스게이트 감독은 피파 그레인지가 잉글랜드 축구 국가대표팀을 완전히 바꿀 열쇠를 쥐고 있다는 것을 알았다. 그녀가 합류하면서 잉글랜드 축구 국가대표팀은 더 좋은 팀이 됐다."
— 케임브리지 공작(윌리엄 왕세손)

"그녀는 대단하다. … 그녀가 말을 하면, 모두가 귀를 기울인다."
— 델레 알리, 토트넘 홋스퍼 FC와 잉글랜드 축구 국가대표팀 소속

"잉글랜드 축구 국가대표팀은 지난 세기를 통틀어서 가장 단단했다. 모든 것이 심리학자 피파 그레인지 덕분이다."
— 《더 가디언The Guardian》

"월드컵 페널티 킥의 기적 뒤에 있었던 여인."
— 《데일리 메일Daily Mail》

저자 피파 그레인지Pippa Grange

피파 그레인지 박사는 스포츠 심리학 박사이자 문화 코치, 강연자이다. 호주 빅토리아 대학에서 응용 심리학 박사를 취득했으며, 스트레스와 성과의 관계를 주제로 논문을 작성하였다. 저자는 지난 20년 동안 많은 엘리트 스포츠팀, 주요 기업, 개인 연주자와 함께 다양한 활동을 했다. 호주식 풋볼팀과 뉴질랜드 럭비팀을 도왔고, 호주 수영팀과도 일했다. 2018년 월드컵에서는 잉글랜드 축구 국가대표팀이 우수한 성적을 내는 데 크게 기여했으며 선수들의 심리적 회복력을 키운 주역으로 인정받았다. 저자는 이 경험으로 공포를 이겨내고 진정한 자아를 통해 깊은 성취를 이루는 기쁨에 대한 영감을 얻게 되었다. 운동선수와 코치, 연주자들의 내면에 진정한 성공을 추구할 수 있도록 긍정적 동기를 부여했으며, 인간으로서 지녀야 할 위대한 가치를 기억하도록 도왔다. 그녀의 성과는 《쿼츠》, 〈폭스 스포츠〉, 《더 가디언》, 《데일리 메일》 등 여러 언론 매체에 실렸다. 피파 그레인지는 현재 여성과 소녀들에게 스포츠에서의 성공과 승리의 의미가 무엇인지를 알리는 활동에 관심을 두고 있다.

역자 장진영

경북대학교에서 영어영문학과와 경영학을 복수로 전공했으며, 서울외국어대학원대학교 통번역대학원 한영번역과를 졸업했다. 홈페이지 영문화 번역 등 다년간 기업체 번역 작업을 했으며, 현재 번역에이전시 엔터스코리아에서 출판 기획 및 전문 번역가로 활동하고 있다.

주요 역서로는 《더 나은 삶을 위한 경제학》, 《돈의 탄생 돈의 현재 돈의 미래》, 《아이디어》, 《스타트업 웨이브: 델리에서 상파울루까지》, 《돈앞에선 이기주의자가 되라》, 《더 클럽》, 《빅데이터, 돈을 읽다》, 《게임 체인저》, 《12주 실천 프로그램》, 《어떤 브랜드가 마음을 파고드는가》, 《행복한 노후를 사는 88가지 방법》, 《퓨처 스마트》, 《뜨뜻미지근한 내 인생에 빅씽》, 《케인스라면 어떻게 할까?》, 《슬픈 역사 공존의 시작 친칠라》, 《더미를 위한 비즈니스 글쓰기》, 《AI가 알려주는 비즈니스 전략》, 《목표를 성공으로 이끄는 법》, 《CEO사회》, 《세계를 정복한 식물들》, 《베스트셀러 작가들의 서재를 공개합니다》가 있다.

공포가 삶을 좌지우지한다. 이 말을 들은 당신의 반응은 어떤가? 옳거니 하고 맞장구를 치거나, 턱없는 소리라며 코웃음을 칠지도 모른다. 어느 쪽이든 중요하지 않다. 정말로 성공했다는 느낌이나, 성취감이 없는가? 그렇다면 장담하건대 당신은 지금 공포에 발목이 잡혀 앞으로 나아가지 못하고 있는 것이다. 이러쿵저러쿵 다른 사람들을 평가하거나, 자기 자신을 못 살게 닦달하고 있지는 않은가? 그게 다 공포 때문이다. 항상 부족함을 느끼는가? 그 역시 공포 때문이다.

나는 20년 가까이 퍼포먼스 심리 전문가로 활동하면서 사람들이 더 행복하게 일하고 노는 방법을 찾을 수 있도록 도왔다. 그리고 하나의 결론을 내렸다. 인간은 공포에 의해서 움직인다는 것이다. 여기에는 예외가 없다.

하지만 이상하게도 이 사실 때문에 기운이 쭉 빠진다거나 무기징

역을 선고받은 것처럼 절망하진 않는다. 오히려 공포의 역할을 인정하고 나면, 이내 정말 파격적인 결론에 이르게 된다. 만약 삶에서 공포의 영향력을 줄일 수 있다면 우리의 삶은 완전히 바뀔 것이다. 이런 이유로 공포를 다루는 일이 내 일의 근간이 되었다.

먼저 내가 어떻게 이 자리까지 올 수 있었는지 설명하겠다. 나는 리더, 운동선수, CEO, 공연가 등 다양한 사람과 일한다. 그들이 어려움을 이겨 내거나 회복탄력성을 기를 수 있도록 돕는다. 물론 그들이 성공하고 승리하도록 돕는 것도 내 일이다. 나는 탈의실, 이사회실, 육상 경기장, 수영장, 야구 경기장, 코트 등에서, 시커먼 남자들 틈바구니에서 많은 시간을 보냈다. 여자라고는 나 혼자였다.

사람들에게 자문할 때, 나의 접근법이 바뀌었다는 사실을 눈치챈 것은 10년 전이었다. 진정한 변화는 어려움에 대처하고 참고, 견디고 싸워서 얻는 것이 아니었다. 나는 일을 하면서 그보다 깊은 곳을 건드려야 진정한 변화가 생긴다는 사실을 깨닫기 시작했다. 일상 대화에서 수치심, 부족함, 외로움, 질투심, 불만족과 같은 주제가 거듭 튀어나왔다. 이것은 내 삶에서 너무나 익숙한 주제들이었다. 당신의 삶에서도 별반 다르지 않으리라.

예를 들어 이제 막 개인 최고 기록이나 심지어 세계 기록을 경신한 운동선수와 대화를 나눈다면, 그들이 신기록을 수립했다는 기쁨보다 다음 경기에 대한 부담감과 압박감에 먼저 빠져 있다는 사실을 알게 될 것이다. 또는 성공이라는 금자탑을 차곡차곡 쌓아 올리고 있는 성공한 사업가와 대화를 나눈다면, 그들이 자신의 허물만을 이야기하고 있다는 사실도 깨닫게 될 것이다.

나는 입상에 실패하거나 중요한 기회를 놓쳤어도 좌절하지 않은 사람들과도 일했다. 나는 사람들과 대화할 때마다 좀 더 깊이 그들의 내면으로 파고들고자 했다. 그들은 왜 타인과 다른 승리를 경험하는지 궁금했다. 어떤 사람들은 성공했음에도 성취감을 느끼지 못하고, 어떤 사람들은 실패했음에도 성취감을 느꼈다. 이런 차이가 생기는 이유는 무엇일까.

그래서 더욱 깊이 파고들었다. 내가 그 밑바닥에서 발견한 것은 다름 아닌 '공포'였다. 그리고 공포가 다양한 모습으로 우리 삶에 등장한다는 사실을 깨달았다. 우리는 이런 숨은 공포 때문에 자신의 삶이 설익었다고 느낀다. 이런 숨은 공포가 경쟁에서 뒤처지거나 누군가와 비교당할까 봐 전전긍긍하게 만든다. 삶 속에 숨어 있는 공포 때문에 무언가를 끊임없이 뒤좇고 더 나은 사회적 지위를 추구한다. 완벽주의자가 되거나 모든 것을 과도하게 통제하려고 하는 것도 숨은 공포 때문이다. 공포는 삶을 전쟁터로 바꾼다. 본모습을 숨겨야 한다고 말하고, 결코 만족스러운 삶을 살거나 삶에 만족하지 못할 것이라고 말한다.

나는 먼저 나 자신을 들여다봤다. 그리고 나 역시 마음에 공포를 품고 자랐다는 사실을 깨달았다. 나는 공공임대주택에서 어린 시절을 보냈다. 가정폭력뿐만 아니라 알코올 중독과 약물 중독에 노출된 편부모 가정에서 자랐고, 심지어 자살로 형제를 잃었다. 어린 내게 롤모델이었던 어머니는 "우리는 해변에서 싸울 것입니다."라고 외쳤던 처칠처럼 치열하게 사셨다. 그러한 어머니의 삶에는 중간중간 뭔가를 포기해야 하는 순간도 있었다. 이런 환경에서 겁이 없다는 것은 곧 감정을 억제하고 견뎌내는 것이라고 생각하며 자랐다.

나는 사람들과 거리를 두기 위해 소위 밥맛없게 행동했지만, 내 속에는 내성적인 범생이가 자리하고 있었다. 이후 단과대학에 입학했고, 정신적인 지주나 다름없던 강사의 도움으로 종합대학에 들어갔으며, 2개의 박사과정에 도전했다. 지금까지 하나는 완료했고, 나머지 하나는 진행 중이다. 호주식 풋볼팀뿐만 아니라 뉴질랜드 럭비팀부터 호주 수영팀과 잉글랜드 축구 국가대표팀에 이르기까지 전 세계 일류 스포츠팀과 함께 일하기도 했다.

외적으로 나는 성취욕이 높은 사람처럼 보였지만, 내적으로는 성취감을 전혀 느끼지 못했다. 나는 나에게 자문했던 사람들과 별반 다를 바가 없었다. 내 마음속에 자리 잡은 공포 때문에 늘 승리하기 위해 투쟁했고, 허세를 부렸고, 내 본모습을 남들에게 철저히 숨겼다.

자기 분야에서 성공한 사람들과 일대일로 대화하는 동안 나는 매번 그들의 공포와 마주했다. 공포는 모두 다른 모습이었지만 하나같이 파괴적이었다. 그래서 공포에 관해 허심탄회하게 털어놓는 방법을 고민하기 시작했다. 질투심이나 불만족, 자기비판이나 완벽주의 등 표면적으로 드러나는 문제의 근원을 살펴보기 위해서였다. 나는 결국 숨은 공포에 도달하는 방법을 찾았고, 그것을 제자리에 돌려놓는 방법도 찾아냈다. 우리 모두가 성취감을 느낄 수 있는 방법이었다.

다양한 조직과 일하면서 공포가 우리의 안팎에 존재한다는 사실을 깨달았다. 나는 인종차별, 약물과 알코올부터 회복탄력성과 정신건강까지 조직 구성원의 퍼포먼스에 영향을 끼치던 문제를 다뤘다. 그리고 공포는 각자의 머릿속에 존재하지만, 우리 문화가 그 공포를 부추기고 재활용한다는 것을 깨닫게 됐다. 다시 말해서 당신이 받아들인 신념, 당신이 맺고 있는 인간관계와 당신이 속한 환경이 당신의 머릿속에 있는 숨은 공포를 자극하고 재활용한다는 것이다.

그래서 나는 지난 10년 동안 퍼포먼스 심리전문가가 아닌 문화 코치로 나 자신을 포지셔닝했다. 개개인에 집중하는 것도 중요하지만, 개인적인 경험에 따르면 문화가 변할 때 가장 큰 차이가 나타난다는 사실을 깨달았기 때문이다.

이 책은 내가 문화를 연구하면서 알게 된 결과와 개인적인 경험을 통해 습득한 사실을 기초로 한 책이다. 이 책은 당신의 삶에서 공포를 일으키는 모든 이유를 찾고, 그것들을 대면하고 탐구한다. 더불어 이 책에는 당신의 문제를 되돌아보는 데 도움이 될 만한 사람들의 이야기가 담겨 있다. 이 이야기를 듣고 당신도 '할 수 있다.'라는 낙관적인 생각을 하게 되기를 바란다.

지난 수년 동안 나는 운동선수, 리더, 코치 등 수많은 사람과 일했다. 그들은 내게 개인적인 이야기를 들려주고 자신의 나약함을 있는 그대로 보여 줬다. 그들 모두 내게 귀중한 교훈을 가르쳐 줬고, 이 책을 쓸 수 있도록 용기를 북돋아 줬다. 너무나 감사하고 감사할 따름이다. 당신도 공포가 더는 당신의 삶을 좌지우지 못 하도록 이 책에 담긴 아이디어들을 활용할 수 있을 것이다.

그럼 이제 시작해 보자!

나를 단단하게 만드는 심리학

도입부

———

최근 들어 진짜 무서웠던 적은 언제인가? 쇼핑센터에서 아이를 잃어버렸을 때나 의사가 검사 결과가 심상치 않다고 말했을 때, 버스 정류장에서 집까지 누군가가 따라왔던 밤이나, 수많은 청중 앞에서 연설하기 위해 무대에 오르는 순간 등 여러 가지 상황이 머릿속에 떠오를 수 있다.

그렇다. 이 모든 상황은 일반적인 공포를 일으킬 수 있다. 하지만 공포에 휩싸였던 순간이 즉각적으로 떠오르지는 않았을 것이다. 다시 말해, 진짜 무서웠던 순간에 관한 질문을 들었을 때 공포를 느낀 수많은 순간을 곧바로 떠올리지는 못했을 것이다.

내가 말하는 공포스러운 순간은 다음과 같은 순간이다. 마치 무언가 빠진 것처럼 성취감을 느끼지 못하는 순간이나, 아무리 크게 성공하거나, 트로피를 휩쓸거나, 사회적 지위가 올라가더라도 충분하지 않다고 느끼는 순간이며, 질투심을 느끼거나, 다른 사람들을 비판하거나, 모든 것이 완벽해야 한다는 강박에 시달리고, 동료를 짓밟아야 한다는 욕구에 휩싸이는 순간이다.

공포는 당신이 생각했던 것보다 훨씬 더 생생하게 당신의 마음속에 도사리고 있다. 사실 공포는 어떻게 행동할지 결정하는 데 필요한 정보를 제공하는 일종의 행동 GPS다. 공포는 당신이 할 수 있는 모든 대안을 제시하지만, 이 대안이 실현될 가능성은 제한한다. 물론 공포가 순전히 당신의 내면에서 비롯되는 것은 아니다. 생활 방식과 신념은 외부 세계에서 비롯되고, 문화를 통해 다시 활용되며, 당신에게 투영된다.

이 책은 당신의 일상을 제멋대로 침범하는 공포로부터 당신을 구원하고자 한다. 그리고 공포의 공범들, 즉 질투심, 사람들과 거리를 두려는 심리, 완벽주의, 수치심, 남을 이러쿵저러쿵 비판하려는 심리로부터 해방하고자 한다.

공포에는 두 가지 유형이 있다. 하나는 아드레날린이 솟구치면서 공황 상태에 빠져 숨이 콱 막히는 공포다. 면접이나 연설하기 전이나 자유투를 던지기 전과 같은 위기 상황, 혹은 스트레스가 엄청난 순간에 고개를 드는 공포다. 나는 이런 공포를 '순간의 공포'(in-the-moment fear)라 부른다. 순간의 공포는 이 책의 후반부에서 자세히 살펴볼 것이다.

하지만 이 책은 공포의 나머지 유형에 관해 다루는 데 더 많은 페이지를 할애할 것이다. 그것은 당신의 삶을 좌지우지하고, 부정적인 선택을 하도록 이끌고, 성취감을 느끼지 못하게 하는 공포다. 나는 이러한 유형의 공포를 '부족함 공포'(not-good-enough fear)라고 부른다.

공포심이 과거에 일어난 일이나 앞으로 일어날 수 있는 일과 뒤섞이는 순간, 부족함 공포가 고개를 든다. 이것은 다른 사람들을 실망시키고 실패할까 봐 두려워하는 공포다. 만족스럽지 않을까 봐 고개를 드는 공포이고, 사랑받지 못할까 봐 의심하는 공포다.

이러한 공포는 질투하거나, 완벽주의를 추구하거나, 타인과 거리를 두거나, 고립되어 홀로 지내거나, 스스로 과소평가하는 등의 행동으로 왜곡되어 발현된다. 이 책을 읽고 당신의 삶에서 공포가 느껴질 때 그 공포로부터 자유로워질 수 있기를 바란다. 나는 이 책을 통해 당신이 그동안 만들고 받아들이고 따랐던 공포 메시지와 공포로 가득한 당신 주변의 환경을 제대로 볼 수 있도록 돕고 싶다.

나는 당신이 공포를 장악하는 법을 배우면 어떤 일이 일어날지 알고 있다. 나는 그 변화를 직접 목격했다. 그리고 이런 변화가 야구장, 필드와 코트, 심지어 삶과 직장 속 인간관계에서 어떤 마법을 부리는지를 분명히 봤다. 이런 변화를 통해서 분열되고 각자도생하며 핑계 대기 바빴던 조직이 끈끈하고 열정적이며 천하무적인 조직으로 바뀌는 것을 봤다. 성취감을 못 느끼고 아등바등 쓰라린 삶을 살던 사람들이 자신의 삶을 완전히 바꾸고 엄청난 성과를 달성하는 것도 봤다.

자신의 공포를 마주하면 성장할 수 있다. 그것은 당신의 부모님이 갖고 있는 공포, 당신의 세대와 당신이 속한 사회가 지닌 공포를 떨쳐내는 방법이다. 이렇게 할 때 자유롭게 자신의 진정한 꿈을 탐구하게 되고, 삶에서 승리한다는 것이 의미하는 바를 재발견하게 될 것이다. 세상을 새로운 관점으로 바라보며, 분명하고 낙관적으로 바라보는 데도 도움이 될 것이다.

부족함 공포에 휘둘리며 남을 짓밟음으로써 성공하고자 한다면, 당신은 '얕은 승리'winning shallow만을 경험하게 될 것이다. 나는 이 책을 읽는 독자들이 얕은 승리처럼 누군가로부터 무언가를 빼앗아 이기려는 메마른 사고방식에서 벗어나기를 바란다.

지금부터 내가 알려주는 실행 방안은 오랫동안 유지할 수 있고, 삶에 적극적인 태도를 갖도록 도와주는 긍정적인 것이다. 놀라운 기쁨, 유대감과 소속감으로 이어지는 승리의 방식이다. 나는 이런 종류의 성공을 '깊은 승리'winning deep라고 부른다.

깊은 승리는 피와 땀, 눈물의 결과다. 깊은 승리의 목적은 더는 군림하려 하지 않고, 인간적인 열정과 열망을 추구하며 성취감을 느끼고 마침내 자신의 삶이 충분하다고 만족하는 것이다. 한마디로 깊은 승리를 추구하는 것은 공포를 적게 느끼는 삶을 사는 것이다.

이 책을 어떻게 활용해야 할까?

이 책은 흔하디흔한 자기계발서가 아니다. 당신이 안고 있는 모든 문제를 소위 한 방에 해결해 줄 비법이나 공포를 없애 줄 열 가지 비결은 없다.

나는 솔직히 그런 접근법을 좋아하지 않는다. 스포츠 심리전문가로서 그것들이 부족함 공포 같은 왜곡된 공포를 영원히 해소하지 못한다는 것을 안다. 지금까지 심리적인 방법을 사용해 삶에 장기적인 변화가 생기길 바라고 노력했다면, 당신은 그 비결을 스스로 발견해야 했다. 물론 그 비법들은 나름대로 가치가 있다. 여기서 중요한 것은 '나름대로 가치가 있다.'는 점이다. 1부에서 이 말이 무슨 의미인지 살펴볼 것이다.

이 책은 아이디어와 경험을 한데 모은 것이다. 다른 사람들의 경험과 이야기 그리고 그들이 공포를 어떻게 극복했는지를 읽으면서 삶에서 공포가 어떻게 발동하는지, 그 공포에 대해 무엇을 할 수 있을지 혹은 어떻게 스스로 변할 수 있을지 다시 생각해 보길 바란다. 다른 사람들의 이야기를 읽는 동안 유난히 가슴에 와닿거나 당신의 상황에 적용하면 효과가 있을 것으로 느껴지는 부분이 있을 것이다. 어떤 비결이나 비법으로 삶을 개조하려는 시도보다, 이렇게 다른 사람들의 경험을 듣고 이해하며 받아들인 교훈이 훨씬 더 오래 남는 법이다.

우리는 논리와 증거에 전적으로 집중하곤 한다. 하지만 삶에서 공포의 역할을 축소시키려면, 진지하게 오랫동안 노력해야 한다. 이러한 노력은 무의식의 수준에서 일어나고, 그러한 무의식의 수준에 도달하는 데도 노력이 중요하다. 게다가 모든 노력이 서로 정확하게 맞물려 효과를 내는 데는 시간이 걸린다. 미안하게도 이것은 다음 주까지 완료할 수 있는 일이 아니다.

이쯤 되면 힘든 일처럼 느껴질 수도 있지만 그렇지 않기를 바란다. 여기서 희소식은 이 일을 해내기 위해 당신이 풀어야 하는 연습 문제나 해야 할 숙제가 없다는 점이다. 그냥 이 책을 읽고 곰곰이 생각하고 상상력과 무의식을 발동하기만 하면 된다.

또 다른 희소식은 이 책에 많은 데이터와 증거 자료가 담겨 있지 않다는 것이다. 나는 삶의 터전에서, 그리고 현장에서 얻은 경험과 생생한 이야기로 이 책을 채웠다. 잠시나마 사실과 수치를 잊고 당신이 영혼으로 알고 있는 것에 눈을 돌리기를 바라는 마음으로 이렇게 구성했다. 다시 말해서 실제로 일이 행해지는 무의식에 집중하길 바라며 이 책을 썼다.

생각이나 증거, 이론이 공포를 극복하는 돌파구를 마련해 주거나, 기쁨과 자신감, 성취감을 높여 주지는 않는다. 이런 일을 가능하게 하는 것은 인간관계나 그룹에서 느껴지는 충분한 사랑, 온정과 친밀한 관계, 누군가가 최고의 자신을 찾게 되기를 바라는 마음이다. 개인적인 차원에서는 자신의 삶 속에서 공포가 어떻게 발동하는지를 유심히 보려는 의지다. 그에 더해 당신의 상상력과 본능이 가져다준 지혜, 비과학적인 영역인 영혼은 공포를 극복함으로써 퍼포먼스를 개선할 돌파구를 마련하게 해 주거나 기쁨과 자신감, 성취감을 높여 줄 것이다.

우리는 지나치게 데이터를 기반으로 하는 이성적인 세상에 살고 있다. 이런 세상에서 영혼이나 사랑에 관해 말하려니 겁이 난다. 하지만 나는 이것들이 우리의 잠재력과 공포와의 전쟁에서 빠진 조각이라고 확신한다. 이것이 변화와 용감함이라는 주제를 다룰 진정한 방법이다.

대부분의 대중 심리학과 자기계발서에는 또 다른 문제가 있다. 주로 인간을 자기 생각에 갇혀 있는 고립된 개인으로만 여긴다. 이것은 삶이라는 퍼즐의 한 부분에 지나지 않는다. 공포는 우리 마음속에 도사리고 있다. 하지만 외부, 즉 환경, 학교, 직장, 팀, 가족, 인간관계

등에도 존재한다.

질투심, 완벽주의, 타인과 거리 두기, 자기비판 등 공포 때문에 나타나는 감정과 행위가 각자의 머릿속에만 존재한다고 생각할 것이다. 그저 자신만 알고 있는 부끄러운 비밀이라고 생각할지도 모른다. 참으로 아이러니한 생각이다. 현실적으로 말하면 이런 감정과 행위는 우리 모두의 머릿속에 존재한다.

공포에 대한 남자와 여자의 자연스러운 반응에는 유의미한 차이가 없다. 하지만 공포에 어떻게 반응해야 하는가에 관해 남자와 여자는 다르게 배우며 자랐다. 다시 말해서 남자와 여자는 공포에 대해 서로 다른 사회화 과정을 경험한다. 대체로 사회는 남자아이들에게 더 강인하게 행동하라고 가르친다. 설령 의도하지 않았더라도 부모는 좀 더 남자다워야 한다는 인식을 어린 아들에게 심어 준다. 그리고 두려움과 같은 감정을 겉으로 드러내면 안 된다고 가르친다.

이와 대조적으로 여자의 경우 자신이 겁먹었다는 사실을 겉으로 드러낼 여지가 남자보다 많다. 하지만 왜곡된 공포에 대한 남자와 여자의 반응은 크게 다르지 않다. 오히려 비슷하다. 우리는 모두 부족함 공포 때문에 두려워하는 속마음이 겉으로 드러날까 봐 전전긍긍한다.

전반부에서는 우리 모두에게 있는 공포를 유발하는 문화와 환경을 살펴본다. 그리고 그것들이 어떤 영향을 주는지도 알아본다. 아마 회사나 가정의 공포 문화를 바꾸는 것은 불가능한 일이라고 생각할지도 모른다. 하지만 우리는 모두 무언가를 인내하고, 무시하며, 무언가에 저항하고, 보상해 주면서 매일 새로운 문화를 만들고 있다. 어찌 보면 스스로 자기 무덤을 파고 있는 셈이다.

후반부에서는 공포에 맞설 준비가 된 생물학적인 이유를 살펴본 다음, 중요한 순간에 등장하는 공포를 통제하는 기법을 알아본다.

그후에는 더 깊은 주제를 다룬다. 부족함 공포와 같은 뒤틀린 공포가 어떤 행동으로 이어지는지를 살핀다. 나는 이러한 공포를 마주하고 극복했던 사람들의 이야기를 이 책에 소개할 것이다. 공포가 고개를 들 때 머릿속에서 무슨 일이 일어나는지, 그리고 어떻게 변할 수 있는지 알려 주고 싶어서다.

각 장은 일종의 성명서로 끝맺는다. 그것은 내가 들려준 모든 이야기의 요약이다. 성명서를 보며 당신은 이 책의 핵심 아이디어를 금방 정리하고 요약할 수 있을 것이다. 부디 이 책을 읽고 공포로부터 자유로워지기를 바란다.

당신의 정신 건강을 위해

나는 이 책에서 누구나 일상적으로 경험하는 정신적으로 압박이 심한 공포를 다룬다.

공포와 불안은 전 세계 수백만 명의 사람과 마찬가지로 당신에게도 제약일 뿐만 아니라 장애로 느껴질 수 있다. 당신이 경험하는 공포가 절망과 끝없는 우울에 가깝다면, 아마도 당신은 제대로 움직일 수조차 없을 것이다. 특히 공포로 인해 자살하고 싶다는 생각이 든다면, 그것은 당신의 심신을 쇠약하게 만들고 있으며, 무엇보다 전문가와 당신을 사랑하는 사람들의 보살핌과 지지, 그리고 치유가 필요한 진짜 병이라는 사실을 깨닫길 바란다.

이 같은 정신 질환을 혼자 해결하려는 것은 결코 좋은 생각이 아니다. 현재 이런 상태라면, 도움을 얻을 수 있는 여러 곳에 대한 정보가 책 뒷부분에 정리되어 있으니 참고하길 바란다.

4부 부족함 공포를 대체하라

FEAR LESS

1부

공포는 당신의 머릿속에만
있는 것이 아니다

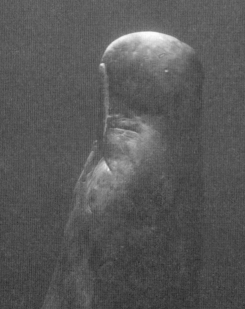

1

○

사는 게
전쟁인가?

●

도대체 공포는 어디에서 오는 것일까?

공포는 사방팔방에서 나타난다.

그렇다. 공포는 당신의 내면에 도사리고 있다. 다시 말해 공포는 당신의 마음, 신념, 생각 속에 존재한다. 하지만 대부분은 외부 요인으로 인해 공포를 경험하게 된다. 외부 요인은 문화부터 환경까지 다양하다.

이번 장에서는 문화에서 나와서 우리를 괴롭히고, 공포심에서 벗어나지 못하게 만드는 메시지와 신념, 행동을 모두 살펴볼 것이다. 나는 그것에 반기를 들 것이고 당신이 그것을 똑바로 바라볼 수 있도록 도울 것이다. 그렇게 해야 당신이 빨려 들어가지 않을 테니 말이다.

인간은 이 지구상에서 내일이 오늘보다 더 나을 수 있다는 것을 이해하는 유일한 종이다. 이것이 인간과 동물을 구분 짓는지도 모른다. 우리는 과거의 나를 뒤로하고 더 나은 나를 위해 평생 노력한다. 오늘보다 내일 더 나은 내가 되기를 바라고, 자신에게 가장 중요한 일을 그럭저럭해내기보다 더 잘 해내기를 원한다.

더 나은 나는 지극히 개인적이다. 어제보다 더 나은 내가 되는 것은 기업을 공개하거나, 결승전에서 팀을 승리로 이끄는 것일지도 모른다. 아니면 승진하거나, 임신 계획을 세우는 것일 수도 있다. 더 큰 집을 장만하거나, 처음으로 5킬로미터를 완주하길 바라는 것일 수도 있다.

사람들은 대부분 적당이란 것을 모르고 살아간다. 딱 필요한 선에서 멈추지 않고 더 나아간다. 이렇게 아등바등 사는 것은 한편으로 인간적이다. 그리고 바로 여기에서 승부욕이 생긴다.

물론 어떤 사람들에게는 그리고 어떤 순간에는 삶을 살아가는 것이 신체적, 물질적, 심리적 생존을 위한 투쟁일 수 있다. 용기를 긁어모아서 문제를 직시하고 능력껏 최선을 다해서 살아가야 하는 것이다. 그리고 그렇게 살아가는 이들이 있다. 마치 당신 이야기 같은가? 그렇다면 당신에게 경의를 표한다.

경쟁 사회에 사는 우리에게 전쟁터는 대체로 사람들이 만들어낸 것이다. 우리는 굳이 목표 수익률을 넘어서거나, 목표치를 초과하거나, 사전에 일을 끝내려고 아등바등한다. 그런 점에서 우리의 전쟁터는 직장이나, 스포츠 경기에서 팀 간, 또는 개인 간 경쟁일지도 모른다. 이런 종류의 투쟁이 삶을 위협하지는 않지만, 삶을 움직이고 사회 문화를 뒷받침하는 투쟁의 서사를 엿보게 한다.

우리가 일상적으로 사용하는 언어를 생각해 보자. 성공을 기원하

나를 단단하게 만드는 심리학

며 '해치우다(slaying it)', '끝내주다(killing it)', '해내다(nailing it)' 등의 표현을 사용한다. 이 외에 '확실히 승리할 수 있는 싸움을 선택하다 (picking your battles)', '사실로 중무장하다(being armed with facts)', '선봉에 서서 무리를 이끌다(leading the charge)', '시도하다(giving it a shot)', '승부수를 던지다(bringing out the big guns)', '목표물을 정확히 노리다 (setting your sights on the prize)', '완벽히 준비된(locked and loaded)', '지지 세력을 모으다(rallying the troops)', '분통을 터뜨리다(going the ballistic)' 등의 표현도 일상에서 자주 사용한다. 이 정도면 내가 무슨 말을 하려는지 이해했으리라.

이런 종류의 표현은 스포츠나 도시 또는 법조계처럼 남성적인 문화에서 자주 사용된다. 하지만 실제로 경쟁적인 환경에서 일하는 사람은 남자와 여자 모두 이런 투쟁의 서사가 녹아 있는 표현을 자주 접하고 사용한다. 오히려 여자들이 이러한 투쟁 언어를 사적으로 사용할 가능성이 더 크다. 예를 들어 '애들을 재우느라 애먹는 중이야.', '꼼짝 못 하게 만들 거야.', '오롯이 나만의 순간을 위해 싸울 거야.', '죽여 주게 입어 주지.' 등이다. 유명 가수 비욘세가 '죽여 주지.'란 말을 사용하는 것도 이런 맥락이다.

하지만 투쟁의 서사는 이보다 훨씬 더 깊다. 많은 사람이, 어쩌면 당신도 삶을 투쟁이나 경쟁, 심지어 전쟁으로 볼 수밖에 없는 지경에 이르렀을지 모른다. 산다는 것은 원하는 직장을 놓고 벌이는 경쟁, 혹은 학교에 지각할까 봐 걱정되어 아침에 아이들과 벌이는 전쟁인지도 모른다. 도로를 가득 메운 차를 뚫고 지나가거나, 사람들로 꽉 들어찬 지하철을 빠져나가야 하는 싸움인지 모른다. 낯선 이의 무례

1. 사는 게 전쟁인가?

함을 견디거나, 짜증나는 잡다한 일상적인 일들을 처리해야 하는 전쟁인지도 모른다. 하지만 이렇게 삶을 투쟁으로 대하는 것이 과연 옳은 일일까?

남자와 여자는 모두 사는 것을 일종의 투쟁으로 본다. 하지만 그 방식에는 약간 차이가 있다. 남자에게 사는 것은 싸워서 상대방을 제압하는 투쟁이라고 할 수 있다. 반면에 여자들은 살아남기 위해 앞서거나, 최고가 되기 위해 투쟁한다. 물론 요즘에는 더 많은 관심을 끌기 위해 외모에 신경 쓰는 남자가 증가하고 있지만, 일반적으로 여자들이 외모에 관심을 많이 쏟는 것도 투쟁의 한 형태다. 남자와 여자 모두 관심과 명예, 인정을 위해 경쟁하고 투쟁한다.

군인은 전장에 나가기 위해 훈련을 받은 전투원이다. 사방으로 압박을 받는 상황에서도 무언가 하나에 집중해 용기와 흔들리지 않는 인내심으로 맑은 정신과 평정심을 유지하는 능력이 군인 정신이라면, 이는 분명히 경쟁에서 엄청난 자산이다. 나는 진짜 군인들에게 깊은 감사와 존경심을 느낀다. 하지만 그렇다고 해서 꼭 이런 군인 정신으로 삶을 살아가야 하는지는 모르겠다.

군인 정신을 지닌 사람에게는 앞서 나가며 다른 사람들을 굴복시키는 것이 살아갈 이유가 된다. 과연 이게 옳은 일일까? 만약 이것이 옳다고 생각하더라도, 그렇게 생각하는 것은 당신의 잘못이 아니다. 아주 어린 시절부터 삶을 투쟁으로 바라보는 사고방식이 뇌리에 깊이 박혀 버린 탓이니 말이다. 성공하려면 다른 사람들을 짓밟아야 한다는 근거 없는 믿음은 어느새 우리에게 정상적인 사고가 되어 버렸다.

당신은 파이트 클럽 회원인가?

일곱 살 아들을 둔 친구가 있다. 그는 아들이 들어갈 새로운 하키 팀을 찾았다고 했다. 차를 타고 약 10킬로미터를 가야 하지만, 그만한 가치가 있다고 덧붙였다.

"예전 팀에 문제가 있었어?"라고 내가 물었다.

"같은 팀에 있는 애 아빠가 코치였는데, 그가 문제였지."라고 그가 말했다. "중간 휴식 시간에 아이들이 경기장에서 나왔어. 코치가 아이들을 격려하기 시작했지. 그런데 그게 아주 최악이었어. '계속 싸우는 거야, 얘들아! 끝까지 밀어붙여. 상대 팀에 밀리고 있잖니. 걔들을 짓밟아 버려. 우린 이기려고 여기에 온 거야!' 세상에 맙소사. 일곱 살짜리 아이들에게 그게 할 소리냐고."

그의 말을 듣고 나는 그 코치가 어떤 가르침을 받으며 자랐을지 짐작할 수 있었다. 대다수 사람과 마찬가지로 그것이 그의 세계관일 것이다. 그는 세상을 전쟁터이자, 누군가를 짓밟고 경쟁하는 곳으로 보고 있다(어쨌든, 친구의 이야기는 행복하게 끝을 맺는다. 새로운 팀의 코치는 아이들을 한데 모아 자기 자신과 팀을 믿으면서 즐거운 마음으로 최선을 다해 경기에 임하자고 말하며 아이들을 다독인다고 한다).

이제 각자의 삶을 되돌아보자. 학창 시절이나 형제자매와 함께 살던 어린 시절을 떠올려 보자. 얼마나 자주 누군가와 경쟁하거나 비교당했는가? '누나가 참 똑똑하네.', '넌 1군에 들어가기에는 부족해.' 등과 같은 말을 한 번쯤은 들어봤을 것이다. 어린 시절에 우리는 이런 비교를 통해 세상을 배웠다.

어쩌면 당신이 경쟁에는 아무 문제가 없다고 생각할지도 모른다.

나 역시 최선을 다해 원하는 바를 달성하고, 성공하며, 승리하고 싶다. 평생 '어머, 넌 참가상이야.'라는 말이나 들으면서 살고 싶은 건 아니다.

하지만 생각해 보라. 도가 지나칠 정도로 아등바등 살아왔는가? 그 누구보다 우수한 사람이 되거나, 그 어떤 대가를 치르더라도 승리하고 싶은가? 그게 다 달성할 수 있는 목표보다 실패와 패배 그리고 부족함 공포에 대한 두려움 때문이다. 또는 그 두려움 때문에 뭔가를 시작하기도 전에 스스로 패배자라고 생각하거나 경쟁 자체를 원하지 않을 수도 있다.

물론 경쟁에는 큰 가치가 있다. 하지만 경쟁이 존재의 방식은 아니다. 최고의 자신이 되고 싶은 것과 다른 누구보다 잘나고 싶은 것 사이에는 큰 간극이 존재한다. 전쟁터가 직장 생활이나 사회생활, 인간관계를 비유하는 기본값이 됐다고 해서, 그것을 그대로 받아들이고 집착할 필요는 없다. 앞으로 알게 되겠지만, 우리가 사용하는 언어는 세상에 대한 우리의 경험을 형성한다. 그러므로 공포를 덜어내기 위해서는 이 세상을 전쟁터보다 훨씬 더 친절하고 흔쾌히 받아들일 수 있는 곳으로 재구성해야 한다.

2

○

어떤 승리를
추구하는가?

●

당신은 성공을 어떻게 정의하는가? 원하는 바를 이루고도 만족하지
못하고 더 많은 것을 원했던 적이 있는가? 이번 장에서는 이런 일들
이 일어나는 이유를 알아보고자 한다. 다시 말해 우리는 왜 얕은 승
리를 추구하는지, 얕은 승리를 추구할 때 어떤 일이 일어나는지 살펴
본다. 그리고 진정한 성취감, 즉 깊은 승리를 어떻게 이룰 수 있는지
살펴본다. 참고로 깊은 승리는 얕은 승리의 정반대 개념이라고 할 수
있다.

폴은 내가 맡았던 엘리트 운동선수다. 지금부터 듣게 될 그의 이
야기를 통해 얕은 승리가 어떤 것인지 쉽게 이해할 수 있을 것이다.
한 가지 먼저 알려 둘 것은 내가 일하면서 만났던 다른 사람들처럼
그의 신원을 노출하지 않기 위해 폴이라는 가명을 썼다는 점이다. 그
러니 폴이 진솔하게 자신의 이야기를 들려주지 않았기 때문에 가명

을 썼다고 오해하지 않기를 바란다. 비록 가명을 썼지만, 폴과 다른 사람들이 경험한 정서와 감정은 한 치의 거짓도 없는 진짜다.

한때 스포츠 스타가 되길 꿈꿨고, 자기 분야에서 최고가 된다면 얼마나 멋질지 상상해 본 적이 있는 사람은 폴의 이야기를 듣고 깜짝 놀랄지도 모른다. 더군다나 폴은 다섯 살부터 축구 선수가 되고 싶다고 말했다. 그러니 꿈을 실현한 폴은 행복해야 했다.

그는 교외 주택의 작은 방에서 할아버지와 함께 축구 결승전을 보고 있었다. 그가 응원하는 팀이 막판 결정타로 승리를 확정 지었다. 그는 지금도 그 당시 공이 어느 각도에서 어떤 궤도를 그리며 골대로 들어갔는지 정확히 기억하고 있다. 그때 폴은 할아버지에게 커서 최고의 축구 선수가 될 거라고 말했다. 언젠가는 자기 손으로 저 우승 트로피를 들어 올릴 거라고 말했다.

간절한 바람만큼이나 폴에겐 재능이 있었다. 그의 재능은 점점 나아졌고, 그는 신체적으로도 더욱 성숙해졌다. 그는 골목에서 몇 시간 동안 정신없이 축구공을 찼다. 숱한 우여곡절을 경험했고, 최고의 동료들과 함께 영광스러운 승리와 충격적인 패배도 맛봤다. 나는 그 당시 경기를 뛰면서 어땠는지 폴에게 물었다. 그의 대답은 간단했다. "좋았죠."

폴에게 청소년기의 가장 행복했던 순간은 일주일 동안 받았던 훈련이었다. 그는 코치의 피드백을 받으며 훈련에 매진했다. 타고난 자랑꾼인 폴은 유려한 기술을 보여 주면서 사람들을 감탄시키고, 기교를 부려 사람들을 웃기길 좋아했다. 그는 유명한 구단에서 스카우트 제의가 들어왔다는 코치의 말에 너무나 기뻤다고 했다. 그 아찔한 기뻠에 취해서 모터를 단 듯이 훈련장에서 집까지 냅다 달렸다고 덧붙였다.

이후 그는 스물아홉 살에 은퇴하기 전까지 축구 선수로 무려 15년 동안 활동했다. 애석하게도 스카우트된 그 순간이 그가 축구 인생에서 느낀 행복의 정점이었다. 폴은 비교적 늦은 나이인 스무 살에 성인팀에 들어갔다. 그리고 바로 그 순간 자신의 축구 인생에서 내리막길이 시작됐음을 알아차렸다.

"성인 선수들과 함께 뛴다는 것이 쉽지 않으리라고 생각했죠. 하지만 생각보다 더 힘들었어요. 육체적으로 더 힘들었다는 말은 아니에요. 저는 이미 모든 것을 축구에 쏟아부을 준비가 되어 있었거든요. 하지만 그곳은 더 냉혹했어요. 첫 데뷔전을 치르고 단 몇 년 만에 입단했다는 흥분과 기쁨이 점점 사라졌어요. 축구 경기는 이제 더는 즐거운 놀이가 아니었죠. 모든 것이 진지해지고 심각해졌어요. 사람들은 '나 죽었소.' 하고 경기와 훈련에만 집중하라고 했어요. 제가 얻은 기회를 얻기 위해 죽어라 노력하는 선수가 한 트럭이라고 했죠. 그리고 이런 기회가 주어진 것에 감사해야 한다고 했어요. 물론 감사했지만, 다소 실망도 했어요. 아무 말도 할 수 없었어요. 모두가 꿈이 실현됐다고 하는데, 어떻게 제가 감히 죽을 맛이라고 하겠어요.

저는 몇 번이나 부상을 당했어요. 대부분 그렇게 심각한 부상은 아니었지만, 둔부 부상으로 거의 한 시즌을 쉬어야 했던 해가 있었죠. 저는 다른 선수들과 떨어져 주로 자전거를 타거나 수영을 하면서 회복에 매진했어요. 그 누구도 재활 훈련을 좋아하지 않아요. 재활은 정말 지루하거든요. 하지만 부상당한 선수에게는 꼭 필요한 것이죠.

코치는 말이 많은 사람이 아니었어요. 하지만 재활하는 몇 달 동안 그의 말 때문에 정말 화가 났어요. 말도 많지 않은 그 양반이 하는 말이라고는 '네 자리를 노리는 재능 있고 새파랗게 어린 놈들이 널리고 널렸어. 걔들이 너보다 훨씬 더 잘해.'였죠.

동료들은 제 옆구리를 팔꿈치로 쿡쿡 찌르면서 그의 말을 농담으로 여기고 웃어넘기라고 했죠. 그러면 저도 그들과 같이 웃으면서 '이봐, 신경 안 써.'라는 식으로 대응했어요. 하지만 정말 기분 나빴어요. 기분이 상했다는 사실을 인정하기까지 시간이 꽤 오래 걸렸어요. 다른 선수들의 실력이 나날이 좋아지고 그들이 앞서가는 모습이 제 눈에도 보였죠. 그래서 불안했어요. 결국 그 불안이 저를 잡아먹기 시작했죠.

둔부 부상 이후 출전한 복귀전에서 경기를 망칠까 봐 너무 불안했어요. 그날 이후로 저는 제 자신을 증명해 보이기 위해 정말 많이 노력했어요. 장난 아니었죠. 경기를 뛸 때마다 둔부가 죽을 만큼 아팠지만, 아무 말도 안 했어요. 복귀 후 6주 정도 지났을 무렵, 경기 도중에 둔부에서 딱 하는 소리가 났어요. 그러고는 고통 때문에 경기장에 쓰러졌죠. 경기장에 두 발로 서 있고 싶었지만, 통증이 너무 심했죠. 들것에 실려 경기장을 나가면서 코치가 '약해 빠진 놈.' 비슷한 소리를 하는 걸 들었어요. 당혹스럽기도 하고, 속상하고 화가 났어요. 내가 절대로 약하지 않다는 것을 코치에게 보여 주겠다고 결심했죠.

의사는 수술이 필요하지만, 그리 급하진 않다고 했어요. 그래서 남은 시즌 동안 매주 불쾌하기 짝이 없는 주사를 맞으며 경기를 뛰었어요. 그러지 않고는 경기를 뛸 수 없었거든요. 훈련하는 동안에도 이를 악물고 통증을 참았죠. 의사 말고는 그 누구에게도 통증에 대해 이야기하지 않았어요.

되돌아보면, 당시에 저는 가시를 바짝 곤두세운 고슴도치나 다름 없었어요. 주변 사람들에게 정말 까칠하게 굴었죠. 특히 아내에게 짜증을 많이 냈어요. 동료들과는 거리를 뒀고요. 그야말로 감정 없는 차가운 로봇이었어요. 가공되고 있는 고깃덩어리 같았죠. 다른 사람들에게 일체 신경을 끊고 제 할 일만 했어요. 승리하려면 그렇게 해야 한다고 생각했던 거 같아요. 심지어 할아버지에게도 마음을 털어놓지 않았어요. 할아버지는 여전히 축구가 최고라고 생각하셨거든요.

바로 그해에 우리 팀이 우승을 했어요. 우승 트로피를 제 손으로 번쩍 들어 올렸죠. 경기가 끝난 뒤에 탈의실에서 '결승선은 없다.'라는 문구를 본 기억이 나요. 저는 속으로 '빌어먹을 결승선이 도대체 있기나 한 거야.'라고 생각했어요. 모두 맥주를 마시며 승리의 기쁨에 취해서 시끄럽게 떠들어댔어요. 다들 웃으면서 노래를 불렀죠. 저는 그들과 함께 있었지만, 공허하기만 했어요. 더는 제가 아닌 것 같았어요. 조금 우울했던 거 같아요. 아니면 제가 물러 터졌거나 진짜 약해빠진 걸지도 모르죠.

최근에 누군가가 우리 아들도 축구를 하길 바라느냐고 묻더군요. 아뇨, 전 그 녀석의 불꽃이 꺼지는 걸 보고 싶지 않아요."

폴의 사연은 얕은 승리의 전형을 보여 준다. 그가 축구를 하면서 느꼈던 기쁨, 심지어 삶에서 느꼈던 기쁨이 공포를 조장하는 구단의 문화에 의해서 차갑게 식어 버렸다.

당신은 어떤가? 당신이 이뤄낸 그 일이 얕은 승리는 아닌가? 폭처럼 다 타 버리고 새까맣게 재만 남은 듯한 기분이라면, 여태까지 얕은 승리만 경험하고 있다는 증거다. 삶에 대한 흥미나 기쁨을 잃어버린 것 같은가? 사는 게 지루한가? 마지못해서, 하는 시늉만 하고 있지는 않은가? 스포츠나 다른 활동을 하면서 큰 기쁨을 느꼈는데, 이제는 그렇지 않은가?

그렇다면 지금부터 이런 일이 왜 일어나는지 깊이 파고들어 가 보자.

다른 사람들보다 더 잘해야 한다거나 사람들에게 거절당하기 싫어서 전전긍긍하며 살다 보면 길을 잃고 방황하게 된다. 남보다 더 잘하고 싶다는 심리에는 두 가지 측면이 있다. 아마도 우린 이미 그것을 알고 있는지도 모른다.

항상 더 많은 것을 원한다

첫 번째로 자기 자신에게 다음과 같은 질문을 던져 봐야 한다. 혹시 성공을 '더 높이 있는 무언가를 계속해서 얻는 것'이라고 정의하고 있지 않은가? 다시 말해 당신에게 성공이란 계속해서 더 많은 것을 차지하고 더 잘 해내는 것이 아닌가?

이것은 자연스러운 현상이다. 의식적이든 무의식적이든 우리는 외적인 성취를 기준으로 자신과 타인의 등급을 매긴다. 그 기준은 누구나 한눈에 그 사람의 수준을 알 수 있는, 이른바 지위 상징(어떤 상품이나 서비스를 얻은 사람이 자기 자신의 지각적인 상승이라는 면에서 다른 사람보다 호의적인 사회적 평가를 이끌어 낼 수 있는 상징—편집자주)일 수 있다. 예를 들면 어떤 차를 모는지, 얼마나 비싼 집에 사는지, 어느 지역에 사는지, 직급이 무엇인지, 무슨 일을 하는지 등이다. 아이가 공부를 잘하는지, 영국 콘월 출신인지 아니면 크로아티아 출신인지, 어느 대학에 다녔는지, H&M에서 쇼핑하는지 아니면 백화점에서 쇼핑하는지 등의 미묘한 것들도 기준이 될 수 있다.

남보다 앞서려는 문화인 원업맨십one-upmanship은 1980년대에 뿌리를 둔다. 이는 내가 누구인가보다 내가 무엇을 가졌는가를 더 중요하게 생각하는 사고방식이다. 문제는 이런 식으로 남들과 비교해 자신의 등급을 매기면 절대 자기 삶에 만족할 수 없다는 것이다. 폴은 일류 팀에 들어가는 궁극적인 성공을 거뒀다. 하지만 팀에 합류했을 때도, 그리고 심지어 우승 트로피를 손에 넣었을 때도 기대했던 기쁨을 느끼지 못했다. 그는 운 좋게 그 자리까지 왔으며, 자기보다 유능한 선수가 많다는 소리를 계속 들었다. 결국 남과 끊임없이 비교하는 문화가 그의 뇌리에 뿌리를 내렸다. 그리고 이런 문화가 조장한 공포가 그를 불안하게 만들고 고립시켰다.

공포는 여유를 빼앗아 이익을 덜 지향하는 등의 더 폭넓은 가치를 추구하지 못하게 한다. 어쩌면 당신은 피아노 연주하는 것을 더 좋아했거나, 스케이트보드를 타는 법을 배웠거나, 회계사 대신 화가가 됐을지도 모른다. 학교 시스템에도 이러한 문화가 반영된다. 대체로 아이들은 진정한 성취감을 안겨 줄 폭넓은 가치보다 학업 성적으로 평가를 받는다. 배려심 있는 친구 되기, 더 창의적인 사람이 되기, 위대한 아이디어를 생각해 내기 등과 관련해 중등교육 자격시험을 치르는 아이는 없다. 초점은 오로지 시험 성적에 맞춰져 있다.

이래서는 안 된다. 사람의 마음은 끊임없이 더 높은 곳을 향해 나아갈 때가 아니라 풍부하고 다양한 가능성을 자유롭게 추구할 때 번창하는 생태계다. 항상 성공을 좇으며 자신이 성공했음을 증명하려고만 애쓴다면, 삶이라는 여정에서 길을 잃게 된다. 그리고 결국 자기 자신과 타인을 경험하고 세계를 탐구할 기회를 놓치게 된다.

한번 생각해 보자. 지금까지 괜찮아 보이거나, 다른 사람들에게 잘 보이려고 얼마나 많은 정신과 에너지를 쏟아왔는가? 어쩌면 당신은 주변 사람들과 어깨를 나란히 하기에 자신이 너무 멋지고 대단하다고 생각할지 모른다. 하지만 이것은 자기 자신을 평가하는 또 다른 방법에 지나지 않는다. 당신은 정말로 남과 자신을 비교하는 데 귀중한 에너지를 쓰고 싶은가? 다른 누군가가 될 수 있는 여지는 없는가?

반면에 당신은 인간관계, 집, 직업, 아기 등 특정한 지위 상징을 얻지 못한 자신을 실패자나 패배자로 부르고 있을지도 모른다. 심지어 나는 가장 매력적이고 재능 있고 높은 지위에 있는 사람 중에서도 이런 이유로 자신을 실패자나 패배자로 부르는 사람들을 봤다. 당신보다 더 크고 좋은 차나 집을 소유하고 있거나, 혹은 이 문화가 정의한 수천 개의 지위 상징 중에서 당신에게 없는 것을 지닌 다른 누군가는 항상 존재한다.

그녀가 이기면, 난 패배자가 돼

두 번째로 생각해 볼 질문은 '다른 누군가가 승리하면, 내가 패배했다고 느끼는가?'이다. 성공은 희소하고 제한적이란 믿음 때문에 우리는 옆에 있는 누군가보다 더 잘하고 싶고, 성공하기 위해 이를 악물고 그들과 싸우게 된다.

가령 당신의 사업 영역에 새로운 경쟁업체가 등장했다고 하자. 그 업체가 무엇을 잘하는지 분석해 당신의 것으로 만들 것인가? 아니면 경쟁업체를 짓밟고 시장에서 몰아내기 위해 전력을 다할 것인가? 이런 일은 개인의 삶에도 일어날 수 있다. 예를 들면, 동료들을 경쟁자로 느껴 그들과 마찰을 일으키는 것이다.

생태계에서 결핍은 남을 희생시켜서라도 기본적인 생존 욕구를 충족시키는 것과 관련된다. 한편, 인간계에서 결핍은 심리 작용이기도 하다. 옆에 있는 사람보다 더 나은 사람이 되고 싶은 자아의 욕구이고, 충분히 갖지 못하거나 충분히 괜찮은 존재가 되지 못할지 모른다는 공포다.

결핍적 사고(결핍적 사고는 모두에게 다 돌아갈 정도로 충분하지 않으니 내 것을 먼저 챙기고, 잡은 것을 절대 놓쳐서는 안 된다는 사고방식이다)는 승리의 경험만으로 충분하지 않다고 말하며, 세상에는 기회, 가능성, 시간, 재능, 역량, 존경, 자원, 성공, 부, 사랑, 기쁨 등이 모든 사람에게 돌아갈 만큼 충분하지 않다고 말한다. 이 때문에 당신은 다른 누군가가 그것을 낚아채기 전에 서둘러서 자신의 몫을 챙겨야 한다고 생각한다. 그리고 옆에 있는 사람이 당신의 것을 조금이라도 빼앗아 가지 못하게 해야 한다고 믿는다. 이 모든 것이 결핍적 사고의 영향이다.

오로지 자기 자신과 자기 이익, 또는 자신과 비슷한 부류의 사람들로 구성된 자기 집단만을 생각할 때 결핍적 사고에 빠지게 된다. 이 결핍적 사고 때문에 엉겁결에 당신은 타인을 지배하고, 자신에게만 집중하며, 이기는 것만 생각하게 되는 것이다.

어느 정도 뭔가를 이뤘다고 해서 이런 지배욕이 줄어들지는 않는다. 실제로는 폴처럼 잃을 것이 많아지면 결핍감이 더 크게 느껴질지도 모른다. 여기에는 승자로서 당신의 평판도 포함된다.

마음속으로 당신이 이기는 것만으로는 충분하지 않다고 생각할지도 모른다. 당신이 패배자가 아님을 분명히 증명하고 심리적 안정을 얻기 위해 자신을 부족한 존재로 만들 만한 모든 가능성을 박살 내고, 앞지르며, 뭉개 버리고 싶을지도 모른다. 여기서 뭔가 달라진다. 당신은 이기고 싶은 것이 아니라, 패배를 감당할 수 없어서 타인을 짓밟고자 한다. 결핍적 사고는 당신에게 결코 심리적 안정을 가져다주지 않을 것이다. 사실 이기고픈 갈망이 마냥 나쁘지는 않다. 당신에게 좋은 것이고, 당신이 가진 최고의 모습을 보여 주려는 힘이다. 그런데 결핍적 사고가 그것을 신경질적이고 필사적이며 상당히 추한 욕구로 바꿔 버린다.

이처럼 공포는 갈망을 부정적인 욕구로 만들어 버린다.

사람들은 이런 절박함이 좋은 동기 부여가 된다고 생각한다. 폴의 코치도 그랬다. 그래서 그토록 모진 말을 했을 것이다. 어찌 보면 이같은 생각이 "쉴 시간은 없다.", "두려워해라.", "결승선은 없다." 등과 같은 동기를 부여하는 주문들이 존재하는 이유다.

이와 대조적으로 세계 최강 럭비팀인 뉴질랜드 올블랙을 생각해 보자. 뉴질랜드 올블랙의 브래드 손Brad Thorn은 "챔피언은 더 노력한다."라는 단순한 주문을 되뇌며 스스로 동기를 부여한다. 여기서 상당한 어감의 차이가 느껴지는가? 그것은 바로 공포와 갈망의 차이다.

결핍적 사고는 삶을 흑과 백, 좋거나 나쁨, 승자나 패자 등 이분법

영역으로 바꾼다. 월드컵에서 최종 우승하거나, 경쟁업체를 이기거나, 꿈의 직업을 얻는 등 아주 구체적인 목표가 된 승리는 얕은 승리이다. 그리고 싸움에서 이기지 못하면 실패자가 된다. 오래지 않아 영혼과 목적의식은 짓뭉개지고, 승리를 향한 기대는 송두리째 사라지며, 실패에 대한 공포만이 마음속에 남게 된다.

캐비닛에 각종 상패가 가득하거나 화려한 이력을 보유하고 있어도 공포로부터 삶의 지배권을 되찾지 못하면 깊은 승리는 아득히 멀다. 승리에 공포가 따라올 필요는 없다. 깊은 승리를 이뤄낸 기분은 얕은 승리를 이루었을 때와 완전히 다르다.

다음을 상상해 보자. 한 개인으로서 당신의 가치와는 아무 상관이 없고 한 인간으로서 자신을 알아가는 기쁨이 전부인 성공이 있다. 이러한 성공을 추구한다면, 승리의 과정은 더는 자기 자신과 다른 사람들과의 전쟁이 아니다. 지배와 획득이 아닌 확장과 경험, 그리고 타인과의 유대가 핵심이 되는 사고방식을 키울 수 있다. 이런 사고방식을 지닌다면 얼마나 멀리 나아가게 될까? 그리고 얼마나 다른 느낌이 들까?

지거나 실패할 가능성이 클 때 승리가 유난히 보람 있게 느껴진다. 침착함을 유지하고 감정을 조절해 당신을 의심의 눈초리로 바라보는 사람들을 물리치고 자신이 가진 모든 것을 동원해 기어이 뭔가를 해냈던 때를 떠올려 보자. 그때와 비교하면 손쉽게 얻은 성공은 무미건조하고 빛바랜 기억일 뿐이다(그래서 사람들이 부정행위를 매우 싫어하는 것이다. 부정행위는 보상을 모조리 빼앗아 간다).

이처럼 어렵게 이뤄낸 승리는 강렬하고 주변으로 전염되며 영혼을 승리의 기쁨으로 가득 채울 것이다. 복싱 헤비급 세계 챔피언인 앤디 루이스 주니어Andy Ruiz Jr.의 이야기를 들어보자. 멕시코계 미국인인 그는 2019년에 열린 헤비급 세계 챔피언 경기 7회전에서 앤서니 조슈아Anthony Joshua를 녹아웃시키고 복싱 역사상 가장 극적인 승리를 거뒀다.

> 이것은 제가 지금까지 꿈꿨던 것입니다. 이날만을 위해 열심히 훈련했습니다. 제 꿈이 실현되다니 도저히 믿을 수가 없어요. 정말 축복이에요. 이게 꿈인지 생시인지 볼을 계속 꼬집어 본답니다. 체육관에서 흘렸던 많은 땀과 노력, 기도가 있었기에 가능했습니다. 전 그냥 꿈을 따랐을 뿐인데, 그 꿈이 실현됐어요. 이날을 위해 저는 평생 노력했습니다. 제가 바로 멕시코 최초 복싱 헤비급 세계 챔피언입니다!
> ─ 앤디 루이스 주니어가 2019년 앤서니 조슈아와 시합을 끝내고 링 곁에서 밝힌 우승 소감

장기적으로 깊은 승리가 어떤 모습, 어떤 느낌인지 궁금하다면, TV쇼 호스트이자 프로듀서, 베스트셀러 작가이자 여행가인 레온 로고세티스Leon Logothetis와 넷플릭스 프로그램 〈친절을 찾는 오토바이 The Kindness Diaries〉가 좋은 사례가 될 것이다. 레온 로고세티스는 한때 불행하고 우울한 증권 중개인이었다. 그는 전 세계를 여행하기 위해 과감하게 사표를 던졌다. 지금까지 90개가 넘는 국가를 여행했고, 매번 여행길에서 만난 낯선 이들이 베풀어 주는 친절로 잠자리와 식사를 해결했다. 그는 자신의 새로운 쇼에서 선행을 베푸는 이들에게 재정적인 도움으로 보답한다. "제가 제일 좋아하는 사람은 진심으로 타

인을 대하는 사람입니다."라고 그는 말한다.

　레온 로고세티스는 깊은 승리를 이뤄내고 있다. 그는 스스로 성공을 정의했다. 자신을 공허하게 만드는 타인이 정의한 금전적인 성공을 과감히 포기했다. 그리고 이 세상을 서로 물고 뜯는 치열한 경쟁만이 존재하는 곳으로 강조하는 게으른 고정관념에서 당당히 벗어났다. 마지막으로 그는 자기 자신을 초월해 생판 모르는 남에게 기꺼이 친절을 베푸는 사람들을 보여 주고, 이 세상에 그러한 사람이 더 많아지게 하는 데 집중한다. 이 모든 것은 그가 깊은 승리를 이뤄내는 이유가 된다. 다시 말해 그에게 성공이란 사람들과 소통하고 친밀한 관계를 맺어 인간애를 확산시키는 것이다.

　깊은 승리는 더 만족스럽고 더 현실적이다. 게다가 궁극적으로 깊은 승리를 추구하는 것은 우리의 가장 깊은 잠재력을 발휘하는 것에 가깝다. 깊은 승리는 진심과 정신, 영혼에서 생겨난다. 따라서 깊은 승리를 이뤄내면 자신이 잠재력을 제대로 발휘하지 못한다는 생각이 들지 않는다. 아직 손대지 않았지만 원하면 언제든지 발휘할 수 있는 방대한 잠재력이 자신에게 있다고 생각하게 된다. 깊은 승리는 자기 자신에게 아무것도 남지 않을 때까지 경쟁하고 창조하는 힘이 된다. 그리고 깊은 승리를 이뤄내는 사람은 얕은 승리를 하는 사람보다 겁이 없다.

3

○

성공에 관해
어떤 믿음을 갖고 있는가?

●

우리는 성공하려면 곁에 있는 사람보다 더 잘나야 한다고 믿는다. 이 외에도 승리에 관한 근거 없는 믿음이 많다. 그것은 모두 문화가 주입한 것이다. 우리는 가정, 조직, 단체, 회사, 국가 등 많은 문화 속에서 산다. 이러한 문화는 우리에게 승리의 의미와 조건을 가르친다. 문제는 문화가 주입한 승리에 관한 대부분의 믿음이 공포를 조장한다는 것이다.

운이 좋으면 가족과 친구, 학교, 직장과 국가로부터 승리와 성공에 관해 긍정적이고 유용한 교훈을 습득할 수 있다. 하지만 설령 그렇다 하더라도 공포를 조장하는 믿음 한두 가지 정도는 배우게 된다. 이번 장에서는 내가 가장 빈번하게 마주쳤던 승리에 대한 그릇된 믿음에 관해 자세히 살펴볼 것이다. 그 믿음이 당신에게 정말 도움이 되는지 생각해 보는 시간이 되길 바란다.

성공에 관한 근거 없는 믿음 1: 패배하면 패배자가 된다

인간이기에 우리는 성취에 마음을 빼앗길 수밖에 없다. 근육, 심장, 팔다리, 뇌세포와 신경 세포 등 우리가 가진 모든 것을 쏟아부어서 무언가를 성취해 낸다. 그래서 우리는 누군가가 비범한 업적을 이루면 그에게 경외심을 표현한다. 비범한 업적은 최고를 향해 매진하도록 개개인에게 영감을 주면서 나라 전체를 단단하게 결속시킨다.

당신은 도저히 믿을 수 없는 장면을 연출한 육상 경기를 보고 감동을 받았다. 그 경기가 끝나자마자, 운동화를 신발장에서 꺼내 신고 밖으로 뛰어나갔을지도 모른다(2012년 런던 올림픽에 참가한 모하메드 파라Mohamed Farah의 시합을 보고 가슴이 뜨거워진 나는 운동화를 신고 곧장 밖으로 향했다). 아니면 기막히게 훌륭한 연주에 감동해 기타를 집어 들었을지도 모른다.

우리는 특히 예상하지 못한 순간에 얻어낸 성취에 더욱 열광한다. 이것이 유명한 TV시리즈 〈더 엑스 팩터The X Factor〉와 〈더 보이스The Voice〉가 추구하는 바다. 이 방송들은 지나치게 겸손한 무명 연주자를 보여 주거나, 그들이 경험한 역경을 보여 주며 시작한다. 이어서 출연자가 무대 위에 오르고 입을 열면, 그의 입에서 아름다운 선율이 흘러나온다.

이런 프로그램을 보면서 시청자들은 잠재력을 발휘해 자신의 꿈을 끝까지 추구하는 것도 좋다는 생각을 하게 된다. 그리고 더 빨라지고, 더 높이 오르고, 더 강해지고, 더 똑똑해지고 싶어 해야 한다고 생각한다. 아니면 현실적인 목표를 세울 수도 있다. 가령 올해 베고니아꽃을 더 잘 키운다거나, 바이올린 독주를 할 수 있을 정도로 충분한 실력을 키우는 것이다. 삶의 목표는 감정적인 부분일 수도 있다. 예를 들면 의견이 다른 배우자의 관점을 이해하려고 노력하는 것이다. 반 친구들 앞에서 자신감 있게 이야기하는 것 같은 정신적인 목표일 수도 있다.

하지만 여기에는 어두운 이면이 숨겨져 있다. 삶의 목표를 달성하려면, 패배를 두려워해야 한다.

논리적으로 살펴보면, 이것은 터무니없다. 우리는 모두 승자가 되기 위해 어느 순간에 패배의 경험을 반드시 견뎌내야 한다는 것을 잘 안다. 영원한 승자로 남는 것은 로맨틱한 신화에 불과하다. 어떤 사람들은 별 힘을 들이지 않고도 성공하는 것처럼 보이지만, 실제로 그런 경우는 거의 없다. 할리우드 배우 제시카 채스테인Jessica Chastain은 첫 번째 오디션에서 배역을 따낼 때까지 로스앤젤레스에서 4년을 지내는 동안 돈이 없어 무료 요가 수업에 나갔다. 래리 데이비드Larry David는 30대 후반에 1년 동안 예능 프로그램〈새터데이 나이트 라이브Saturday Night Live〉의 각본을 집필했지만, 오직 1편만 실제 프로그램으로 제작되어 방송됐다. 그러다가 제리 사인펠드Jerry Seinfeld와 손잡고 동명의 예능 프로그램을 다시 제작했다. J. K. 롤링J. K. Rowling이 쓴 해리포터 시리즈의 첫 번째 원고는 베스트셀러가 되기 전까지 출판사 열두 곳으로부터 퇴짜를 받았다.

성공은 시도하고 자신의 한계를 뛰어넘고 위험을 감수할 때 가능하다. 그리고 그 과정에서 실패는 불가피하며, 꽤 자주 패배를 경험하게 된다. 당신은 살면서 크고 작은 승리와 패배를 경험하게 될 것이다.

패배의 모습은 다양하다. 직장에서 승진을 놓치거나, CEO의 이름을 잘못 쓰는 것도 일종의 패배다. 대학교에서 시험을 망치거나, 시험 문제 하나를 풀지 못하는 것도 패배의 한 모습이다. 데이트 앱에서 몇 시간 동안 마땅한 데이트 상대를 찾지 못하거나, 새로운 파트너가 바람을 피운다는 사실을 알게 되는 것도 패배일 수 있다.

패배의 크기는 중요하지 않다. 진정으로 중요한 것은 패배와 실패를 들춰내 다시 평가하고 고민하며 앞으로 나아가는 것이다. 새로운 방향으로 말이다.

이렇게 한다면, 실패가 당신의 삶에서 귀중한 경험이 될 것이다. 실패를 통해 아직 준비가 안 되었거나 실력이 충분하지 않은 부분이 어디인지 파악할 수도 있다. 물론 실패하고 그 경험을 곱씹는 일이 쉽거나 유쾌하진 않겠지만, 이를 통해서 실패를 유용한 경험으로 바꿀 수 있다.

실패를 대하는 가장 좋은 자세는 실패를 기꺼이 자신의 삶으로 초대하는 것이다. 스포츠팀이 경기 영상을 분석할 때, 좋은 코치는 '바로 여기에서 네가 망친 거야.'라고 말하지 않는다. 좋은 코치는 '여기 뭐가 보여? 여기서 네가 어떻게 경기를 했는지 설명해 봐. 왜 실수가 나왔다고 생각해? 이런 상황을 다음 경기에서 마주하면 어떻게 하면 좋을까?'라고 말한다.

시도와 실패를 직접 경험하는 것은 미래에 경험할 문제를 미리 해결하고 장애를 극복하는 열쇠다. 멍하게 있으면서 문제나 장애가 생기지 않기만을 바라는 것보다 훨씬 더 효과적으로 삶을 살아가는 방식이다. 일찍 실패할수록, 자주 실패하고 용감하게 맞설수록, 삶에 중요한 순간이 왔을 때 마주하게 될 불확실한 상황으로부터 자신을 더 잘 보호할 수 있다.

그 누구도 이런 것을 우리에게 가르쳐 주지 않았다. 실패하거나 패배한다고 별 볼 일 없는 인간이 되는 것은 아니다. 하지만 우리는 실패하면 자신의 가치가 줄어든다고 생각한다.

이 순간에 공포가 고개를 들고 마음을 잠식한다. 패배하면 패배자가 된다고 믿는 사람은 그 무엇도 시도하지 않을 가능성이 크다. 패배자가 되는 것이 두려워서 시도조차 하지 않았던 경험이 한 번쯤은 있을 것이다. 시도하고 패배자가 되는 것보다 잃을 것이 적을 때 일찌감치 포기해 버렸을지도 모른다. '지금 너무 바빠.', '이 직장을 잃을 위험을 감수할 수 없어.' 등과 같은 변명을 늘어놓으며 노력하지 않았을지도 모른다. 이것들이 시도하지 않은 진짜 이유인지, 아니면 그저 핑계일 뿐인지는 그 누구보다 자기 자신이 가장 잘 안다.

실패를 자신의 일부가 아닌, 퍼즐을 풀 열쇠로 봐야 한다.

대부분이 이게 무슨 소리인지 이해하지 못할 것이다. 그래서 우리는 대체로 실패를 자신의 퍼포먼스를 보여 주는 지표가 아니라 자신에게 흠집을 남기는 것으로 치부한다. 약하다는 오해를 받을까 봐, 불완전하거나 나약한 모습이 드러날까 봐 무서워서 시도조차 하지 않는다.

하지만 진실은 이것이다. 패배는 승자들을 위한 것이다.

성공에 관한 근거 없는 믿음 2: 공포는 최고의 동기 부여다

우리는 모두 공포가 성공하도록 동기를 부여할 때 없어선 안 될 도구라고 배웠다. 그리고 겁을 주지 않으면, 사람들은 뭔가를 시도하려고 하지 않는다고 배웠다.

공포는 위기 상황에서 가장 강력한 동기 부여 중 하나가 된다. 위험한 순간에 사람들은 초인적인 힘을 발휘한다. 예를 들면 차 밑에 깔린 사람을 구하기 위해 차를 번쩍 들어 올린다. 모험가 애런 랠스턴Aron Ralston의 이야기를 들어 봤을 것이다. 그는 홀로 미국 유타주의 한 협곡을 등반하던 중 좁은 절벽 사이에 팔이 끼이고 말았다. 그렇게 5일이란 시간을 버텼지만 아무래도 절벽에서 팔을 빼낼 방법이 없었다. 결국 그는 팔뚝 뼈 두 개를 부러뜨리고 작은 주머니칼로 팔을 잘랐다. 죽음의 공포가 그로 하여금 몹시 고통스러운 행위를 감행하게 만들었다. 하지만 생존 확률을 높이려면 꼭 필요한 일이었다.

팀에서 퇴출당하거나 아끼는 무언가를 놓치는 등 원치 않는 결과를 감당해야 한다는 것을 알게 되면, 우리는 자연스럽게 더 많은 힘을 쏟게 된다.

하지만 성공하기 위해 꼭 두려워해야 하는 것일까? 실제로 권한을 행사하는 사람 중에는 다른 이들보다 더 무서운 사람들이 있다. 그래서 사람들은 그들이 원하는 일을 하거나 그들 눈에 띄지 않게 행동한다. 그들의 뜻을 거스르지 않기 위해서다.

주변 사람들에게 존경을 받는 것과 공포를 조장하는 것은 천지 차이다. 내 주변에는 실수해도 아무 말도 하지 않는 농구 코치가 있었다. 그가 눈에 보이면 나는 경기에 더 집중했다. 하지만 그는 누군가를 괴롭히는 사람이 아니었다. 단지 그의 평정심과 존재감이 경기를 더 잘 뛰고 싶게 만들었다. 그를 실망시키고 싶지 않았기 때문이다.

이는 누군가가 목표에 집중하고 최선을 다하게 만드는 방법으로 그다지 나쁘지 않다. 마치 펩 과르디올라Pep Guardiola나 그렉 포포비치Gregg Popovich 유파의 코칭 방식과 유사하다. 그들은 말을 많이 하지 않지만, 자신의 존재감만으로 선수들에게 동기를 부여한다.

하지만 결과를 얻거나 누군가에게 동기를 부여하기 위해 공포를 조장하는 것은 다르다. 그것은 의도적인 위협이다.

위협으로 학생들을 통제하는 교사나 협박으로 자식을 통제하는 부모가 있을 수 있다. 이런 사람들은 상대를 주눅들게 하거나 창피하게 만든다. 이런 맥락에서 작가 로알드 달Roald Dahl은 이런 괴물 같은 캐릭터를 기막히게 창조한다. 대표적으로 《제임스와 거대한 복숭아James and the Giant Peach》의 이모들과 《마틸다Matilda》의 트런치불 선생이 있다. 〈위플래쉬Whiplash〉는 음악학교에 다니는 어린 드럼 연주자에 관한 영화로 2014년에 개봉했다. 이 영화에 등장하는 무자비한 교사는 공포로 제자를 다스리는 권위주의적인 교사의 전형이다. 그는 제자들의 연주와 인격을 모독함으로써 반복적으로 굴욕감을 안겨 준다. 여기서 그치지 않고, 메인 드럼 연주자 자리를 줬다 뺏었다 하면서 그들을 조종한다. 그는 무려 5시간 동안 오디션을 열어 서로 경쟁시킨다.

할리우드는 공포를 사랑한다. 〈악마는 프라다를 입는다The Devil Wears Prada〉의 상사를 생각해 보라. 그녀는 부하 직원들에게 말도 안 되는 요구를 끊임없이 하는 괴물이다. 그 누구도 같은 엘리베이터에 타려고 하지 않는 폭군이다. 반면에 불가능한 일을 해내는 제이슨 본Jason Bourne이 있다. 솟구치는 아드레날린과 공포감이 그로 하여금 말도 안 되는 일을 해내게 만든다.

하지만 현실에서 지속적인 공포는 좋은 동기 부여라고 하기 어렵다. 사람을 지치게 만들고 주의를 흩트린다. 사람의 집중력은 한정적이기 때문이다. 게다가 무섭고 부정적인 결과를 걱정하는 데 관심을 기울이다 보면 실제 퍼포먼스에 신경을 쓸 수 없다. 팀에서 자기 자리를 걸고 싸우고 있다면, 당신은 진정한 목표에 집중하지 못하고 있는 것이다.

사람들은 공포를 유발하는 동기 부여에 빨리 반응하지만, 그 반응은 상당히 제한적이다. 공포는 또 다른 공포를 낳는다. 나아가 이것은 결국 우리와 그들로 편 가르기 하는 이분법적 사고와 편협함으로 이어진다.

굳이 이런 방식일 필요는 없다. 공포 앞에서 사람들을 결속시킨 좋은 사례가 있다. 바로 뉴질랜드 총리 저신다 아던Jacinda Ardern의 리더십이다. 다음은 뉴질랜드 크라이스트처치 이슬람 예배당에서 발생한 총기 테러로 목숨을 잃은 사람들을 추모하는 자리에서 그녀가 한 연설의 일부다.

우리는 소위 '증오 바이러스, 공포 바이러스, 배타 바이러스'에 대한 면역이 없습니다. 이런 바이러스에 면역을 형성했던 적이 단 한 번도 없죠. 하지만 우리가 이런 바이러스를 없앨 치료제를 발견한 국가가 될 수는 있습니다. 우리 모두 함께 나아갑시다. 증오에 대항하는 일을 정부에게만 떠넘기지 마십시오. 그것은 정부만의 일이 아닙니다. 우리는 각자 증오에 맞설 힘을 갖고 있습니다. 우리의 말과 행동, 매일 실천하는 친절에 바로 그 힘이 있습니다. 바로 이것을 3월 15일의 유산으로 삼읍시다. 우리는 이런 국가가 될 수 있습니다.

끔찍한 테러에도 불구하고 그녀가 보여 준 연민과 강인함은 모두를 감동시켰고, 공포가 아닌 인류애로 증오에 맞서라고 동기를 부여했다.

우리는 앞으로도 동기를 부여한다는 명목으로 많은 공포를 경험하게 될 것이다. 하지만 그 모든 공포가 눈에 선명하게 보이진 않을 것이다. 위축과 배제, 침묵은 위협을 마주할 때 나타나는 전형적인 수동-공격적 반응이다. 이런 반응은 모호하다. 그래서 자신의 공포 반응을 이해하거나, 특정인과 있을 때 자신이 바보처럼 느껴지는 순간을 포착해 내야 한다. 그것은 당신의 질문에 답하지 않는 상사이거나, 당신의 의견이 묵살되거나 무시당하는 순간일 수 있다. 아니면 당신이 이야기할 때 공공연하게 사람들이 서로 주고받는 시선일 수도 있다. 자신이 평가당하고 있다는 느낌을 주는 시선 말이다.

사실 공포는 아주 게으른 동기 부여 방식이다. 더 좋은 기술을 활용하고 더 많은 관심을 쏟으면 공포로 동기를 부여하는 것보다 더 좋은 결과를 얻을 수 있다. 구체적인 목표를 달성하기 위해 공포가 동기 부여 수단으로 활용되면, 그 공포는 재활용되고 확산된다. 그것은 삼나무를 갉아 먹으며 흥분한 흰개미들처럼 우리의 사고를 장악한다. 공포에 기반을 둔 환경에는 열정과 흥미, 상상력을 발휘하거나 가능성을 높일 여지가 없다.

나를 단단하게 만드는 심리학

성공에 관한 근거 없는 믿음 3: 오직 적자만 생존한다

적자생존이란 단어에는 잔인하리만치 경쟁적인 사람이나 조직과 기관, 가장 공격적이고 배타적인 성향을 지닌 자들이 승자라는 생각이 담겨 있다. 다음은 《월가의 늑대the Wolf of Wall Street》의 저자 조던 벨포트Jordan Belfort의 신조다. "나의 전사들이여! 그대들에게 거절은 허락되지 않는다. 그대들은 고객이 매수를 결정할 때까지 전화기를 붙들고 끝까지 늘어져야 한다. 그렇지 않은 자, 나가 죽어 버려라!"

흥미로운 점은, 이런 치열한 싸움 또는 먹거나 먹히는 경쟁을 통해 얻은 승리는 전형적인 얕은 승리이고 거짓된 가정에 기반을 둔다는 것이다. 적자생존은 잘못 이해되고 잘못 사용되고 있다.

1864년 철학자이자 경제학자인 허버트 스펜서Herbert Spencer는 찰스 다윈Charles Darwin의 《종의 기원On the Origin of Species》을 읽고 자연선택설에 착안해 적자생존이란 용어를 만들어냈다. 즉, 적자생존은 찰스 다윈의 자연선택설을 요약한 것이다. 여기서 당신은 적자생존이 단지 어느 한 동물이 다른 동물을 정복하는 능력을 의미한다고 생각할지도 모르겠다. 허버트 스펜서는 찰스 다윈의 생물학적 이론에 자신의 경제학적 이론을 결합해 사회적 다윈주의를 제시했다. 사회적 다윈주의는 삶의 투쟁에서 선호되는 인종이나 인간 유형이 있다는 왜곡된 개념이다. 허버트 스펜서는 인간이 이 지구의 운명적인 통치자로 진화한다는 메시지를 전달하기 위해 사회적 다윈주의라는 이론을 내세웠다. 그리고 영향력 있는 자리에 오른 사람들은 자연스럽게 선택된 자들이고, 따라서 그 직업에 가장 적합한 자들이기 때문에 그렇게 높은 자리까지 올라간 것이라는 메시지도 전달한다. 사회적 다윈

3. 성공에 관해 어떤 믿음을 갖고 있는가?

주의는 계급투쟁, 전쟁, 인종차별과 전리품 추구를 설명하는 데 주로 사용됐다.

하지만 찰스 다윈의 글에는 훨씬 더 미묘한 메시지가 담겨 있다. 그의 이론은 세상을 바라보고 이해하는 데 유용한 도구다. 요약하면 찰스 다윈은 미래 세대까지 살아남을 좋은 번식력이 가장 강한 종이라고 말했다. 그러므로 적자가 되려면 효과적인 번식이 중요했다. 경쟁자들을 꺾고 먹이사슬의 꼭대기에 오르는 힘이나 능력이 생존에 중요한 것이 아니었다.

이 세상에 있는 많은 종이 참으로 창의적이고 기막힌 방법으로 다른 종을 군림하지 않고 번식하며 역경을 극복하고 있다. 동아프리카 탕가니카호에 서식하는 수컷 시크리드는 함께 모여서 커다란 구름 같은 희뿌연 정액을 내보낸다. 그러면 암컷 시크리드들이 거기에 난자를 뿌리고 수정된 알을 입으로 빨아들여서 부화시킨다. 수컷 흰동가리는 지배적인 암컷이 죽으면 성별을 바꿀 수 있다. 어떻게 보면 적자생존은 전사와 같은 투지를 지닌 연인이 되는 것이라 할 수도 있다.

이후에 찰스 다윈은 자신의 생각을 좀 더 확장시켰고, 번식에 유능한 종이 무조건 생존하는 것은 아니라고 말했다. 그리고 현지 환경에 가장 잘 적응하는 종이 살아남는다고 덧붙였다. 종들은 다른 종들을 지배하는 것이 아니라 서로 협동하고 협조하며 변화에 유연하게 대응하고, 주어진 기회를 최대한 활용하면서 환경에 적응한다. 당신이 잠재력을 발휘하는 데도 힘이나 지배가 아니라 이러한 자질이 중요하다.

현실에서 진정한 승자라고 인정받는 사람들이나, 특정한 부분에서 정말 뛰어나거나 놀랍게 성장한 사람들을 살펴보자. 그들이 성공하도록 도운 것은 무엇인가? 경쟁자를 짓밟아야 한다는 욕구는 절대 아닐 것이다. 그들은 창의적이고 혁신적이며, 계속 변화하고 앞으로 나아가며, 내려놓아야 할 것은 내려놓을 준비가 된 자들일 것이다. 그리고 의심에 맞설 힘이 있으며, 다양한 사고와 경험과 전술을 지니고 있을 것이다.

그런 그들이 진짜 적자이고, 보고 배울 가치가 있는 사람들이다.

성공에 관한 근거 없는 믿음 4: 우리 편이 아니면 적이다

이른바 운동광들이 대학교에서 즐겨 입는 유명한 티셔츠가 있었다. 거기에는 "중요한 것은 승리가 아니라 참여다."라고 적혀 있었다. 나는 이 티셔츠가 너무 자랑스러웠다. 그것은 내가 당시에 우월하고 중요하다고 생각했던 그룹에 소속되어 있다는 일종의 상징이었다.

인간은 어딘가에 소속되기를 간절히 바란다. 소속감은 인간의 깊은 욕구다. 무의식적으로 대화 상대와 비슷한 억양으로 이야기하고 있는 자신을 발견한 적이 없는가? 거절에 대한 공포 때문에 대부분은 아무 생각 없이 자신이 속한 그룹에 적응한다.

진화론적으로 말하면 자신을 안전하게 보호하기 위해 우리는 어떤 무리에 속하려고 노력한다. 그리고 어떤 무리에 속하게 되면 삶의 길잡이가 될 분명한 정체성과 규칙이 생긴다. 어느 무리에 속하면 우리는 그 무리의 사회적 가치와 책임을 받아들인다. 설령 당신이 영국

3. 성공에 관해 어떤 믿음을 갖고 있는가?

의 열정적인 크리켓 팬클럽인 '바미 군단'이나 기후변화에 저항하는 환경단체 '멸종 반란'에 속해 있더라도 마찬가지다. 기껏해야 소속감은 자신이 속한 집단에 대한 강력한 공동체 의식이나 자부심처럼 보인다. 하지만 이것은 정신적 건강과 신체적 건강에 모두 이롭다.

그러나 어떤 식으로든 경쟁이 개입되면, 소속감은 자신이 속한 무리에 대한 충성심으로 바뀔 수 있다. 자신의 그룹이나 팀에 대해 자부심을 가지는 것은 나쁜 일이 아니다. 널리 알리고 공유하고 싶은 강력한 정체성을 갖는 것도 괜찮다. 공동 경험의 일부가 되거나, 유방암 캠페인 '문워크' 또는 브렉시트에 반대하는 시위에 참여하면 사실 기분이 좋다.

동족 의식tribalism(동족 의식은 나와 같은 부류가 최고이고, 나와 다른 부류는 열등하다는 사고방식이다)이 마냥 나쁜 것만은 아니다. 동족 의식에는 뭔가 신성한 구석이 있다. 그래서 우리는 구성원으로 인정받기 위해 최선을 다한다. 이러한 모습은 특히 잉글랜드 축구 국가대표팀과 농구팀인 골든스테이트 워리어스부터 영국 왕립해병대까지 이어지는 엘리트 집단에서 두드러진다.

하지만 동족 의식은 자칫 배타주의와 엘리트주의로 변질되기 쉽다. 그래서 참여하지 않으면 모두가 적이고, 당신들의 것이 아니라 우리의 것이고, 우리 또는 그들이라는 이분법적 사고를 하게 만든다. '우리와 같은 사람들' 같은 표현에는 우리가 다른 사람들보다 더 우월하고 더 잘났다는 의식이 담겨 있다. 예를 들면 축구 응원가에 재미와 영감, 희망을 주는 메시지 대신 고약하고 개인적이며 편협한 메시지를 담을 수 있다. 긍정적인 메시지를 담은 축구 응원가는 잉글랜드 축구 국가대표팀의 '축구, 집으로 돌아오다.'가 대표적이다. 2019년 불가리아 수도 소피아에서 잉글랜드 축구 국가대표팀이 불가리아 축구 국가대표팀을 상대로 대승을 거뒀다. 하지만 그 당시 잉글랜드와 불가리아의 시합은 인종차별로 두 번이나 중단되어야 했다. 불가리아 축구 팬들이 원숭이 흉내를 내는 등 인종차별적인 구호를 외치고 나치 경례까지 한 것이다.

동족은 물리적인 집단이지만, 실제로는 정치 같은 개념에 가깝다. 하지만 동족 의식이 극에 달하면, 구성원들은 '우리가 옳고 더 잘 났고 외부인을 배척해야 한다.'고 믿게 된다. 영국의 계급 제도는 정치처럼 동족 의식이 가장 심한 영역이다. 어느 곳이든 배타적인 집단은 무엇이 옳은가에 대한 시각이 협소하고, 외부인을 집단 구성원보다 열등한 존재로 취급한다.

어떤 대가를 치르더라도 특정 집단에 반드시 속해야 한다고 생각하는 사람들은 '언젠가는 집단에서 쫓겨날지도 모른다.'라는 공포를 안고 살아간다. 그리고 특정 집단에 소속되는 것이 힘들다는 생각은 우리를 결핍적 사고에 빠뜨린다. 외부인들을 배척하는 집단은 구성원들과 그들을 분리시킨다. 게다가 다른 집단과 갈등을 빚을 가능성을 높인다. 예를 들어 브렉시트에 관한 논의가 얼마나 많은 사회적 불화를 일으키고 있는지 보라. 그것이 얼마나 민감한 사안인지 생각해 보라. 아니면 트위터가 어떻게 양극화된 논쟁의 장으로 변질됐는지 생각해 보라.

집단에 속하면 안전하다고 느끼고 심지어 기분도 좋을지 모른다. 하지만 다음을 생각해 보자. 그 집단에 소속되기 위해 중요한 무언가

3. 성공에 관해 어떤 믿음을 갖고 있는가?

를 양보하고 있지는 않은가?

성공에 관한 근거 없는 믿음 5: 감정은 실패자들을 위한 것이다

영국의 어느 유명한 스포츠 조직의 로비에 들어서면, "감정이 아닌 논리로."라는 문구가 눈에 들어온다. 이것은 자신의 절반을 집에 두고 오라는 소리나 마찬가지다.

물론 이 문구는 중요한 순간에 정신을 바짝 차리고 침착함을 유지하라는 메시지를 전달하고 있다. 하지만 그 이면에 숨겨진 의미는 무엇일까? 바로 '감정은 나쁘다.'이다.

우리는 논리가 인생을 사는 최고이자 유일한 방법이며, 감정은 질이 낮은 것이니 억누르고 참아야 한다고 믿는다. 이것은 성공에 관한 근거 없는 믿음이다.

스트레스를 받는 중에도 냉정함을 유지하거나, 유명한 퍼포먼스 코치 데이브 알레드 박사Dr. Dave Alred가 말한 '자기 비행기를 조종하는 법'을 배워야 한다. 중요한 순간에 불안감을 다스리는 이 방법을 이용하면 좋다(사실 이것이 나의 핵심 업무고, 7장에서 그 방법에 대해 자세히 살펴볼 것이다). 실제로 이것은 스트레스를 받으며 일하는 모든 사람이 배워 둘 필요가 있는 기술이다.

하지만 그렇다고 매 순간을 중요한 것처럼 살 수는 없다. 인간을 긴박한 순간에 시간의 압박을 받으면서도 일을 거뜬히 수행할 수 있는 논리적이고 견고한 로봇으로 치부해서는 안 된다. 이는 실제로 우리가 일하는 방식에 어긋나며, 우리의 잠재력을 약화시키고, 무언가를 하는 것에 대해 불안감을 느끼는 일종의 수행 불안을 야기한다.

열정과 목적의식, 명확한 정체성을 지닐 때보다 쉬지 않고 무자비하게 밀어붙일 때 장기적으로 더 많은 잠재력을 발휘하며 무언가를 해내는 사람은 거의 없다. 혹시 이렇게까지 자기 자신을 밀어붙이면서 일하는 것이 괜찮다고 생각하는가? 그렇다면 주변 사람들이 당신의 그런 모습을 어떻게 생각하고 있는지 한번 물어보기를 바란다. 그들은 당신에게서 벗어나려고 안달이 났을지도 모른다.

성공에 관한 근거 없는 믿음 6: 자신을 희생해야 한다

주로 워커홀릭들이 이런 믿음을 갖고 있다. 성공하려면 삶에서 거의 모든 것을 양보하고 희생해야 한다고 말한다. 그리고 철저히 개인주의적인 사람이 되고 아주 남성적인 자질을 갖춰야 한다고 말한다. 성공을 위한 노력은 중대하고 만만찮은 투쟁이니, 경계심을 늦추지 말고 진지하고 긴박하게 임해야 한다고 말한다.

일을 막 시작했을 때, 이런 메시지로 연설하는 코치를 만났다. 하지만 그가 내뱉은 말은 그 자신이 번아웃 상태임에도 절박할 정도로 무언가를 정복해야 한다는 생각에 사로잡혀 있다는 사실을 보여 줄 뿐이었다.

애정이 뚝뚝 흘러넘치고 솜털처럼 말랑말랑해서는 성공할 수 없습니다. 성공은 투쟁입니다. 끝까지 싸워야 하는 전투죠. 동의하지 않는다면 여기서 나가세요. 먹고 먹히는 치열한 경쟁이란 것을 이해하셔야 합니다. 다시 말하지만, 이것은 전쟁입니다. 절대 포기할 수 없습니다. 비겁한 겁쟁이들은 성공할 수 없습니다. 성공은 오직 소수의 챔피언만을 위한 것입니다.

지나친 전투 의지에 얼굴을 한 대 얻어맞은 기분일 것이다. 그의 말에 담긴 한계에 충격도 받았을 것이다. 그는 성공을 흑백 논리로 바라보고 있다. 다시 말해서 당신은 남자답게 쇠망치를 휘둘러 경쟁자를 때려눕히는 승리자이거나, 그렇지 않다면 비겁한 패배자일 뿐이다. 이외의 다른 기술, 재능과 자질은 성공하는 데 아무 쓸모가 없다. 상상력, 창의력, 유머 감각, 평정심, 적응력이나 인내력은 성공에 도움이 안 된다.

슬프게도 이것은 엘리트 스포츠 또는 개인적으로 성공하거나 영예를 차지하려고 경쟁하는 분야에 흔히 존재하는 믿음이다. 최근에 동료가 고위급 코치와 나눴던 대화를 들려줬다.

나는 이기적인 쓰레기입니다. 난 내가 원하는 것을 얻기 위해 나의 모든 것을 바칠 준비가 되어 있죠. 저는 성공을 이루고자 무자비해졌습니다. 그동안 내가 무엇을 희생했고, 얼마나 상처를 받았고, 무엇을 잃어버렸는지 되돌아보면 속상해할 것이라고 생각하겠죠. 제 가족은 뭐가 중요한지 알지만, 제게는 그것들이 아무 의미 없었고, 지금도 그렇습니다. 이길 수 있다면 또다시 그렇게 할 겁니다. 그것은 특권이죠.

혹시 이 말을 듣고 그 사람이 병에 걸린 게 아닌가 하는 생각이 들지 않았는가? 이것이 과연 한 인간으로서 최선을 다하는 사람이 하

나를 단단하게 만드는 심리학

는 말처럼 들리는가? 아니면 분노와 증오, 공포로 가득 찬 사람의 말처럼 들리는가?

이처럼 성공을 자기 자신을 희생해야 하는 투쟁으로 여기는 믿음에는 일이 끝나기 전까지 자신의 모든 것을 희생하고, 그 일이나 퍼포먼스가 완성된 후에나 인생을 즐기라는 의미가 담겨 있다. 가족과 함께 시간을 보내거나, 사랑하는 사람들과 관계를 맺거나, 자신의 건강한 삶에 우선순위를 두거나, 공동체나 대의에 투자하는 것도 일이 끝난 뒤에 할 일이다. 이렇게 성공을 투쟁의 대상으로 보는 관점은 많은 이에게 익숙하다. 사람들은 그날의 일, 경쟁, 학위, 아이의 학업 등 눈앞의 과제를 완수하고 다음 단계로 빨리 넘어가야 한다고 느낀다. 그들은 그렇게 해야 사랑하는 사람들과 조금이라도 빨리 시간을 보낼 수 있다고 믿는다. 심지어 자녀들을 대신해 이런 믿음을 지니고 살아가는 부모도 있다. 온갖 성취와 활동으로 아이들의 시간을 가득 채우는 소위 호랑이 부모를 생각해 보라.

나아가 시간을 투자한다는 것은 그저 방안에 처박혀 책상 앞에만 앉아 있는 것이 아니다. 영혼을 모두 쏟아붓는다는 의미다. 뒤처지지 않기 위해 이메일을 확인하고 싶은 욕구를 억누르고 온전히 일에 집중한다는 의미다.

이런 믿음에는 양면이 있다. 동료들과 일할 때는 완벽한 사람인 척 가면을 쓰고 본모습을 숨기고, 혼자 있을 때만 그 가면을 벗는다. 동료들에게는 진짜 허점투성이인 자신을 보여 주고 싶지 않기 때문이다.

하지만 성공하지 못할까 봐 두려워하며 살수록, 자신의 본모습을

3. 성공에 관해 어떤 믿음을 갖고 있는가?

점점 더 감추게 된다. 스스로 물어보라. 덜 빛나고, 덜 고분고분하고, 덜 완벽하고, 덜 강한 모습을 사람들에게 보여줬을 때 무엇을 잃게 될 것인가? 당신이 더 개성 있고, 더 호기심 있고, 더 재미있는 사람 임을 사람들에게 보여 주면 어떻게 될까?

그렇게 하면 일에 몰입하지 않거나 성공에 목마르지 않은 사람으로 보일 위험이 있다고 생각할지도 모른다. 이렇게 생각하는 것도 그리 놀랍지 않다. 직장이나 스포츠 경기에서는 오직 얼마만큼 몰입했는가로 평가받는다. '그는 더 빈둥거리고 충분히 웃어야 했어.'라거나 '그가 성적에 덜 진심이었다면 더 잘됐을 거야.'라고 말하는 사람을 마지막으로 본 게 언제인가? 아마도 이렇게 말하는 사람을 본 적도 없을 것이다.

본모습을 숨기거나 실패의 공포에 떨면서 귀중한 에너지의 절반을 쓰기보다, 있는 그대로도 괜찮다는 것을 진심으로 이해하고 받아들이면 어떨까? 정말 멋지지 않을까? 왜냐하면 실제로 당신은 있는 그대로 괜찮은 사람이기 때문이다.

어떤 믿음이 공포를 조장하는가?

지금까지 성공에 관한 근거 없는 믿음 여섯 가지를 살펴봤다. 이 중에서 당신은 어떤 믿음에 동의하는가? 아마 여러 개가 뒤섞이고 겹칠지도 모른다. 이제 그것들이 공포에 어떻게 기반을 두는지, 그리고 어떻게 공포를 지속시키는지 이해하길 바란다.

어쩌면 한두 가지 믿음에 꽤 애착이 있어서 떨어내기 힘들 수도 있다. 그 믿음 덕분에 지금 여기까지 왔다고 생각하기 때문이다. 하지만 적어도 그것이 진실이 아니라는 것을 인정할 수 있기를 바란다. 우리는 그동안 공포를 조장하는 믿음을 원치 않게 받아들였을 뿐이다. 그것들은 우리 삶에 공포를 가중시킬 뿐이다.

3. 성공에 관해 어떤 믿음을 갖고 있는가?

4

○

공포로
가득한 환경에서 사는가?

●

성공하려면 남을 짓밟고 정복하고 투쟁하고 싸워야 한다는 믿음은 공포로 가득하다. 그런 믿음은 우리의 일상을 오염시켰다. 주로 직장 생활이 여기에 해당한다. 이렇게 공포를 유발하는 믿음은 개인뿐만 아니라 집단 전체를 오염시킬 수 있다. 심지어 가정도 이런 믿음으로 오염된다.

그렇다면 내가 공포로 가득한 직장이나 팀 또는 조직에 속해 있는 지를 어떻게 알 수 있을까? 그저 옳지 않다고 느껴지거나, 주기적으로 갈등 혹은 부정적인 것들과 마주하는 것이 하나의 단서가 된다. 당신이 병을 앓게 된 원인은 당신의 일상적인 상호작용을 지탱하는 무언의 공포일 수 있다. 이 공포가 보여 주거나 명명할 수 없는 무의식적인 고통을 야기할 수 있기 때문이다.

물론 다른 환경보다 더 공포를 조장하는 환경도 있다. 극단적인 괴롭힘이 자행되는 곳이다. 특히 분노와 추악한 댓글로 무성한 온라인 환경에서 공포와 수치심으로 누군가의 화를 돋우는 사람들을 볼 수 있다. 놀이터, 경기장, 직장과 이사회실에서도 이런 사람들을 찾을 수 있다. 영화도 마찬가지다. 영화 〈퀸카로 살아남는 법Mean Girls〉이 대표적이다.

괴롭힘과 위협, 화 돋우기에는 좀 더 미묘한 무언가가 있다. 서서히 퍼져 나가지만 주로 눈에 띄지 않는 이런 행위들은 피해자를 혼란스럽게 만들고 정신적으로 지치게 만든다. 은근한 괴롭힘이 다른 사람들에게는 괜찮게 보일 수도 있다. 그래서 괴롭힘을 당하는 사람은 자기 자신을 의심하기 시작한다. 괴롭힘은 피해자의 자존감과 안녕을 빼앗는 도둑이다.

괴롭힘을 피하고자 아무 말도 하지 않을 수 있다. 사람들은 괴롭힘을 당하지 않으려고 환경에 적응하거나 주변 사람들과 어울리는 척 행동하기도 한다. 아마 괴롭힘을 피할 수 있다면 무슨 일이든 할 것이다. 심리적으로 안정감을 느끼는 안전지대에서 멀어지더라도 말이다. 심지어 약자를 괴롭히는 것이 아주 끔찍한 일이더라도 자신이 괴롭힘을 당하지 않을 수 있다면 본모습을 숨기고 가해자 편에 설 수도 있다. 그러면 카멜레온이 친구하자고 할지도 모른다.

이러한 환경에서 수치심은 구성원들이 조직의 문화에 순응하는지 감시하는 일종의 경비견이다. 실제로 속이 썩어 문드러지는데, 본인은 괜찮다거나 아무렇지 않다고 생각한다. 자기 자신도 모를 정도로 공포를 일으키는 환경에 어울리도록 자기 자신을 아주 많이 깎아내고 다듬는다. 그 누구도 당신에게 사실을 말해 주지 않는다. 그들도 당신처럼 그 공포스러운 환경에 적응하려고 애써 왔기 때문이다.

당신은 이미 공포를 조장하는 환경에 익숙해졌을 수도 있다. 아니면 대처 능력이 꽤 좋은 사람일지도 모른다. 좀처럼 화를 내지 않는 무던한 사람들이 있다. 당신은 이런 부류라서 이러한 환경을 그러려니 하고 받아들이고 있는지도 모른다.

공포가 환경에 스며들수록, 그 환경에 노출된 사람은 삶에 부정적으로 반응하게 된다. 무엇 때문에 무섭고 불안한지 스스로 알지 못한다. 직접적인 인과관계를 파악해 내지 못하는 것이다. 그 누구도 명확하게 어떤 말이나 행동을 하지 않았기에 이유를 설명할 수 없지만, 지속적으로 긴장하게 된다.

물론 당신 때문에 일어나는 일이 아니니 안심해도 된다. 그럼에도 불구하고 우리는 목마른 화초가 물을 빨아들이듯 환경으로부터 공포를 흡수한다.

예를 들어서 유난히 눈에 띄는 직장 동료가 있다. 월요일 아침 회의에서 그는 그 어떤 공격적인 말도 대놓고 하지 않았다. 하지만 그의 몸짓은 꽤나 공격적이었다. 팔짱을 끼고 다른 곳을 쳐다봤고, 이야기하는 당신을 쳐다보지 않았다. 그의 반응에 당신은 바짝 긴장해서 '절대로 잘못해서는 안 돼.'라고 생각하게 된다. 짜잔! 그렇게 당신은 공포가 쳐 놓은 덫에 빠진다.

이런 삶은 사람을 지치게 만들 뿐이다. 이는 마치 사포를 계속 문질러서 안정감을 깎아내는 것과 같다.

공포는 싫은 것도 받아들이라고 강요한다. 이는 아주 낡은 사고방식이다. 이런 사고는 협박과 수치심을 동기 부여 수단으로 이용하는 환경에서 자주 발견된다. 다음은 당신이 따르는 시스템이 잘못됐다는 경고 메시지다.

1. 수동-공격형 리더

수동-공격형 리더는 자신의 의중을 분명히 드러내지 않는다. 생각을 분명히 말해 준다면 부하 직원들이 좀 더 직접적으로 대응할 수 있을 것이다. 그러나 자기 생각을 분명히 말하는 대신 공포를 낳는 비언어적이고 불확실한 방법으로 패배하거나 실패하면 가만두지 않겠다고 말한다. 예를 들면 '지금 그 일을 감당할 수 없을 것 같다면, 당신의 역할을 줄이고 다른 사람에게 그 일을 줄 수 있어요.'라는 말로 공포를 조장한다. 한 임원은 5년 동안 수동-공격형인 상사와의 관계가 매끄럽지 않아서 고통스러웠던 경험을 들려줬다. "그녀가 하는 말에는 문제가 없었어요. 문제는 상대의 기를 죽이는 그녀의 눈빛과 뭔가 말하기 전에 먼저 보이는 그녀의 침묵과 한숨이었죠. 그것들은 늘 그녀를 또다시 실망시켰다는 기분이 들게 했어요. 퇴사하고 나서야 제가 그동안 그녀의 비위를 맞추지 못할까 봐 두려워하면서 회사에 다녔다는 것을 깨달았죠."

어느 유명 회사는 직원들을 비공식적으로 하와이 스위트룸으로 보낸다. 직원을 하와이 스위트룸에 보낸다는 것은 그를 따돌리고 업무에서 은근히 배제한다는 의미다. 이것은 우리 모두의 마음속에 숨어 있는 공포를 찾아서 들춰낸다. 하와이 스위트룸에 보내진 직원은 직장 생활을 하려면 반드시 참여해야 하는 대화에서 의도적으로 배제된다. 하지만 사람들은 여전히 그가 업무를 처리하고 성과를 내길 기대한다. 솔직하게 뭐라고 하는 사람이 없기에, 하와이 스위트룸에 보내진 사람은 고립된 채 추측만 할 뿐이다.

회사는 혼란스러운 메시지를 전달해 은근히 공포심을 유발한다. 상사는 부하 직원에게 업무 처리가 충분히 만족스럽지 못하다고 말하면서도, 조언해 주지는 않는다. 그러면 부하 직원은 같은 실수를 반복하게 된다. 아니면 업무를 잘 처리했다고 해 놓고는 다른 사람에게 업무를 맡긴다.

수동-공격형인 성향과 의도적으로 명확하지 않은 메시지를 전달하는 것은 퍼포먼스를 개선하는 데 도움이 되는 솔직한 피드백과 정반대다.

2. 약탈적인 환경

약탈적인 환경은 굉장히 경쟁적이다. 그래서 누군가는 반드시 패배하게 된다. 사람들은 마치 포식자처럼 눈에 불을 켜고 당신이 실수하기만을 기다리는 것 같다. 그런 환경에서는 나 자신이 힘없는 사냥감처럼 느껴진다. 그래서 항상 일을 제대로 처리해야 한다는 강박에 시달린다. 이런 환경에서는 절대 실수해서는 안 된다.

성과 기준도 충족해야 한다. 기준을 충족하지 못하면, 퇴출당하거나 괴롭힘을 당하게 된다. 목표치를 달성하면 보너스를 주는 영업직에서 이런 일들이 심심치 않게 발생한다. 반면에 이런 일들이 은근히 벌어지는 곳도 있다. 예를 들어, 공개적으로 실패했거나 일을 제대로 처리하지 못한 사람으로 알려지는 것을 피하려고 안간힘을 쓰는 것이다. 또는 마감일을 놓쳤다는 사실이 팀 회의에서 공개적으로 알려질까 봐 두려워한다. 약탈적인 환경에서는 공개적으로 망신을 주는 언행이 자주 일어난다.

뭔가 분명하지 않은 공격이 지속되는 환경도 있을 수 있다. 예를 들면 조롱하거나 놀리는 것이 정상적인 의사소통 방식으로 간주되는 곳도 있다. 가정도 이런 환경에 속할 수 있다. 가족 구성원 중 누군가가 웃음거리가 되기 때문에 집에서 말과 행동을 항상 조심해야 할 수도 있다. 사람들은 누군가를 놀리는 것을 그냥 재미로 하는 행위라며 대수롭지 않게 여길지도 모른다. 그리고 웃으면서 등을 툭 치고는 농담을 가볍게 던질 수도 있다. 하지만 놀림에는 항상 희생자가 필요한 법이다. 그래서 당신은 놀림이나 괴롭힘을 당하든 그렇지 않든, '다음은 내 차례인가?'라는 불안감에 시달리게 된다.

공격이 명확하냐, 불명확하냐는 중요하지 않다. 어쨌든 그것은 당신을 감정적으로 말라비틀어지게 만들고 스트레스 호르몬인 코르티솔 수치를 높인다. 그리고 공포 습관도 일으킨다. 예를 들어서 '이번엔 절대 질 수 없어.', '이번 시험은 반드시 통과해야 해.', '이번은 최악일 거야.', '이번 건은 완벽하게 처리해야 해.', '이번에는 단 한 건의 불평불만도 허용해서는 안 돼.' 등 죽을 각오로 덤벼야 한다는 메시지를 자신에게 되뇌일지도 모른다.

3. 통제적인 조직

통제적인 조직은 용접해 붙인 듯 단단한 권력 구조를 지닌다. 권력 구조의 상부에 있는 사람들이 결정을 내리고, 나머지 사람들은 그들이 만든 규칙을 따른다.

그래서 이런 조직에서는 주제에서 벗어나거나, 수준 낮다고 여겨질지 모르는 제안을 하는 데 불안감을 느낄 수 있다. 기존의 계획에 이의를 제기할 수도 없다. '뭔가 앞뒤가 안 맞는 소리 같은데.' 또는 '이전에 이것이 어디에 효과가 있었나요?'와 같은 피드백이 돌아오기도 한다. 또는 '그거 너무 미신 같은 소리잖아요.'란 말을 들을지도 모른다. 그 말인즉슨 비과학적이고 증명되지 않아서 타당하지 않다는 의미다.

이러한 피드백은 조직 구성원들을 은근히 통제한다. 그래서 구성원들은 혹시라도 바보라고 비난받을 만한 말이나 행동을 하지 않으려고 최대한 조심한다. 그리고 '우리와 같은 생각이 아니네.'라는 평가를 받을 만한 언행을 철저히 삼간다. 이렇게 통제적인 환경에서는 자신의 생각을 누군가와 공유하는 것이 일종의 공식적인 업무로 다가올 수 있다. 통제적인 조직은 회의의 형식을 중시한다. 회의 참가자들은 자기 의견을 데이터에 기반해 정형화되고 일관되게 전달해야 한다. 상상력을 발휘하는 것은 허락되지 않는다. 그래서 구성원들은 무엇이 가능한지 또는 무엇이 개선되거나 변할 수 있는지 고민하지 않는다. 부정적인 피드백이 너무 무서워서 조금이라도 논란이 될 만한 발언이나 행동을 삼가려고 애쓴다.

이외에도 구성원들을 과도하게 통제하는 조직 환경이 있다. 직원들을 통제하지 않으면 주어진 일을 완수하지 못할 것으로 생각하는 관리자들이 있다. 조금만 풀어 주면 직원들이 나태해져서 업무에 차질이 있을까 봐 두려운 것이다. 이런 관리자들이 존재하는 조직에서는 유연근무제도나 재택근무제도가 유명무실하며, 보여 주기식 문화

나를 단단하게 만드는 심리학

인 '프리젠티즘'('출석하다'라는 뜻의 영어 단어 'present'에서 온 말로, 억지로 출근은 했지만 질병이나 업무 스트레스 등으로 컨디션이 좋지 않아 업무 생산성이 저하되는 현상을 말한다—편집자주)이 자주 발견된다. 직원들은 책상에 앉아서 컴퓨터 화면을 응시하고 있지만, 몸만 사무실에 있을 뿐 정신은 다른 곳에 가 있다.

이렇게 통제적인 조직에서 구성원들은 최대한 눈에 띄는 언행을 삼가고 조직 문화에 적응하고 녹아들어야 한다고 생각한다. 조직 문화에 반기를 들지 않고 순응해야 한다고 믿으며, 새로운 아이디어를 제안해 다른 누군가의 업무 영역을 침범해서는 안 된다고 생각한다. 다시 말해서 자신의 차선을 정확하게 지켜야지, 남의 차선을 침범해선 안 된다고 믿는다. 이렇게 통제적인 조직은 불안감을 연료로 삼아 움직인다. 불안감에 시달리는 구성원들은 상당히 많은 정신 에너지를 조직에 순응하는 데 쓰게 된다.

4. 독점적인 조직

조직은 회사, 기관, 팀 또는 학교 등으로 다양하다. 조직에서 느낄 수 있는 감정도 여러 가지가 있을 수 있는데 그중 조직에 속한 구성원이라는 느낌과 조직의 소유물이라는 느낌에는 큰 차이가 있다. 조직이 구성원들의 언행을 지나치게 통제하면, 구성원들은 자신이 조직의 소유물이라고 느끼게 된다. 우리 사람들, 우리 학생들, 우리 팀, 우리 방식대로, 우리의 이익을 위해서 등과 같은 표현은 구성원들로 하여금 마치 조직의 소유물이 된 것 같은 생각을 하게 만든다.

구성원들을 소유물로 여기는 조직은 독점적이다. 독점적인 조직의 구성원들은 자신을 로봇이나 톱니바퀴의 톱니처럼 하찮은 존재로 취급받는다고 느낄 수 있다. 마치 조직이 인간을 부품에 불과한 존재로 취급하고 있다고 느낄 수 있다. 자신들을 그저 경쟁 우위를 획득하는 데만 집중해 결과를 극대화하는 존재로만 취급한다고 생각할 수 있다.

독점적인 조직의 구성원들은 월급에 자신들의 영혼을 팔아 버린 듯한 기분을 느낄 수도 있다. 심지어 조직에 감사하고 그 일을 할 수 있음에 감사해야 한다는 분위기에 몸서리친다. 독점적인 조직에서는 조직의 가치와 기준을 있는 그대로 습득하는 편이 낫다. 왜냐하면 자칫 조직과 다른 생각을 했다간 곤란한 상황에 처할 수 있기 때문이다. 한편, 노골적이거나 은근하게 가족의 삶을 좌지우지하는 부모도 있다. 그들이 존재하는 가정에서도 누구 하나 그들의 뜻에 반하는 언행을 하지 않는다. 다시 회사라는 조직으로 돌아오면 자신이 운 좋게 어떤 팀에 소속되어 훌륭한 팀원들과 함께 일하게 되었다고 생각하고 입을 꾹 다문 채 감사하며 팀원으로 활동하는 구성원들도 존재할 수 있다.

최근에 한 지인으로부터 어떤 팀의 신임 코치에 관한 이야기를 들었다. 그는 레게머리를 한 선수를 절대 선발하지 않겠다고 단언했다. 레게머리를 한 선수는 '뭔가 엉성해 보인다.'며, 자신의 선수들은 프로페셔널하게 보였으면 한다고 말했다. 이러한 그의 발언은 문화적인 상황을 의식하지 못할 뿐만 아니라 권력과 소유욕을 강하게 드러내는 말이다. 그는 한마디로 '나처럼 프로페셔널하게 보이는 편이 네 신상에 좋을 거야.'라고 말하고 있다. 선수들이 그의 말에 순응하더라도, 그들 사이에는 선수와 코치의 관계에 당연히 존재해야 하는 무언가가 제거됐다. 바로 개인이라는 가치다. 개인이 없으면 퍼포먼스는 아무 의미가 없다(다행히 그 코치는 팀에서 오래 버티지 못했다).

획일성을 지나치게 강요하면 빈곤이 발생한다. 개개인의 개성을 통제하고, 문화적으로 모든 사람을 획일적으로 만들려고 하면, 특유의 아름다움을 상실하게 된다.

당신은 아이가 셔츠를 다르게 입고 싶어 하거나, 딸아이가 머리를 밀고 싶어 한다면 어떻게 할 것인가? 선수가 한쪽 양말을 발목까지 올려 신고 다른 한쪽 양말을 내려 신은 채로 경기를 뛰고 싶어 하거나, 체조 선수가 모히칸 헤어스타일을 하고 싶어 한다면 어떻게 할 것인가?

왜 우리는 직장에서 항상 양복을 입어야 한다고 생각할까? 그것은 우리의 개성을 몰살하고 모두 비슷비슷하고 획일적으로 보이게 만드는데 말이다. 그냥 평상시 모습 그대로 출근하면 하늘이 무너지기라도 할까? 평상시 모습으로 출근하면 남에게 보여 주고 싶지 않은 모습이 드러날까 봐 두려운 것인가? 그저 자기 자신으로 지내는 것이 두려워해야 할 일인가?

공포 속 일상과 직장 생활

지금까지 과도하게 통제적이고 공포를 조장하는 환경을 살펴봤다. 이런 환경에서는 그 누구도 싹을 틔워내고 꽃을 피울 수 없다. 사람들은 통제적이고 공포심을 조장하는 환경에서 결과를 내야 한다는 압박감에 끊임없이 시달린다. 이로 인해 가장 피해받는 것은 누구일까? 바로 상상력과 창의력이다.

하지만 우리가 전혀 예상하지 못한 피해자도 발생한다. 바로 정직과 올바른 행동이다. 사람들은 스포츠, 비즈니스, 정치나 직장에서 성과와 획일성만을 무자비하게 추구하는 것이 소위 나쁜 행동을 조장한다는 사실에 놀란다. 나는 이런 사람들의 반응이 오히려 당혹스럽다. 규칙을 지키는 것과 규칙을 받아들이는 것은 다르다. 설령 사람들이 기대되는 언행을 하더라도, 그것은 일시적이고 거짓되며 강요에 의한 것일 수 있다.

구성원들에게 영감을 불어넣는 환경을 조성하고, 더 잘 해내고 싶다는 의지를 심어 주는 더 좋은 방법이 있다. 획일성을 강요하지 않고도 구성원들이 조직의 문화와 정체성과 의식을 진심으로 받아들이게 할 수 있다.

호주 크리켓 국가대표팀을 살펴보자. 그들은 100여 년 동안 국제 시합에서 헐렁한 초록색 모자를 썼다. 호주 크리켓 국가대표팀 주장이었던 마크 테일러Mark Taylor는 "확실히 그 모자의 기운이 선수들에게 심리적 우위를 제공했죠."라고 말했다. 이것은 다른 스포츠팀도 마찬가지다. 자신이 속한 팀의 역사와 정체성과 상징을 이해한 선수들은 경기에서 심리적 우위에 서게 된다. 배지, 셔츠, 문장이나 신성한 장소는 선수들에게 개인적인 의미를 부여한다.

선수마다 배낭을 싸는 순서가 있다. 어떤 선수는 항상 부츠를 먼저 넣고 정강이 보호대를 제일 마지막에 넣는다. 이것은 미신이거나 심리적으로 도움이 되는 자신만의 의식이다. 어떤 볼링 선수는 공을 던지기 전에 공에 대고 기도하고, 사람마다 신발 끈이나 넥타이를 매는 순서와 방법이 다르다. 이런 행위는 행위자에게 그 어떤 통제를 가하지 않고 개인적이고 집단적인 의미를 전달할 수 있다.

누군가가 당신에게 주어진 선을 지키라고 끊임없이 강요하면, 당신의 공포 수치는 항상 높은 상태를 유지하게 될 것이다. 매일 또는 매년 이 문제를 해결하지 않으면, 당신은 영원히 공포 속에서 일하게 될 것이다. 정형화된 패턴에 갑자기 균열이 생겨 의도적으로 변화가 생기기 전까지, 우리는 모두 그 정형화된 패턴을 반복한다.

이제는 멈출 때인가?

과거에 광부들은 위험을 빨리 감지하기 위해 카나리아를 데리고 탄광에 들어갔다(카나리아는 가스에 매우 민감하기 때문에 공기 중에 가스를 감지하면 노래를 멈추거나 쓰러졌다. 이 같은 행동이 보이면 광부들은 즉시 지상으로 대피했다—역주). 이처럼 스포츠계는 더 넓은 문화와 사회에서 카나리아와 같은 역할을 할 수 있다. 스포츠계에서 시작된 변화는 거기에만 머무르지 않고, 나머지 사회에서 무슨 일이 일어나고 있는지까지 보여 준다.

지금 이 순간 스포츠계는 전환점을 맞고 있다. 그 증거가 속속 등장하고 있다. 약탈적이고 독점적이며 통제적이고 공포를 조장하는 스포츠계가 마침내 강한 저항을 받고 있다. 운동선수들과 기타 전문가들이 스포츠계의 관행이 해로울 뿐이라고 목소리를 높이기 시작했고, 새로운 스타일의 코칭 방식과 리더십이 등장하고 있다.

스포츠 기자 비키 홀Vicki Hall은 캐나다 아이스하키에 대해 '탈의실에서 있었던 일은 탈의실 밖으로 나가선 안 된다.' 하는 식의 시대는 저물었다는 기사를 썼다. 그녀는 낡은 코칭 방식을 고수하던 빌 피터스Bill Peters가 2019년 인종차별과 폭행으로 캘거리 플레임스의 수석 코치직에서 물러났다는 기사를 썼다.

그렇다면 과연 스포츠계에 몸담지 않은 사람에게는 이것이 무슨 의미를 지닐까? 많은 사람이 별다른 문제 없이 괜찮은 삶을 살고 있을지도 모른다. 그렇게 나쁘지 않은 인생을 살고 있는지도 모른다. 지금까지 크게 실패한 적도 없다. 그러다가 어느 날 문득 자신이 패배자로 느껴질 수도 있다. 그렇지 않은가?

하지만 그렇지 않다. 만약 앞서 살펴봤던 공포 환경에서 살거나 일하고 있다면, 당신은 지금 당장 손을 들고 "이것은 괜찮지 않아요!"라고 말해야 한다.

우리는 왜 공포를 조장하는 관행에 맞서야 할까? 깊은 승리를 원하고, 덜 무섭고 더 자유롭게 살고 싶다면 그것이 중요하기 때문이다. 더 많은 사람이 현상에 도전하면, 더 많은 변화가 생길 것이다.

난 그저 '용기를 내세요.'라고 말하고 있는 것이 아니다. 물론 어떤 사람들은 당당하게 자신의 목소리를 내지 못할 것이다. 공포를 조장하는 환경에 대해 자신의 생각을 밝히거나 반박할 수 있는 상황이 아닌 사람들도 있을 수 있다. 그런 사람들은 그 환경에서 지금 당장 벗어나야 한다. 지금 당장 그런 환경에서 벗어날 수 없는 사람들은 이 책의 후반부에 등장하는 공포에 대처하는 방법을 적극적으로 활용하길 바란다.

공포를 조장하는 문화에 도전하면, 사람들이 살고 일하는 환경을 완전히 바꿀 기회가 생긴다. 그러면 개인적이고 직업적인 차원에서 모두의 공포가 줄어들 것이다.

팀이나 조직을 운영하거나, 아이들을 가르치거나, 공동체나 가정에서 어떤 책임을 져야 하는 사람들은 공포 환경을 바꾸는 변화의 시작이 될 수 있다. 혹시라도 자신이 앞서 살펴봤던 방법으로 공포를 지속적으로 전달하고 있지는 않은지 스스로 생각해 보길 바란다. 아니면 공포를 허용하거나 무시하고 있지 않은지 생각해 보길 바란다. 그 누구를 탓할 생각은 없다. 성공에 대한 낡은 사고방식은 우리의 뇌리에 깊이 박혀 있다. 하지만 이것만은 알기를 바란다. 앞서 나갈 더 좋은 방법이 분명히 있다. 이 방법으로 얻어낸 결과는 우리에게 더 큰 성취를 허락할 것이다. 이 방법은 결과를 개선하는 데도 좋고, 모두에게 이득을 준다.

이런 변화가 뿌리를 내리려면 시간이 좀 걸린다. 낡은 것들은 한순간에 바뀌지 않을 것이다. 성공하려면 공포를 최대한 활용해야 한다는 생각은 여전히 많은 사람에게 매혹적이기 때문이다. 그래서 이 생각은 여전히 사회에 만연하게 퍼져 있다. 하지만 일단 행동하면, 변화가 따라올 것이다.

5

○

공포 문화에서는
무슨 일이 일어나는가?

●

지금까지 공포가 믿음을 통해 어떻게 재활용되고, 직장과 기타 환경에서 어떻게 영향을 주는지를 살펴봤다. 지금부터는 이런 공포 문화 속에서 살아갈 때 개인적으로 어떤 대가를 치르게 되는지를 살펴볼 것이다. 문화적 차원에서 공포 문화의 대가에 대해 살펴볼 것이다. 이 책을 읽으면서 책임이라는 무거운 짐을 지고 있던 마음을 내려놓고, 그것이 우리의 탓이 아닌 문화로 인한 일이었음을 깨닫기를 바란다. 동시에 앞으로 살펴볼 사례를 보며 우리도 그와 유사한 상황에 놓여 있음을 인정하는 용기를 내길 바란다.

공포 문화 속에서 산다고 모두가 같은 영향을 받는 것은 아니다. 그 영향은 개인의 성격과 성장 환경, 어떤 믿음과 행동에 노출됐느냐에 따라 달라진다. 공포 문화에 살면서 우리는 어떤 영향을 받았을까? 도대체 그것은 우리에게 무슨 짓을 했을까? 어쩌면 스스로 과소평가하고 위축되어서 자신의 잠재력과 성취력을 제한했을지도 모른다. 공포가 우리를 경직시켜서 자신과 주변 사람들을 엄격하고 지나치게 통제했을지도 모른다. 혹은 공포가 우리에게 고통스럽고 타는 듯한 수치심을 심어 줬을지도 모른다. 이 모든 것은 우리를 캄캄한 방에 밀어 넣어 인간의 진정한 잠재력으로부터 멀어지게 만든다.

앞으로 만나게 될 이야기가 암울하게 들릴지도 모르겠지만, 이 이야기를 통해 삶의 어떤 부분을 살피고 보살펴야 하는지 통찰력을 얻게 되길 바란다. 일단 우리가 경험하고 있는 것이 공포에 기반한 것임을 인정하고 나면, 공포를 극복하는 데 도움이 되도록 이 책의 후반부에 소개하는 아이디어들을 최대한 활용할 수 있을 것이다.

공포로 인한 다섯 가지 제약

공포와 결핍에 에워싸이면 어떤 일이 벌어질까? 그럴 때 우리는 위축된다('위축되다'를 의미하는 영어 단어 'shrink'는 나와 같은 심리학자들을 부를 때도 사용된다. 차라리 반대하거나 방지한다는 의미의 접두사 'anti-'를 붙여서 'anti-shrink'라고 불리면 얼마나 좋았을까? 우리가 하고자 하는 일이 바로 심리 위축을 막는 것이기 때문이다). 위축되는 방식은 여러 가지인데, 크게 다음의 다섯 가지 방법으로 공포가 우리를 제약한다.

1. 공포는 즐거움을 망친다

혹시 자신이 다음과 같은 부류가 아닌지 생각해 볼 필요가 있다.

5. 공포 문화에서는 무슨 일이 일어나는가?

늦게까지 사무실에 남아서 일하고, 늦은 밤에 업무 메일을 보내고, 주말인데도 하루라도 빨리 프로젝트를 시작해야 한다고 고집을 부리는 사람들이 있다. 이런 부류의 사람들은 머릿속에서 공포 기계를 돌린다. 그 기계는 이기기 위해 즐거움 따위는 희생하라고 말한다. 게다가 한가한 시간이 있어도, 이런 사람들은 쉬지 않는다.

당신이 만약 이런 부류에 속한다면, 당신은 즐거운 시간을 보내는 것이 성공에 방해가 된다고 생각할 것이다. 즐거움에 우선순위를 두는 것은 게으름을 피우는 것이고, 나중에 곤란한 상황에 처할 수 있다고 생각할지도 모른다. 아니면 이것을 의지와 자제력이 약하다는 신호로 여길 수도 있다.

공포는 다른 면에서도 즐거움을 빼앗는다. 공포에서 추진력을 얻는 사람은 모든 일을 일로 여긴다. 요리하는 즐거움을 위해서가 아니라, 누군가를 기쁘게 하려는 부담이나 보여 주기 식으로 저녁 식사를 준비하는 사람도 있을 수 있다. 그들은 '그저 그렇다.'라는 평가를 피하고 싶어하며, 그것을 진정한 삶의 목적으로 삼는다. 그들에게 즐거움은 이런 삶의 목표에 집중하지 못하게 만드는 불필요한 감정일 뿐이다.

이것이 진정 당신이 살고 싶은 삶인가? 좋은 시간을 보내면 인생이 더 나빠지리라 생각하는가?

즐거움, 특히 신뢰하는 사람들과 보내는 즐거운 시간은 뇌에서 기분 좋은 화학물질과 호르몬을 분비시킨다. 기분 좋은 엔도르핀, 보람된 도파민 그리고 사랑스러운 옥시토신 등이다. 즐거움은 긴장감을 낮추고 긍정성을 높여 퍼포먼스를 향상시킨다. 또한 그것이 주는 안도감이 과로로 인해 녹초가 되는 것을 막아 준다.

놀이는 우리 모두에게 자유로운 것이다. 성과를 내야 한다는 압박감에서 벗어나게 하고, 자유롭게 본래 모습으로 돌아가 즐거운 시간을 보내게 만든다. 재밌게 노는 시간은 영혼이 쉴 여유 시간을 주는 일이다. 시즌 전 체력 테스트나 시험 문제를 고치는 것처럼 재미없는 일을 하면서도 잠재력을 끌어올리려면 즐거움은 꼭 있어야 한다. 공포 때문에 인생에서 가장 좋은 부분을 놓쳐선 안 된다.

2. 공포는 위축되게 한다

공포 때문에 당신은 자신을 과소평가하고 위축되어 있는지도 모른다. 공포에 사로잡혀 실패하지 않거나 상처받지 않으려고 애쓴다.

그래서 대부분 목소리를 높여 자신의 생각을 분명히 밝히기를 꺼리고, 고여 있는 안락감에 만족하고 안주한다. 공포는 도전적인 무언가를 피하게 만든다. 공포 때문에 우리는 하루를 무사하게 마무리하는 데 만족하고, 힘든 감정에 깊이 파고드는 것을 거부한다. 어쩌면 그래서 이렇게 상대적으로 수월한 삶을 얻은 대가로 자신의 좋은 부분을 남들에게 보여 줄 기회를 놓치고 있는지도 모른다. 바쁘다는 핑계로 다른 가능성을 고민하지 않는 것일 수도 있다. 어쨌든 기한에 맞춰 내야 하는 공과금이 있고, 따야 하는 학위와 달성해야 하는 목표가 있기 때문이다.

하지만 그저 쉽지 않기 때문에 숨거나 위축되어 있는 것은 아닐까?

우리는 모두 자신의 삶에서 현실적인 것과 비현실적인 것의 한계를 정한다. 스스로 얼마를 벌 수 있고, 무슨 일을 할 수 있고, 어디서 살 수 있고, 어느 정도의 교육을 받을 수 있는지를 따져본다. 돈과 자식, 질병, 고령의 부모 등 더 현실적인 제약을 안고 있는 사람들도 있다. 하지만 대부분은 자신이 정한 제약 속에서 살아간다.

다음의 질문을 스스로 던져 보자. 누군가가 나를 위해서 그런 경계선을 그어 주었는가? 어떤 직업을 갖고, 특정 장소에서 살고, 몇 명의 자녀를 낳아야 한다는 기대를 누군가로부터 물려받은 것은 아닌가? 공포 때문에 지나치게 협소하게 한계를 지은 것은 아닌가?

메리앤 윌리엄슨Marianne Williamson의 《사랑으로의 귀환A Return To Love》에는 유명한 문구가 있다. 넬슨 만델라Nelson Mandela는 1994년 대통령 취임 연설에 그 문구를 인용했다. 메리앤 윌리엄슨은 공포가 그려 놓은 한계를 넘어설 능력이 우리 모두에게 있다는 메시지를 설득력 있고 유려하게 전달한다.

우리가 두려워하는 것은 무능력이 아니다. 우리가 가장 두려워하는 것은 우리의 무궁무진한 힘이다. 우리의 어둠이 아니라 우리의 빛이 그 무엇보다 두렵다. 우리는 스스로 이렇게 묻는다. '도대체 이토록 명석하고 눈부시고 재주가 많으며 놀라운 나는 누구인가?' 사실, 그렇지 않은 사람이 어디에 있을까?

개인의 성장곡선은 주로 선형으로 표현된다. 설정한 목표를 완수하면 체크 표시를 한 뒤 다음 목표로 넘어가는 방식이다. 하지만 개인의 성장은 하나의 여정으로 생각하는 편이 훨씬 이롭다. 그것은 자신의 경계를 넓히고 자신의 내면으로 깊이 파고들어 자신의 영역을 확장해 나가는 긴 여정이다. 그저 무언가를 개선하는 과정이 아니다. 그것은 한계를 극복해 성장하는 여정이지, 단순히 현재 자신의 위치보다 높은 곳으로 올라가는 과정이 아니다.

나는 이것을 도보 여행이라 부른다. 좋은 추억을 만들고, 새로운 사람들과 관계를 맺고, 생생한 경험을 하면서 우리는 발전하고 성장한다. 더 먼 곳으로 도보 여행을 하려면, 원하는 것을 찾는 여행에 공포가 얼마나 방해가 되는지를 먼저 이해해야 한다. 그러려면 우리의 문화가 성공이라고 인정하지 않는 것부터 살펴봐야 한다. 도보 여행자는 자신의 영역을 넓히고 성장하고 새로운 경험을 얻기 위해 성공으로 가는 기존의 길에서 벗어난다. 예를 들어 작가이자 기업가인 데이브 아스프리Dave Asprey는 건강 문제로 여행길에 오르기 전까지 실리콘밸리에서 성공적인 커리어를 쌓았다. 그는 생체 조작에 관한 책을 5권 썼고 세계적인 건강 최적화 기업 〈불렛프루프〉를 설립했다.

공포 때문에 자기 자신을 믿지 못하는가? 당신은 '나는 인간관계에 서툴러서, 회사를 경영할 재목이 아니야.' 또는 '나는 귀엽지 않아서, 누군가와 지속적인 인간관계를 맺지 못할 거야.'라고 생각할지도 모른다.

스탠퍼드대학교의 심리학 교수 캐럴 드웩Carol Dweck의 '성장형 사고방식'이라는 개념이 성장하는 데 제약이 되는 믿음을 바꾸는 데 도움이 될 것이다.[1] 캐럴 드웩은 스스로 더 똑똑해질 수 있다고 믿는 취학 아동들이 재능이 정해져 있다고 믿는 취학 아동들보다 더 오랫동안 더 열심히 노력하고, 결국에는 무엇이든 더 잘 해내게 된다고 말했다. 그리고 그것을 실제로 증명해 냈다.

심지어 그러한 노력이 잘 풀리지 않더라도 자신의 한계를 넘어서기 위한 열정은 성장형 사고방식의 대표적인 특징이다. 이러한 사고방식은 사람들이 자신의 인생에서 가장 힘든 시기를 보내면서도 굴복하지 않고 나아갈 수 있게 돕는다.

성장형 사고방식으로 세상을 바라보려고 노력하자. 이는 스스로 성장하고, 자신의 경계를 넓히고, 스스로 변화하는 데 큰 도움이 될 것이다. 더 똑똑하고, 더 현명하고, 더 친절하고, 더 상냥한 사람이 될 수 있다고 스스로 믿으면, 실제로 그런 사람이 될 가능성이 높아진다. 좀 더 구체적으로 말하면 프랑스어를 배우고, 사람들과 잘 어울리고, 달리기를 시작하고, 어떤 학위를 취득할 수 있다고 믿으면, 이런 일이 일어날 가능성이 더 커진다.

때때로 성장은 무언가를 얻는 것보다 가진 것을 내려놓는 것일 수도 있다. 인간관계 또는 직업을 포기하거나 승진하기 위해 애쓰지 않기로 결정하는 것도 성장일 수 있다는 말이다.

모든 변화는 정해진 과정에 따라 일어난다. 무언가를 성취하는 여정에는 위험과 불확실성, 공포가 도사리고 있다. 하지만 그것은 가치 있는 여정이다. 사방팔방에서 성장의 기회를 환영하고 잡아내는 것도 비범한 능력이다.

3. 공포는 신뢰를 배신한다

공포가 높아지면 믿음은 낮아진다. 이런 환경에서 일하거나 시간을 보내면, 사람들은 자기 자신을 위해 그곳에 나와 있는 것처럼 느낄 수도 있다. 또는 실수하면, 다른 사람들이 고개를 절레절레 저을 거라고 생각할 수도 있다. 어떤 경우에는 조건부 동맹에 기반한 일종의 충성심이 존재할 수도 있다. '네가 내 가려운 곳을 긁어 주면, 나 역시 너의 가려운 곳을 긁어 주겠다.'라는 식이다. 이렇게 서로에 대한 신뢰도가 낮은 환경에 사는 것은 에너지가 쫙 빨리는 고단한 일이다.

신뢰가 낮은 환경을 알아보는 또 다른 방법이 있다. 그것은 자신들만의 지식과 특권을 지닌 내집단의 존재 여부다. 이 집단 밖에 있는 것은 힘든 일이다. 하지만 내집단에 속하는 것도 마냥 좋지는 않다. 내집단에서 사랑받고 인정받는 사람도 있지만, 내집단에서도 적합하지 않다고 판단되는 사람들은 괴롭힘이나 놀림을 받는다. 예를 들어 중요한 정보 공유나 퇴근 후 회식에서 배제된다. 이렇게 되면 내집단의 신뢰는 종잇장처럼 얇아지고, 공포는 두터워진다. 이것은 언젠가 자신도 배척당할 수 있다는 악몽을 꾸게 만든다.

누가 일을 완수해 냈느냐는 신뢰에서 중요하지 않다. 다른 사람들 그리고 그들의 의도에 믿음을 갖고 있느냐가 핵심이다. 신뢰는 솔직함에서 나온다. 신뢰하게 되면, 자신이 속한 집단에 충성심과 애정을 갖게 된다. 신뢰는 삶을 긍정적으로 바라보게 만든다.

신뢰 때문에 상대에 대한 긴장과 경계가 완화된다. 이는 마치 동그랗게 말린 양치식물의 잎이 펴지는 것과 같다. 마오리족의 예술품에 새겨진 코루 문양은 양치식물을 본뜬 것이다. 코루 문양의 회오리는 모든 것이 바깥쪽으로 말려 나가더라도 결국은 시작점과 연결되어 있다는 메시지를 전달한다. 이와 유사하게 다른 사람에게 마음을 열고 신뢰한다면, 상대를 믿고자 하는 의지도 주기적으로 쇄신되어

5. 공포 문화에서는 무슨 일이 일어나는가?

야 할 것이다.

일반적으로 목표는 다른 사람들과 함께할 때 달성된다. 그래서 함께하는 사람들에 대한 신뢰가 낮으면 진이 빠질 뿐만 아니라, 자신의 한계를 확장하거나 위험을 감수하고 자신의 목표를 향해 나아가는 데 제약을 받게 된다.

4. 공포는 정신적 자유를 제한한다

우리는 모두 다른 사람들이 자신을 어떻게 보는지 걱정한다. 일부 사람에게 남의 시선은 주체할 수 없는 중압감으로 다가온다. 심지어 자신감에 넘치는 사람들도 자신이 바보처럼 보이지는 않을지 또는 다른 사람들이 자신을 어떻게 평가할지 불안해한다. 남의 시선에 대한 불안감은 우리의 정신적 자유를 잡아먹는다. 근본적으로 자신에 대한 다른 사람들의 의견을 생각할 때, 우리는 자기 자신이 괜찮은 사람이 아닐지도 모른다는 불안감을 느끼게 된다.

정신적 자유는 이런 공포의 대척점이다. 다른 사람들의 의견으로부터 해방될 때, 우리는 정신적 자유를 느낄 수 있다. 안타깝게도 이 반가운 순간은 자주 오지 않는다. 정신적 자유는 자신이 원하는 것이면 그것이 무엇이든지 시도할 수 있는 심리적 여유다. 아니면 마음을 답답하게 만드는 걱정 없이 그저 쉴 수 있는 마음 상태다.

자신의 재능과 다른 사람들의 잠재력에 닿고 싶다면 정신적 자유가 필요하다. 공포는 어떤 생각으로부터 벗어나지 못하게 만듦으로써 지능을 발휘하거나 기회를 찾아내지 못하게 만든다. 사실상 공포는 우리를 더 어리석게 만든다.

하지만 현대 사회에서 우리는 모두 바빠도 너무 바쁘다. 정신적 자유를 얻는 열쇠는 자기 생각에 대한 통제력을 획득하는 것이다. 지금 무엇을 하고 있는지, 그리고 어떻게 하고 있는지를 모두 정확하게 이해하고 있어야 한다. 불건전한 생각을 떨쳐내는 것과 행동하는 것의 균형을 유지하기 위해 노력해야 한다. 그리고 걱정으로 가득한 마음속 파리지옥에 갇히지 않고 다른 것에 정신을 뺏기지 않도록 애써야 한다.

무술을 배우거나 명상을 한다면, 정신적 자유가 어떤 느낌인지 이해할 것이다. 정신적 자유에 도달하는 다른 방법은 7장에서 본격적으로 살펴볼 것이다. 브루스 리Bruce Lee가 말했듯, '집중력은 인간이 최고의 능력을 발휘하는 근간'이다.

무술 수련자들은 현재 순간에 완전히 몰입하기 위한 수단으로 집중력을 사용한다. 그들은 현재를 생생하게 의식하면서 내면과 주변에서 어떤 일이 일어나는지 날카롭게 인지한다. 정신적 자유는 공포에 맞설 때 발휘된다. 현재를 수용하는 것과 공포는 공존할 수 없기 때문이다. 미래가 불과 몇 초 앞이라 하더라도 공포 때문에 미래에 뭔가 잘못될 수 있다며 걱정한다.

눈을 한 번 깜빡이면 시야가 깨끗해지듯이, 끊임없이 현재에 마음을 집중하면 공포가 걷힐 것이다. 쉴 새 없이 흐르는 잡음과 허튼소리에 굴복하는 대신 적극적으로 마음에서 공포를 걷어내겠다고 결심해야 한다. 사실상 모두가 이렇게 하려고 노력할 것이다. 이는 그렇게 대단한 일이 아니다. 그저 깊은숨을 내뱉고 자신이 어디에 주의를 기울이고 있는지 확인한 후 다시 현재에 집중하면 된다.

5. 공포는 기대를 제한한다

내 친구 알래타는 '낮은 기대의 비극'이라는 기가 막힌 말을 했다. 나는 사람들이 자신이나 다른 사람들에게 부여하는 한계를 설명할 때 이 표현을 사용한다. 낮은 기대는 '나 같은 사람은 그렇게 능력 있는 사람이 아니야. 나는 그런 기대를 하지 않아.'라고 말하는 것이다.

기대는 우리의 욕망 이면에 숨겨진 힘이다. 기대는 앞으로 나아갈 길을 정하고, 자신을 믿으며, 잠재력이 초록빛 새싹을 틔우도록 돕는다. 기대가 제한적이면, 자신의 잠재력에 미치지 못하는데도 만족하고 스스로가 정한 제약 속에서 살아가게 된다.

특별함이 지나치게 중요하게 여겨지면, 기대가 낮아진다. 다시 말해 오직 비범한 소수만이 무언가를 해낼 수 있다고 생각하면, 비범하지 못한 나머지 사람들은 무언가를 달성하는 것에 대한 감흥을 잃게 된다. 당신도 마찬가지다. 이런 생각이 실패에 대한 공포에 기름을 붓는다.

엘리트 스포츠 전반에 걸쳐 재능 있는 여성들은 남성이 지배하는 세계에서 여성에 관한 낮은 기대를 끌어올리는 것이 얼마나 힘든 일인지 들려줬다. 그들은 자신이 재능과 기술과 인격 등에서 남성과 동등한 존재임을 안다. 하지만 그들이 남자들처럼 팀을 이끌거나, 의견을 당당히 밝히거나, 위험을 감수할 것이라고 사람들이 기대하지 않는다는 것도 안다. 사람들은 단지 그들이 특별하기 때문에 성공할 수 있었다고 말한다('너는 다른 여자들과는 다르다'). 그러니 풍파를 일으키지 말고 선을 지켜 영광스러운 자리를 위태롭게 만들지 말라고 강요한다.

기대가 제한되는 또 다른 방법은 우리가 가진 편견과 무의식적인 판단 때문에 어떤 부류의 사람들이 다른 사람들보다 우월하거나 열등하다고 생각하는 것이다. 때때로 피부색, 민족, 국적, 성 정체성, 사회 경제적 배경 등에 의해 이런 일이 일어난다. 이것들은 승자가 되는 데 필요한 개인의 재능이나 능력과는 아무 상관이 없는 자질들이다.

특히 장애가 있는 이들에 대한 기대는 더욱 낮다. 나는 2019년 리 스펜서Lee Spencer가 60일 동안 유럽 대륙에서 남아프리카까지 약 6,000킬로미터에 달하는 대서양을 배로 횡단하는 모습을 경외심에 휩싸인 채 지켜봤다. 그는 영국 데번 출신의 전 영국 왕립해병대로 다리가 절단된 장애인이다. 그의 횡단 기록은 신체 건강한 사람의 대서양 횡단 기록을 무려 36일이나 단축한 것이었다. 그는 짬짬이 2시간씩만 눈을 붙이며 밤낮 할 것 없이 10~15미터 높이의 파도와 싸웠고, 깊은 고립감과 신체적 고통과 맞섰다.

물론 그는 실패할 수도 있었다. 사실 실패할 가능성이 있었다. 하지만 장애가 있으니 기대를 낮춰야 한다고 말하는 것은 아무것도 없었다. 특히 그는 공포에도 굴복하지 않았다. 다음은 그가 한 말이다.

노를 젓기 시작하자, 아이디어가 점점 또렷하게 형체를 갖추기 시작했어요. 신체 건강한 사람이 96일 만에 대서양을 횡단했다는 사실을 깨달았죠. 만약 제가 그 기록을 깬다면, 저의 장애가 더는 저를 정의하지 못하리라고 생각했어요. 노를 젓는 동안 진짜 유레카를 발견한 거죠. 저는 그저 저일 뿐이었어요. 다른 누가 아니었죠. 장애를 갖고 있기 때문에 완전히 새로운 사람인 듯 저를 정의하려고 애쓰는 것이 잘못됐음을 깨달았어요. 이 깨달음에서 시작해 우리가 사회 안에서 장애를 갖고 있는 사람들을 어떻게 정의하고 그들을 제약하는지 생각하게 됐어요.

장애 문화의 발전에 주요한 역할을 한 극작가 겸 배우 닐 마커스Neil Marcus의 인용문은 리 스펜서처럼 역경을 극복해 가는 승자들을 만들어 낸 두려움 없는 마음가짐과 상상력을 단적으로 보여 준다.

장애는 용감한 투쟁이나 역경에 맞선 용기가 아니에요. 장애는 예술입니다. 장애는 삶을 살아가는 독창적인 방식입니다.

자신에게 많은 것을 기대하는 사람이 없으면, 우리는 더 잽싸게 무언가를 포기해 버린다. '나 같은 사람이 할 일이 아니야.'라는 평계를 대며 스스로 자신의 가능성을 제한한다. 우리의 서사는 자기 충족적이란 것을 명심해야 한다. 다른 누군가가 우리의 서사를 다시 고쳐 써 주기만을 기다려선 안 된다. 마이크를 쥔 사람들은 마이크를 손에서 놓지 않고 당신에게 '이렇게 해라, 저렇게 해라.' 하고 참견할 것이다.

사람들이 자신의 꿈을 꼬깃꼬깃 접어서 뒷주머니에 구겨 넣는 것을 볼 때, 나는 특히 더 슬프다. 그들은 자신과 같은 부류의 사람이 승자가 될 수 있다고 생각하지 않기에 그렇게 쉽게 꿈을 포기해 버리는 것이다. 낮은 기대는 낮은 자존감과 다르다. 낮은 자존감은 '나는

나를 단단하게 만드는 심리학

괜찮지 않아.'라고 말한다. 반면에 낮은 기대는 '나 같은 사람들은 괜찮지 않아.'라고 말한다. 몇 가지 사례를 살펴보자.

'설령 답을 알고 있어도 손을 들지 않을 거야. 왜냐하면 나는 멍청한 아이 중 하나이니까.'

'리더가 되려고 시도하지 않을 거야. 리더는 항상 백인만 할 수 있으니까.'

'붙기만 해도 기쁠 텐데. 하지만 우리 가족 중에는 대학에 간 사람이 없어.'

'나는 그런 종류의 일을 할 만한 사람이 아니야.'

'그런 곳은 여자를 절대 받아 주지 않을 거야.'

삶에서 자신이 승자라고 느끼는 사람 중에 최정상에 오른 자신의 모습을 보고 놀라 까무러치는 사람은 그리 많지 않다. 감사하기는 하겠지만, 그렇다고 놀랄 일은 아니기 때문이다. 묵묵히 일하고 전념하고 최선을 다하면, 기대에 부응하지 못할까 봐 두려워하는 마음을 극복할 수 있을 것이다. 특히 끔찍할 정도로 우리에 대한 기대가 낮은 사람들로 둘러싸여 있더라도 말이다.

음악가이자 정치 활동가이며, 시인이자 작가인 아칼라Akala는 책 《원주민Natives》에서 1980년대 런던 북부에서 자란 혼혈아인 자신에게 쏟아졌던 낮은 기대를 날카롭게 풀어냈다.[2] 그는 교사들의 편견과 공포가 백인이 아닌 아이들의 교육에 대한 기대를 어떻게 짓밟고, 그들이 가진 잠재력과 상관없이 많은 아이를 어떻게 무관심 속으로

5. 공포 문화에서는 무슨 일이 일어나는가?

밀어 넣었는지를 묘사했다.

아칼라는 영특했지만 특별 보호가 필요한 아동으로 분류됐다. 그리고 수업 시간에 말을 줄이거나 한마디도 하지 말라는 주의를 반복적으로 들었다. 그는 학교에서 자신과 비슷한 경험을 한 친구의 이야기를 들려줬다. "선생님은 그의 어머니에게 아들이 너무 똑똑하고 모든 질문에 대한 답을 알고 있어서 '백인 아이들에게 기회조차 주지 않는다.'라고 말했죠. 수업 시간에 그를 조용히 시킬 수만 있다면, 그녀는 그것으로 만족했습니다."

기대는 재능의 차이와 아무런 상관이 없다. 다른 활동에는 다른 역량이 필요하다. 기대는 뛰어난 이들을 존경하면서 자신의 가능성을 붙잡고 놓지 않는 것이다. 자신의 가능성에 한계를 두지 말라. 자신이 그런 일들을 해낼 수 있는지 확신할 수 없더라도 마음의 문을 닫거나 위축되거나 많은 것을 포기하지 말라. 위대함은 어디서든지 발견될 수 있다.

수치심에 시달리다

공포로 인한 많은 제약은 공포 문화에 살면서 받게 되는 직접적인 영향이다. 반면에 수치심은 좀 더 심오하다. 모두가 수치심을 느낀다. 하지만 모두가 수치심으로 얼어붙지는 않는다. 우리는 수치심에 만반의 준비를 해야 한다. 우리는 모두 자신이 가치 없다거나 존재 자체가 나쁘거나 틀렸다고 말하는 수치심을 일찌감치 느끼면서 살아왔을 것이다. 수치심은 특이한 감정이 아니다. 왜냐하면 수치심이 그렇게 극단적이거나 충격적인 감정은 아니기 때문이다. 수치심은 공개적으로 야단을 듣거나 무안을 당하는 것처럼 평범한 순간에도 느낄 수 있다.

이런 일이 벌어지면, 우리는 곧장 수치심을 느낀다. 스스로 괜찮은 사람이 아니라고 느끼면서 굴욕감과 괴로움이 거대한 파도처럼 밀려든다. 이 때문에 공포에 굴복하면, 실패했다는 평범한 실망감이 훨씬 더 괴로운 수치심으로 대체된다.

수치심을 느끼는 사람은 특정한 표정을 짓고 행동한다. 2018년 호주 크리켓 국가대표팀이 자신들 마음대로 형태를 바꾼 공으로 경기를 진행했다는 충격적인 사실이 드러났다. 이 스캔들 이후 인터뷰에 참여한 선수들은 시선을 아래로 보내고 있었으며, 경직된 모습이었다. 그들은 굉장히 고통스러워 보였다. 실제로 그들은 고통스러웠을 것이다. 그들처럼 수치심이 TV에 방송되지 않더라도, 수치심은 여전히 굉장히 고통스러운 경험이다.

호주 크리켓 국가대표팀 주장인 스티브 스미스Steve Smith는 부정투구를 시인하고 사과하는 동안 울부짖었다. 비록 선수들이 잘못을 저지르긴 했지만, TV에서 공개적으로 사과하게 만든 데는 냉혹하고 비인간적인 구석이 있었다. 이것은 과거에 잘못을 저지른 사람을 공개적으로 가축우리에 던져 굴욕감을 줬던 행위나 다름없다.

비슷한 일이 2012년에도 있었다. 호주 수영 국가대표팀이 기대에 훨씬 못 미치는 성적표를 안고 런던 올림픽에서 돌아왔다. 그사이 선수들이 처방약을 오남용하고, 늦은 밤 다른 선수의 방에서 노느라 통금을 어겼으며, 대회 막바지에 술과 에너지 드링크를 섞어 마시는 등 올림픽 기간에 저지른 비행이 드러났다. 일부 선수는 TV에서 공개적으로 자신들의 비행을 고백하고 사과해야 했다.

그들이 복귀하자마자, 나는 그 팀의 문화를 검토해 달라는 부탁을 받았다. 나는 선수들이 일탈적으로 행동했지만, 조직과 리더십, 부정적인 문화에서 나타나는 장기적인 문제가 진짜 문제라는 결론을 내렸다. 그리고 대중이나 타블로이드지가 그들에게 공개 사과를 요구하며 굴욕을 줬다고 덧붙였다.

왜 우리는 누군가에게 굴욕감을 줌으로써 행동을 바꾸거나 상황을 바로잡을 수 있다고 생각하는 걸까? 절대 그런 일은 일어나지 않는데 말이다.

굴욕감이나 수치심을 이용해 사람들의 행동을 바꾸는 것은 게으른 방법이다. 이보다 더 나은 방법이 있다. 유대감과 보살핌을 이용하는 것이다. 실제로 이것이 호주 수영 국가대표팀에게 필요했던 긍정적인 해결책이었고, 이후에 진지하게 다뤄졌다.

브레네 브라운Brene Brown이 TED 강연에서 '수치심에 귀를 기울이자.'[3]라는 주제로 이야기했듯이, 수치심은 죄책감과 다르다. 그녀의 말을 빌리면, 죄책감은 '미안해요. 제가 실수했어요.'이고, 수치심은 '미안해요. 제가 실수예요.'이다.

죄책감 때문에 사람들은 최고의 모습만을 보여 주려고 애쓴다. 그래서 죄책감은 사람들의 행동을 통제하는 데 유용하다. 하지만 죄책감은 해서는 안 될 행동을 하거나, 해야 하는 행동을 하지 않았을 때 느끼는 기분 나쁜 감정이다. 또한 죄책감은 주로 윤리와 원칙과 연관된다. 반드시 해야 하는 것과 더 나아지길 바라는 마음과 관련이 있다.

우리는 다음과 같은 순간에 죄책감을 느낀다. 프로젝트에서 맡은 역할을 다하지 못하고 프로젝트 역시 실패했을 때, 주차된 차와 살짝 부딪혔지만 연락처를 남기지 않았을 때, 배우자 몰래 바람을 피웠을 때 죄책감을 느낀다. 죄책감은 강렬한 감정일 수 있다. 하지만 무언가를 했거나 하지 않은 것에 대해 보완하거나 사과하면, 죄책감은 상황을 바로잡고 더 좋은 방향으로 나아가는 기회가 된다.

반면에 수치심은 뼛속 깊은 곳까지 자기 자신을 가치 없는 존재로 느끼게 만들고, 우리의 자존감을 갉아먹는다. 이것이 우리가 수치심을 느끼기 싫어하는 이유다. 수치심을 느끼지 않으려면 그 무엇도 해서는 안 된다.

사실 수치심은 누군가의 행위에 대한 반응이다. 통학버스를 기다리는데 '바람둥이'라는 소리를 듣거나, 인종차별을 받아 수치심이 들수 있다. 너무 뚱뚱하다거나, 너무 멍청하다거나, 너무 가난하다는 말을 듣고 수치심을 느낄 수도 있다. 이혼하거나, 해고되거나, 퇴학 당하거나, 놀림을 당해서 수치심이 들 수도 있다. 수치심 때문에 망신당하고 무시당하고 상처받았다고 느끼게 된다. 결국 수치심은 우리 영혼 구석구석에 큰 생채기를 남긴다.

수영 국가대표팀과 크리켓 국가대표팀 모두 잘못을 저질렀다. 그들은 자신들이 잘못했다는 사실을 알고 있었다. 우리도 마찬가지였다. 그러니 죄책감을 느끼고 잘못된 행동에 대해 사과하는 것이 마땅해 보였다. 하지만 그들은 TV에 나와 공개적으로 사과하며 굴욕감을 견디고, 그들을 향한 부정적인 시선을 참아내야 했다. 그 과정에서 그들이 느낀 죄책감은 수치심으로 변형됐다.

대부분의 경우 수치심과 불안감은 함께 움직인다. 데이트에서 퇴짜를 맞거나, 직장에서 제시한 아이디어가 거절당할 수 있다. 혹은 상견례에서 예비 장인 장모가 당신을 탐탁지 않게 여길 수도 있다. 이렇게 수치심을 느낄 만한 상황에서 우리는 자신이 남들 눈에 탐탁지 않을 것이란 공포, 즉 부족함 공포를 서서히 느끼게 된다. 우리는 그 상황에서 도망치거나 숨고 싶어진다. 운동선수라면 경기를 하기도 전에 승리하지 못했을 때 감당해야 하는 당혹감과 수치심부터 생각할지도 모른다.

죄책감을 동기 부여 수단으로 활용하는 조직도 있다. 조직은 구성원에게 최선을 다하지 않았기 때문에 필요한 수준에 이르지 못했고, 상황을 바로잡기 위해서 무언가 해야 한다고 말한다. 반면에 수치심으로 구성원에게 동기를 부여하는 조직도 있다. 조직은 구성원에게 능력이 없어서 성공하지 못했다고 말한다. 심지어 공개적으로 이런 말을 해서 수치심을 악화시킨다.

다음은 여성 엘리트 운동선수 두 명이 내게 들려준 이야기다. 두 경우 모두 팀 코치로부터 체질량지수를 낮추도록 요구받았다. 체질량지수는 지방과 근육의 비율을 나타내는 수치로 최적의 몸 상태를 보여 주는 지표다.

A팀 코치는 4주 강화 훈련과 식단을 짰다. 그리고 4주 뒤 경기와 훈련에 참여하는 선수들에게 몸에 짝 달라붙는 라이크라(스포츠 웨어에서 많이 쓰이는 스판덱스 원단의 상표명—편집자주) 유니폼을 입혔다. 이 유니폼이 프로그램의 결과를 확실하게 보여 줄 것이었다.

코치는 선수들을 불러 모았고 그들과 목표치를 공유했다. 그녀는 선수들이 목표치에 도달하면 경기에서 우위에 서게 되리라고 생각했다. 목표치는 특정 범위였고, 선수마다 체형과 역할이 다르기 때문에 해당 범위를 목표치로 잡았다고 설명했다. 코치는 모든 선수가 자신만의 최고치에 도달할 것으로 기대했다. 그녀는 향후 선수들이 어떤 지원을 받게 될지 대략 설명했고, 팀을 위해 최선을 다해 달라고 진심으로 격려했다. 마지막으로 선수로서 이것이 얼마나 어려운 일인지, 그리고 마침내 목표치를 달성했을 때 체력적으로 어떤 변화가 생길지를 선수들에게 들려줬다. 그런 후 모두 목표치에 도달할 수 있도록 서로 격려하고 응원해 줄 것을 요청했다.

선수들은 초조했다. 그들은 공개적으로 실패하고 싶지 않았다. 하지만 선수들은 이 상황을 즐겁게 받아들였다. 그들은 왓츠앱에서 좋은 왁스와 선탠으로 2분의 1인치를 줄이는 법을 공유했다. 어떤 이는 나뭇가지에 당근을 묶어 다른 선수의 사물함에 달아 동기를 부여하는 메시지를 남겼다. 그들은 린트 초콜릿 린도볼로 매주 챌린지를 열었다. 성과가 제일 저조한 선수에게 박수갈채와 함께 초콜릿을 선물했고, 챌린지 우승자는 우스갯소리로 수락 연설을 했다. 코치와 체력 준비팀 멤버들도 챌린지에 초대됐다.

한편, B팀 코치는 선수들을 모아 놓고 상대 팀 선수들을 예로 들면서 좋은 체질량지수를 지닌 선수가 어떤 모습인지 보여 줬다. 그는 체질량지수가 우수한 선수들을 얼마나 존경하는지, 그리고 그들이 강인한 인격과 진정한 전문성으로 얼마나 좋은 성적을 냈는지 이야기했다.

코치는 선수들이 모인 대기실에 약 2미터 높이의 합판으로 만든

101

5. 공포 문화에서는 무슨 일이 일어나는가?

차트를 가지고 왔다. 거기에는 체질량지수를 기준으로 선수들의 순위가 적혀 있었다. 그는 모든 선수가 볼 수 있도록 그 차트를 대기실 벽에 붙였다. 차트 맨 위에는 가장 뚱뚱한 선수라는 항목이, 차트의 가장 아래에는 최고의 선수라는 항목이 적혀 있었다. 코치는 체질량지수가 가장 높은 선수 다섯 명에게 목표치에서 완전히 벗어난 이유를 물었고, 다음 대회까지 어떻게 체질량지수를 줄일 것인지 설명하게 했다. 해당 선수들은 얼굴이 붉어졌다. 확실히 그 상황이 불편해 보였다. 그들은 웅얼거리며 그의 질문에 답했다. 이 모습을 본 코치는 그 선수들이 창피와 수치스러움을 느낌으로써 체질량지수를 줄이는 데 확실한 동기 부여가 된 것으로 받아들였다.

B팀 코치는 팀 주장을 통해 목표치를 달성하지 못한 선수를 출전 명단에서 제외할 것이란 사실을 전달했다. 체질량지수를 언제 다시 측정하는지에 대한 언급은 전혀 없었다. 선수들은 당연히 불안감에 시달렸다. 몇몇은 몇 주 만에 체질량지수를 성공적으로 낮췄지만, 몇몇은 가시방석에 앉은 것처럼 불안감을 호소하며 코치를 슬슬 피하려고만 했다. 대다수가 이미 건강에 해로운 체중 관리 프로그램을 시작하거나 강도를 높였다.

B팀 코치가 어떻게 수치심으로 선수들을 조정하고 있는지 알 수 있겠는가? 설령 그가 이 방식으로 모든 선수의 체질량지수를 성공적으로 낮췄다 하더라도, 실제로는 절박해진 선수들이 출전 명단에서 제외되지 않으려고 이를 악물고 자신의 체질량지수를 낮춘 것이다. A팀 코치는 선수들에게 전문 운동선수로서 정체성을 확실히 심어주고, 서로서로 신뢰하도록 만드는 데 매진했다. 반면에 B팀 코치는

체질량지수를 기준으로 선수들을 서로 비교했으며, 언제 체질량지수를 다시 측정할 것이지도 알려 주지 않았다. 잔인하게도 그는 체질량지수를 낮추지 못하면 경기에 출전시키지 않겠다고 더 큰 위협까지 가했다.

B팀 선수들의 반응에서 알 수 있듯이, 수치심은 좋은 선생이나 동기 부여가 되지 못한다. 오히려 굉장히 고통스러운 것이다. 수치심을 피하는 것만 생각하는 사람은 옳고 그름을 따지지 않는다. 오직 수치심으로부터 자기 자신을 보호하는 데만 관심이 있다.

수치심은 인간성을 말살시킨다. 진정한 변화와 지속적인 결과를 얻기 위해서는 수치심으로 말살된 인간성을 되찾아야 한다. 기준을 낮춰야 한다고 말하는 것이 아니다. 규칙을 어긴 선수들뿐만 아니라 모두가 자신의 잘못에 대한 대가를 치러서는 안 된다고 말하는 것도 아니다. 하지만 누군가가 실수를 저질렀다고 해서 그들의 고통을 후벼 파서는 안 된다. 수치심은 수치스러운 일을 겪는 사람을 파괴한다. 그것은 우리 모두를 파괴한다. 굴욕을 당하는 그들을 보면서 자신도 그들처럼 될까 봐 전전긍긍하게 되기 때문이다.

지나치게 통제하다

공포가 동인이 되는 문화에서 압박감에 대응하는 또 다른 방법은 과잉 통제다. 곤란해지고 싶지 않거나, 비난을 받고 싶지 않거나, 수치심을 피하기 위해 모든 것을 지나치게 통제한다.

무언가를 통제하려는 욕구는 다양한 형태로 발현된다. 자기 자신을 지나치게 통제하거나, 무엇이든지 완벽하게 처리하려고 애쓰거나, 엄격한 잣대로 자신을 평가한다. 또는 다른 사람들을 단호하게 대하고, 판단하거나 조정하려고 한다.

물론 통제에 긍정적인 면도 있다. 통제는 질서를, 질서는 집중을, 집중은 안정을 가져온다. 통제는 꽤나 위로가 될 수 있다. 해야 할 일 목록을 작성하기 좋아하는 사람이라면 통제가 긴장을 누그러뜨린다고 말할 것이다. 그리고 실제로 우리는 뭔가 효과적이고 효율적으로 마무리하기 위해 우리를 통제할 구조와 시스템이 필요하다.

이상적으로 통제는 충동과 기분, 주의 산만의 균형추와 같은 역할을 한다. 통제를 통해 우리의 생산적인 욕구가 커지고 노력하게 된다. 통제는 규율과 밀접하게 관련되어 있다. 규율은 사람들이 최고의 성과를 얻기 위해 올바른 방법과 규칙, 루틴을 고수하게 만드는 또 다른 수단이다. 통제와 규율은 성과를 내는 데 훌륭한 메커니즘이다. 하지만 통제와 규율에 휘둘려선 안 된다.

안타깝게도 머릿속에 훌륭하지 못한 사람이 될지도 모른다는 공포가 가득하면, 사람은 이 공포를 보상하기 위해 실패하려야 실패할 수 없을 정도로 열심히 일하게 된다. 결국 통제가 심해지고 규율이 삶의 고삐를 잡는다.

'좀 쉬는 게 어떠니?' 또는 '하루 정도 휴가를 쓰지 그래?'라는 제안에 누군가는 '지금 농담하는 거지?'라고 생각할지도 모른다. 통제 모드에 들어간 사람에게 휴식은 사치일 뿐이다. 다른 것에 잠깐 관심을 돌리거나, 오락을 즐기거나, TV를 보며 시간을 보내거나, 술을 마시며 긴장을 푸는 행위는 한숨 돌릴 여유를 제공한다. 하지만 휴식은 이야기가 다르다. 휴식은 당치않은 소리다.

나를 단단하게 만드는 심리학

이처럼 엄격하고 높은 잣대는 다른 사람들에게도 적용될 수 있다. 어떤 상사는 직원들을 항상 엄격하게 대하고 밤마다 업무 메일을 보낸다. 어떤 부모는 자녀를 지나치게 밀어붙이고, 어떤 친구는 외모를 가꾸거나 집안을 정리하거나 체력을 기르는 등 자신만의 높은 기준에 맞지 않는 사람들을 평가하고 비판한다.

열정적인 생산성과 공포에 의한 통제를 어떻게 구분할까? 열정적인 생산성이라면 소속감과 안정감, 몰입감이 느껴질 것이다. 창의력과 아이디어, 상상력이 풍부해질 것이다. 하지만 공포에 의한 통제는 어떨까? 나의 경우 과잉 통제는 쐐기풀에 찔리고 15분 뒤에 두드러기가 올라오는 것 같은 느낌이다. 성가셔서 불편하지만, 참지 못할 정도로 고통스럽지는 않다. 하지만 조급한 기분은 신체적으로 발현된다. 테이블 아래에서 발을 달달 떨고, 교통체증 때문에 약속 시간에 늦을까 봐 초조해서 이를 간다.

나 역시 이런 느낌 속에서 살아왔다. 삼십 대 중반에 (지금은 마흔아홉 살이다) 나는 마라톤에 도전하기로 마음먹었다. 마라톤은 정신적·신체적으로 건전한 도전이다. 하지만 이 도전은 나의 불안한 과잉 생산성 추구 성향과 나 자신을 증명하기 위한 통제 욕구를 결합시켰다.

나는 공포에서 에너지를 얻어 움직이는 사람이었다. 그래서 달리기할 시간을 따로 빼지 않았다. 인간관계에 시간을 덜 투자하고 일하고 공부하는 데 시간을 쓰고 있었던 나는 이처럼 많은 활동으로 가득한 일상에 중거리 달리기를 꾸역꾸역 비집어 넣었다. 그러고는 엄격한 훈련 일정과 내가 세운 목표에 스스로 취했다. 그것은 완벽했다. 모든 것을 해낼 수 있을 것 같았다.

처음 마라톤을 완주했을 때 기분이 정말 좋았다. 그 성취에 나의 자아는 기쁨을 느꼈고, 나에게 쏟아지는 칭찬에 황홀함을 느꼈으며 감사했다. 하지만 생산성은 나에게 종교나 다름없었다. 나는 두 번째 마라톤에 도전했고, 걷거나 달려서 100킬로미터를 완주하는 대회에도 참가했다.

마라톤은 재미있고 건강을 유지하는 데 도움이 된다고 늘 나 자신에게 말했다. 하지만 사실 달리기는 나에게 큰 부담이 됐다. 내 몸은 도가 지나치다고 비명을 질러대고 있었지만, 나는 그 소리를 완전히 무시했다. 나는 아드레날린에 취해 달렸지만, 내 몸과 영혼은 제대로 해내지 않으면 절대 만족감을 느끼지 못할 것이라는 공포 때문에 과잉 통제를 경험했고, 나는 점점 삭막해져 갔다. 두 번의 마라톤으로 거의 72킬로미터에 달하는 거리를 달렸고, 이어서 100킬로미터를 걷고 달리며 완주하는 대회에 참가했다. 나는 이 대회에서 모든 에너지를 소진해 버렸다. 나는 결국 탈진했고, 60킬로미터 지점에서 엉덩이 부상을 당해 고통스러웠다. 오전 2시의 호주 시골은 살이 에일 정도로 추웠고, 암흑처럼 어두웠다. 네 명이 함께 달렸는데, 내 몸이 말을 듣지 않자 분노와 수치심이 치밀어 올랐다. 나는 이대로 완주하지 못하고, 나머지 세 명은 완주해서 나보다 더 나은 사람이 될 것이라고 생각했다.

일단 정신을 차리기 위해 전해질과 염분을 섭취했다. 그 순간 나는 충격적인 사실을 깨달았다. 나는 공포에 휩싸여 나 자신을 증명하려 했고, 그러한 욕구를 이루지 못할 상황에 놓이자 소중한 팀원들을 원망하기도 했다. 내가 사랑하는 사람들을 말이다. 물집 생긴 발에서 느껴지는 고통은 변변치 못한 사람이 될지도 모른다는 공포가 주는 고통에 비하면 아무것도 아니었다.

나처럼 통제와 규율을 남용하면 통제와 규율이 사고를 경직시켜 상상력을 발휘할 여지를 빼앗는다. 다음의 질문을 자신에게 해 보길 바란다. 나의 통제 욕구에서 공포가 하는 역할은 무엇인가? 공포가 나의 에너지를 어떻게 통제하고 있는가?

호주 대회 이후 몇 년이 흐른 어느 날, 나는 케냐산과 킬리만자로산을 등반했다. 거리는 1만 킬로미터였다. 나는 여느 때와 마찬가지로 훈련하고 계획하고 준비했다. 하지만 이번에는 완전히 달랐다. 살이 에일 듯 추웠던 밤, 호주에서 얻은 교훈이 나의 뇌리에 깊이 박혀 있었기 때문이다.

먼저 나는 나를 둘러싼 세상을 경험하겠다고 결심했다. 삐죽삐죽한 모서리와 방대한 테라스, 선인장 계곡과 철쭉 숲을 자세히 둘러보고 음미하기로 했다. 그 풍경을 느끼고 받아들이고 싶었다. 물론 두 산의 꼭대기에 오르고도 싶었다. 하지만 이번에는 정상을 정복하는 것보다 정상에 오르는 여정에 더 관심이 있었다. 그리고 무엇보다 가이드 킹스턴, 남동생 치프텐, 요리사 그리고 킬리만자로의 텐트메이트 등 내 곁에서 함께해 준 사람들과 좋은 시간을 보내고 싶었다.

나는 눈보라 속에서 케냐산 정상으로 향했다. 다리와 등이 타들어가듯 아팠고, 눈발이 눈을 찔러 좀처럼 눈을 뜰 수가 없었다. 무릎도 말을 듣지 않았다. 하지만 정상으로 향하는 내내 웃었고, 기뻤으며, 기운이 넘쳤고, 솔직했다. 킹스턴과 나는 휘몰아치는 눈보라 속에서 전사 3 자세(한 다리로 균형을 잡는 요가 자세―편집자주)로 정상에서 사진을 찍었다. 그 사진을 보면 여전히 가슴이 뛴다.

킬리만자로산의 정상으로 가는 마지막 경로는 사람으로 바글댔다. 그들의 얼굴에서 심리 상태를 느낄 수 있었다. 장애에 부딪힐 때마다 그것을 넘어서지 못할지도 모른다는 공포에 그들의 미소 띤 얼굴이 일그러졌고, 영하 15도의 추위 속에서 동트기 전에 정상에 올라야 한다는 긴박감이 서리처럼 그들의 얼굴에 내렸다. 하지만 서로 밀어 주고 끌어 주며 정상에 오르는 사람들도 있었다. 낯선 사람들과 친구들은 산에 오를 수 있도록 서로를 끌어 줬고, 정상 표지판에서 셀카를 찍지 못할까 봐 걱정하는 대신 꽁꽁 얼어붙은 장갑을 다시 낄 수 있도록 서로를 도왔다.

서로 주고받는 미소와 따뜻한 말에 정상까지 가지 못할 것이라는 의심은 눈 녹듯이 차츰 사라졌고, 사람들은 더 힘을 내는 듯했다. 정상까지 500미터도 채 남지 않은 지점에서 어떤 여성이 포기하고 뒤에 남은 동료에게 되돌아갔다. 그녀의 동료도 등반하는 동안 너무 자주 구토를 해서 산 아래로 되돌아가야만 했다.

끝까지 오른 사람들은 자신의 계획을 완벽하게 실행했기에 정상을 정복했다고 말할 수도 있다. 하지만 실제로는 승리에 대한 그들의 태도가 정상을 정복하게 했다.

내 경우는 무엇이 변했을까? 100킬로미터 완주 대회와 마라톤에서 나는 인간애와 관용을 경험했다. 하지만 두려움으로 가득한 마음속에서 길을 잃어버렸다. 사람들이 주고받는 활력을 보거나 느끼지 못할까 봐 너무 두려웠다. 엄격한 계획이 아니라 이러한 긍정적인 에너지가 우리로 하여금 삶에 주어진 제약을 극복하게 만든다.

정신적 안녕은 개인의 문제가 아니다

"두려움은 어둠으로 가는 길이다."

— 요다, 〈스타워즈 에피소드 1: 보이지 않는 위험The Phantom Menace〉 중에서

정신적 안녕은 주어지는 것이 아니다. 나는 그것에 관해 이야기하는 것만으로도 정신적 안녕에 찍힌 낙인이 서서히 지워지기 시작하는 것 같아 신이 난다. 우리는 정신적 안녕이 개인적인 현상이라고 생각한다. 개개인의 내면에서 일어나는 정신적 현상으로 보는 것이다. 하지만 정신적 안녕에 관해 논할 때는 개인과 그가 속한 문화와 환경에 대해서도 고민해 봐야 한다.

주목할 만한 자료가 있다. 바로 하버드대학교 경영대학원 교수이자 《두려움 없는 조직The Fearless Organization》의 저자인 에이미 에드먼슨Amy Edmondson의 연구다. 그녀는 '직장에서의 심리적 안전감'이라는 개념을 소개했다. 사람들은 위험을 감수해도 안전하다고 느끼고 업무에 취약할 때 최고의 퍼포먼스를 내려고 노력한다. 직장에서의 심리적 안전감은 삶의 전반에 확대 적용될 수 있다.

정신적 안녕을 개인의 문제로 간주하면, 오직 개인이 도움을 얻고 나아지도록 지원하는 데만 집중하게 된다. 다시 말해, 정신적 안녕을 지원하는 다양한 방법이 개인적 차원에 묶이게 된다. 물론 개인의 정신적 안녕을 지원하는 것은 중요하다. 하지만 우리가 공포와 불안을 재활용하고, 우리의 정신적 안녕을 개인적 혹은 집단적으로 갉아먹

는 환경에서 살아가고 있다는 사실에 집중해야 한다.

정신적 안녕은 우리 삶과 밀접하게 관련되어 있다. 우리 각자는 정신적 안녕에 따라 감정 기복을 경험하게 될 것이다. 이런 현상이 나타나는 데는 여러 가지 이유가 있지만, 이 책에서는 대표적으로 두 가지 이유를 살펴볼 것이다. 그중 하나는 환경이고, 나머지 하나는 인간관계의 질과 특성이다.

구성원들이 주어진 환경에 순응하고 성과를 내도록 만들기 위해 공포를 조장하는 환경이 있다. 이런 환경은 구성원들의 정신적 안녕을 치명적으로 손상시킬 수 있다. 완벽한 사람이 되거나, 심지어 다른 누군가를 정복하기 위해 더 많은 공포를 야기하고, 무슨 일이든 견뎌내며 가장 두려운 존재가 될 필요는 없다. 이 모든 것은 우리를 정신적으로 지치게 할 뿐이다. 그것들은 최고가 되기 위해 쏟아야 하는 에너지를 빼앗고 정신적 안녕을 빼앗는다.

나는 사람들이 보여 주는 회복탄력성에 끝없이 경외심을 갖게 된다. 일부는 연약하지만 용감하게 역경에 대응한다. 사람들은 대개 다음 두 가지 방법으로 난관에 대처한다.

첫 번째는 상처를 입지 않은 척 행동하는 것이다. 마주한 공포를 받아들이지 않고 무시하고 피하며, 내재화한다. 이렇게 하면 스스로 사기꾼처럼 느껴질 수 있다. 심지어 실패로 인생이 무너지는 순간에도 계속 아무렇지 않은 척 행동하게 된다. 혼자서 모든 일을 감당해야 하기에 타인뿐만 아니라 자기 자신과의 관계도 단절될 수 있다.

두 번째는 넘어져도 일어나는 오뚝이가 되는 것이다. 다시 말해 회복탄력성을 기르는 것이다. 여기에는 있는 그대로의 모습과 약점

나를 단단하게 만드는 심리학

을 솔직하게 보여 주는 것도 포함된다. 솔직하게 자신을 표현하게 되면, 결국 공포와 불안감이 줄어들 것이다. 마지막에는 자신의 고통을 이해하고 극복하게 된다.

인상적인 사례는 배우이자 활동가인 자밀라 자밀Jameela Jamil이다. 그녀는 정체성과 신념 때문에 공개적으로 상처를 받았다. 그녀는 자신의 정신 건강 상태를 공개했다. 구체적으로 외상 후 스트레스 장애 PTSD로 목숨까지 끊으려고 했던 일을 자세히 이야기했다. 그녀는 "필요하다면 도움을 구하세요. 그러면 상황이 나아질 겁니다. 제가 약속해요."라는 트윗을 남겼다.

그녀는 몸무게와 외모로 사람의 가치를 평가하는 풍조를 반대하는 아이웨이 운동I Weigh body positivity movement을 시작했고, 그러한 신체상 때문에 자신이 얼마나 정신적으로 힘들었는지도 당당히 고백했다. 그리고 최근에는 "가족 중에 아무도 이런 식으로 성적 취향을 밝히지 않았어요. 배우로서 성적 취향을 공개적으로 밝히는 것은 매우 두려운 일이에요. 특히 저처럼 피부색이 어두운 삼십 대 여성에게는 더더욱 두려운 일이죠."라는 글로 자신이 동성애자임을 밝혔다.

자신을 있는 그대로 보여 줄 수 있는 사람은 어딘가에 숨지 않고 이 세상에 당당하게 설 수 있다. 자신의 이상하고 뒤틀리고 불편한 약점이라도 숨기는 것보다는 겉으로 드러내며 사는 편이 낫다(솔직히 약점이 없는 사람이 어디에 있는가!).

나는 공인들이 실수를 저지르고 공개적으로 실수에 대한 대가를 치르는 모습을 여러 차례 지켜봤다. 공포 문화가 강력한 곳에서 그들은 겉으로 아무렇지 않은 척하지만, 속으로는 필요 이상으로 고통받는다.

사람들은 솔직한 감정을 드러내고 누군가와 그것을 공유하길 원하지 않는다. 그리 놀라운 사실이 아니다. 실제로 기분이 어떻든 우리의 문화에서는 실패하면 그 실패에 대해 깊이 뉘우치고 사과하고 참고 견뎌야 한다. 이것이 사람들이 호주 수영 국가대표팀과 공 표면을 마음대로 바꾸는 반칙을 저지른 호주 크리켓 국가대표팀에 기대하고 요구했던 태도다. 그래서 그들은 TV에 나와 공개적으로 실수를 인정하고 사과했다.

우리는 실패를 말끔히 처리하고 다음 단계로 나아갈 준비가 되어 있어야 한다. 그래서 불편한 감정을 삼키고 괜찮은 척 행동하는 것이 감정에 솔직하고 정신적으로 무너져 내리는 위험을 감수하는 것보다 낫다고 여긴다. 실패로 인한 슬픔에 잠시 빠져 제멋대로 행동한 뒤에는 경쾌한 용기와 긍정, 겸손만이 허락되며, 나약함과 고통, 불안감은 허락되지 않는다.

하지만 이렇게 사람의 자연스럽고 다양한 감정을 은폐하고 잽싸게 치워 버리면, 정신적 압박감을 경험하게 될지도 모른다. 인생을 마냥 행복하고 만족스럽고 긍정적으로만 살아갈 순 없다.

긍정이라는 허울 뒤에 숨어 버리면 우리가 마주한 것이 무엇인지 어떻게 알 수 있을까? 반짝반짝 빛나는 모습만 사람들에게 보여 주면서 어떻게 마음을 담아 삶을 살아가고 일하며 움직일 수 있을까? 아무도 못 보게 감춰 두기만 하면 누가 우리를 도울 수 있을까?

심리학적 관점에서 추방되고 은폐된 우리 마음속 무언가는 그것이 무엇이든지 결국 적대적이고 위험한 존재로 변할 수 있다. 우리는 분노를 꾸역꾸역 삼켜 아무도 보지 못하게 숨긴다. 하지만 그 분노를 인정하고 직면함으로써 해소할 수 있다. 공포도 마찬가지다.

밖에서 안으로

모든 두려움이 우리의 내면에서 기인하는 것은 아님을 인정해야 한다. 그리고 외부에서 그 두려움을 처리해야 한다는 것을 알아야 한다. 이렇게 하면 공포가 여러 가지 모습을 하고 나타난다는 것을 더 쉽게 인정할 수 있다. 그러면 언제 공포가 고개를 드는지, 공포에 언제 개입해야 하는지 알게 될 것이다. 무슨 일이 벌어지고 있는지 깨닫지 못하면, 사태를 해결하기 위해 언제 어떻게 개입해야 하는지 결코 알 수 없다.

매사 비난만 하는 상사 때문에 과도하게 자신과 주변을 통제하거나, 과거에 비슷한 상황이나 사람들 사이에서 수치심을 느꼈거나, 어떤 식으로든 자기 자신을 제한하거나 바꾸어 자기 발목을 잡는 등 공포는 다양한 모습으로 나타난다. 이 책의 후반부인 3부에서부터는 외부에서 내부로 공포를 다루는 방법을 살펴볼 것이다.

그전에 2부에서는 인간이 공포에 반응하도록 얼마나 완벽하게 설계되었는지 살펴볼 것이다. 또한 공포에 즉각 반응하도록 어떤 생물학적인 준비가 되어 있는지도 살펴볼 것이다(사실 공포는 우리 내면에도 도사리고 있기에 우리는 안팎의 공포에 맞서야 하는 이중고를 겪고 있다). 그런 다음 이러한 생물학적 공포를 통제하고, 공포에 시달리지 않는 마음가짐을 키우는 방법을 살펴볼 것이다.

FEAR LESS

2부

공포에
대비하라

6

○

인간의 뇌는 어떻게,
왜 공포를 만들어 내는가?

●

굽잇길을 빨리 돌자 자동차 바퀴가 지나치게 빨리 미끄러졌다.

전화 수화기 너머로 '나쁜 소식이 있어.'란 말을 들었다.

늦은 밤 조깅을 하는데 언뜻 덤불이 바스락거리며 움직이는 것을 봤다.

공포는 가슴에 수천 볼트의 전기가 흐르는 것 같은 느낌이라 할 수 있다. 공포 반응은 생존을 위해 설계된 자기 보호 기제다. 이번 장에서는 이런 보호 기제가 왜 우리의 뇌에 자연스럽게, 그리고 깊이 박히게 되었는지, 위험하거나 목숨을 위협하는 상황에서 우리의 뇌와 몸을 어떻게 작동시키는지 살펴볼 것이다.

앞서 살펴본 것과 같은 다양한 공포를 유발하는 환경에 노출되면, 우리는 즉시 공포에 반응한다. 설령 그 상황이 목숨을 위태롭게 하지 않더라도, 지체 없이 공포에 반응한다.

이런 날것의 공포는 '위험! 반응 태세!'라는 경보음을 울린다. 그래서 우리는 덤불이 부스럭거리는 것을 보자마자 일단 '걸음아, 나 살려라!' 하고 내달리게 된다.

그런 다음에는 일종의 생각하는 뇌가 상황을 분석하기 위해 작동한다. 덤불이 바스락거린 이유가 들쥐냐 아니면 강도냐에 따라서 일시적인 불안감을 느끼고 다리에서 아드레날린이 확 솟구치거나 패닉 상태에 빠질 수 있다. 순간의 공포가 우리를 엄습하는 순간 우리는 공포의 원인을 피하거나 처리하는 데 집중한다.

문제는 우리의 공포 반응이 굉장히 활발하고 언제든지 발동될 준비가 되어 있다는 것이다. 우리는 공포로 가득한 환경에서 살고 있고, 나아가 항상 공포를 느낄 준비가 되어 있다.

공포 반응이 나타나지만, 그 반응이 자신에게 도움이 안 될 때는 그것을 재빨리 잠재우는 법을 배워야 한다. 그 방법은 7장에서 본격적으로 살펴볼 것이다. 본격적으로 공포 반응을 통제하는 법을 알아보기 전에, 이런 공포 반응이 우리의 몸과 뇌에 어떤 영향을 주는지를 먼저 이해하면 좋다. 그러면 정신적이고 신체적인 공포를 인지하고 그 공포에 적당한 이름을 붙여 줄 수 있다. 공포 반응이 정상적이고 예상할 수 있다면, 공포 반응을 더 잘 통제할 수 있다.

왜 우리는 공포를 느낄까?

인간의 뇌는 놀랍도록 복잡한데, 거기에는 소위 진화론적인 설계 결함이 있다. 우리의 뇌는 부정적인 감정, 특히 공포를 아주 빠르게 처리하는 대신 다른 유형의 정보를 상대적으로 천천히 처리한다. 즉,

기본적으로 스트레스와 고통에 반응하도록 프로그램되어 있고, 특히나 공포에 잽싸게 반응한다.

인류의 조상은 수백만 년 동안 이 지구에 살았다. 진화론적 생물학자들은 현대 인간이 등장한 것은 불과 10만 년 전이라고 추정한다. 뇌의 일부가 변형되고 진화해 논리적으로 사고하고, 계획을 세우고, 창의적인 활동을 하며, 상상력을 발휘하고, 연민을 느끼고, 도덕성을 지니고, 언어를 사용하게 된 것은 불과 5만 년 전이다. 이 새로운 뇌 회로 덕분에 우리는 자신이 어떻게 살고 싶은지를 생각하고 결정할 수 있다. 사실 이 책을 읽기로 결정한 것도 바로 이 새로운 뇌 회로 덕분이다.

고대 인류, 다른 포유류나 파충류와 공유하는 우리의 오래된 뇌 회로는 예나 지금이나 변함없이 그대로다. 인류가 진화하는 동안 인간의 뇌는 완전히 업그레이드되지 않았다. 오래된 뇌 회로가 여전히 새로운 뇌 회로와 함께 작동하고 있다. 그러다 보니 주변 환경에 대해 우리가 어떻게 반응할 것이냐를 두고 두 회로가 끊임없이 힘겨루기를 한다.

공포를 느끼는 편도체가 포함된 오래된 뇌 회로는 생존이 목적이다. 그것은 수백만 년 동안 자연 선택의 기로에서 살아남은 신경망이다. 본능, 무의식적이고 감정적이고 행동적인 충동, 원시적인 생존 불안 등 이 부위에서 일어나는 거의 모든 것이 무의식적이다. 그래서 우리는 그것들을 인지하지 못한다. 그리고 진화의 과정을 지나 그러한 작용들은 최근 세대까지 기억과 경험에 저장됐다. 과학자들은 이러한 뇌의 무의식이 대체로 주변 세상에 어떻게 반응할지를 결정한

6. 인간의 뇌는 어떻게, 왜 공포를 만들어 내는가?

다고 생각한다. 사실상 인간은 생각보다 훨씬 더 많이 본능에 의해 움직인다.

우리는 무엇이 바람직하고 좋은지 또는 위험하고 나쁜지를 이해할 수 있다. 이런 능력은 우리가 태어나기 전에 완전히 형성됐다. 다른 뇌 기능이 제대로 발달해 작동하기도 전에 우리는 공포를 인지하고 반응한다. 왜냐하면 공포는 우리 모두에게 굉장히 중요한 요소이기 때문이다.

우리의 무의식도 어린 시절의 경험을 바탕으로 형성된다. 말하고, 논리적으로 사고하고, 주어진 개념을 이해하게 되기 전에 한 경험이 무의식의 형성에 지대한 영향을 준다. 사실 이러한 능력은 청소년기까지도 완전히 발달하지 않는다. 특히 유아는 생존을 위해 주변 사람들에게 가장 많이 의지한다. 그래서 유아기는 인간에게 가장 연약한 시기다. 이러한 유아기에 부모 등 주변 사람들과 어떻게 소통하느냐와 그들이 유아의 기본적인 욕구에 어떻게 반응하느냐가 유아의 뇌 발달과 세계관 형성에 지대한 영향을 준다. 유아는 부모와 자신을 돌봐 주는 사람들의 비언어적인 의사소통과 행동을 통해 자신이 안전한지, 보호받고 보살핌을 받고 있는지를 확인한다. 그리고 이때의 경험과 획득한 정보는 성인이 되어도 전혀 변하지 않고 그대로 무의식에 전달되어 저장된다.

이와 대조적으로 오래된 뇌 회로와 관련된 편도체를 통제하고 조절하는 '새로운 뇌 회로'는 이십 대 초중반까지 발달하는데, 이 새로운 뇌 회로가 이성에 따라 행동하고 선택하게 만든다. 유년기의 뇌는 가소성이 높아서 외부 요인에 의해 쉽게 변형된다. 이 시기의 뇌는

나를 단단하게 만드는 심리학

공포를 얼마나 느끼는지, 감정을 어떻게 조절하는지, 자신을 얼마나 가치 있다고 여기는지에 아무런 영향을 주지 못한다. 그래서 청소년들은 대담하고 무모하게 행동하는 것처럼 보인다. 그들은 소위 뇌 브레이크를 완전히 발달시키지 못한 것이다. 따라서 편도체는 지금 우리가 사는 세상과 과거 우리 조상들이 포식자와 경쟁자의 생존 위협을 받으며 살던 세상을 전혀 구분하지 못한다.

심지어 지금도 편도체는 오로지 생존에만 관심이 있다. 우리를 살아 있게 만들고 유전적으로 우월한 배우자를 찾아주려고 애쓴다. 그래서 뒤에서 미친 듯이 울리는 경적을 들으면서도 교통체증에 발이 묶여 오도 가도 못하거나, 칼을 든 누군가의 위협을 받고 있을 때, 편도체는 세상이 빠르게 무너져 내리고 곧 죽을 수도 있다고 판단하고 반응한다. 사람으로 치면, 편도체는 상황을 제대로 분별할 안목이 없는 사람이다.

반면에 우리의 새로운 뇌 회로는 경쟁 프로젝트를 자세히 파악하고, 인격을 형성하고, 사회적 행동을 조절하여 삶의 의미를 이해하고자 노력한다. 예를 들자면 암의 치료제를 찾고, 숨이 턱 막힐 정도로 대단한 예술과 음악을 창조해내고, 인공지능을 개발한다.

여기서 오래된 뇌 회로와 새로운 뇌 회로 사이에 긴장감이 느껴진다. 하나는 오로지 생존에만 집중하고 위험을 회피하고 경계심을 놓지 않기 위해 진화했다. 다른 하나는 확장과 혁신을 담당하고 창의력을 이용해서 아이디어를 만들어 낸다.

이 두 부분은 함께 움직이지만, 그들의 관계는 한없이 불편하다. 그리고 우리 눈에는 보이지 않지만, 시시때때로 둘 사이에 주도권을 놓고 치열한 힘겨루기가 벌어진다. 서로 반대 방향으로 당기는 이 두 힘 때문에 우리는 이유도 알지 못한 채 스트레스를 받는다.

예를 들어서 배우자가 이성 동료와 사흘간 출장을 간다고 가정해 보자. 그들을 100퍼센트 신뢰하고 출장지가 안전하다는 것도 알지만, 극도의 불안감이 밀려온다. 왜 이렇게 불안한지 알 수조차 없다.

또는 특정한 사람들, 대체로 자신감이 넘치는 사람에게 둘러싸이는 상황에 놓이게 되면 비이성적이며 방어적이 되고 불편해진다.

두 가지 경우 모두, 깊은 무의식에 숨겨진 오래된 공포가 겁을 주고 있다. 그래서 불편한 감정을 유발하는 상황을 이해하기 위해 실제 원인도 아닌 무언가를 불안감의 원인으로 오해하기도 한다. 예를 들어서 배우자가 일탈을 저질렀다는 증거를 찾거나, 그들이 사용하는 교통수단이 안전한지를 걱정할지도 모른다. 하지만 무의식의 공포는 무시된다.

두 회로는 서로 다른 목적을 추구할 뿐만 아니라, 다른 언어를 사용한다. 그리고 결정적으로 다른 속도로 작동한다. 여기서는 우리의 오래된 뇌 회로가 좀 더 유리하다. 그것은 아주 빨리 작동한다. 오래된 뇌 회로는 잠시 멈춰서 생각하는 행동을 하지 않는다(실제로 오래된 뇌 회로는 생각이나 논리적 판단을 불가능하게 만든다).

오래된 뇌 회로는 이렇게 작동한다. 밤늦게 조깅을 하는데 덤불이 부스럭거렸던 순간으로 되돌아가 보자. '도대체 저게 뭐야?'라는 생각을 하기도 전에, 당신은 바스락 소리에 기겁한다. 무의식의 영역인 소위 신체 기억부터 반응한다. 덤불이 부스럭하고 움직이는 것을 보는 즉시 편도체가 작동한다. 싸우거나 도망칠 준비를 하도록 당신의 신경계에 신호를 보낸다.

그로부터 0.5초 뒤에 당신은 생각한다. 놀랍게도 생각하기까지 이렇게 오랜 시간이 걸린다. 왜냐하면 생각하는 것은 훨씬 더 복잡하고 조금 더 시간이 걸리는 활동이기 때문이다. 당신의 대뇌피질은 덤불에서 바스락 소리가 난다는 것이 무슨 의미인지 파악하고 이해하기 위해 기억장치, 몸, 과거의 경험과 감정 등을 훑어본다. 마치 시리Siri가 구글을 둘러보고 필요한 정보를 찾는 것과 같다. 이 둘 사이에 차이가 있다면, 시리가 당신의 뇌보다 좀 더 빠르게 반응한다는 것이다.

당신은 지금 자신이 정신을 바짝 차리고 현재에 충실하게 살고 있다고 생각할지도 모른다. 하지만 두 개의 뇌 회로가 서로 다른 목표를 추구하고 다른 속도로 작동한다는 것은 의식적인 사고를 관장하는 부분이 편도체나 당신의 광대하고 신비로운 무의식보다 한발 늦게 작동한다는 의미다. 물론 당신은 그 차이를 알아차리지 못한다. 하지만 당신이 지금 살고 있는 현실은 진짜 현실이라 할 수 없다. 이 말이 무슨 뜻인지 이해가 안 되는 것은 당연하다.

이것이 논리만으로 공포를 차단할 수 없는 이유다. 예를 들어서 겁낼 이유가 전혀 없다고 말한다고 해서 두려움이 사라지진 않는다. 공포는 논리적 사고를 관장하는 부분보다 더 깊은 부분인 무의식에서 나온다. 어쩌면 공포는 우리가 흔히 생각하는 모습이 아닐 수 있다. 앞서 말했듯이 공포는 불안감과 부정적인 감정 등 다양한 모습으로 나타난다.

신체적인 공포 반응

그렇다면 덤불이 바스락대는 것을 본 당신의 몸에는 어떤 일이 일어날까? 공포 반응이 촉발되면, 화학물질과 반응이 당신의 몸과 뇌에 거대한 폭포처럼 쏟아진다. 이것은 신체적·신경학적으로 긴급 비상사태다.

우선, 몸과 뇌가 주고받는 정상적인 상황이라는 안정된 메시지를 차단한다. 그런 다음 당신의 중추 신경계는 미주 신경을 통해 심장에 행동할 준비를 하라는 메시지를 보낸다.

온몸이 위험-기회 호르몬인 아드레날린으로 가득해진다. 심장 박동이 빨라지고 숨이 가빠진다. 심지어 자극이 오랫동안 지속되면 과호흡이 유발될 수도 있다. 심장은 장기나 손발에서 근육계로 혈액을 공급한다. 달려야 하거나 위험에 맞설 때 혈액이 필요하기 때문이다. 그래서 공포를 느끼면, 허벅지, 어깨, 목과 등이 긴장되고 가끔 손이나 발이 차가워진다. 동시에 손바닥에 땀이 나기 시작한다. 당신의 몸이 싸우든 혹은 도망치든 위험에 대한 비상조치로 인해 체온이 과도하게 상승하는 것을 막기 위해 준비하는 것이다.

공포를 느끼면 다리와 손이 떨리기 시작할지도 모른다. 어쩌면 몸 안에 산소와 이산화탄소의 농도가 달라져서 현기증을 느낄 수도 있다. 당장 기절할 것 같지만, 혈압이 치솟았기 때문에 실제로 기절할 가능성은 낮다.

심장이 소화기관에서 근육계로 대부분의 혈액을 보내기 때문에, 메슥거리거나 속이 울렁거릴 수 있다. 공포 반응이 촉발되면, 방광에 공급되는 혈액도 줄어든다. 그래서 운동선수들이 큰 경기를 앞두고 화장실을 계속 들락날락하는 것이다.

지금은 뭘 먹을 때가 아니라는 메시지를 뇌와 몸이 주고받기 때문에 입도 바짝 마른다. 간 역시 하던 다른 일을 중단하고 당원을 포도당으로 바꿔서 근육에 연료를 공급하기 시작한다.

시력도 바뀐다. 동공이 확장되며 더 많은 빛을 받아들인다. 이렇게 하면 당신을 위협하는 대상을 더 잘 볼 수 있다. 시야가 좁아지거나 터널 비전이 일어날 수도 있다. 그러면 당신을 위협하는 대상만을 날카롭고 집중적으로 바라보게 된다. 주변은 시야에 들어오지 않는다.

당신의 마음은 나쁜 결과에 대비하기 위해 다음에 어떤 일이 일어날지 파악하는 데 도움이 되는 정보를 얻고자 부정적인 기억을 반복적으로 떠올린다.

정신적·감정적 공포 반응

공포는 감정과 사고, 행동에 상당히 극적인 영향을 미친다.

결정적으로 공포 반응은 정보 처리 능력에 지대한 영향을 미쳐, 인지적 처리가 더뎌진다. 복잡한 의사결정이나 비판적인 사고에 관한 인지적 처리 속도도 감소한다. 연구에 따르면, 위협을 받을 때 IQ가 최대 15만큼 떨어진다고 한다.[4]

슬프게도, 공포에 압도되면 우리는 모두 훨씬 더 멍청해진다. 아는 것과 부정적인 기억에만 집중하게 돼서 관점을 상실한다. 공포는 우리를 더 방어적이고 덜 개방적으로 만든다. 그러면 우리는 단기적인 선택을 통해 모든 종류의 위험을 차단하려고 할 것이다. 이미 알고 있는 사실에 따라 움직이고, 창의력은 죽인다.

겁이 나면, 다양한 사고나 낯선 의견을 차단하고 우리가 속한 무리에만 더 집중하게 된다. 이와 동시에 사회 활동을 중단하고 자신만의 세계로 빠져들어 생존에만 몰두하게 된다. 결국 신경인지가 작동한다. 신경계는 오로지 우리가 안전한지 안전하지 않은지를 판단하는 데 집중한다. 겁을 먹은 사람은 다른 사람들을 위협으로 인지할 가능성이 크다. 사람들의 표정을 판단하는 능력을 잃고 그들을 오해할 가능성이 커진다.

공포에 얽매여 살다 보면 정상적으로 기능하고 성취감과 행복감을 느끼는 능력이 훼손될 수 있다.

신체적이고 정신적이고 감정적인 공포 반응이 합쳐지면, 네 가지 공포 반응이 나타난다. 공포에 맞서 싸우거나, 공포로부터 도망치거나, 공포에 옴짝달싹 못 하거나, 공포를 달랜다. 공포와 마주하면, 이 중에서 한 가지나 여러 가지가 동시에 나타날 것이다. 공포와 마주하게 되면 사람들은 저마다 나름의 방식으로 반응한다.

싸운다-진격한다. 눈앞의 위협과 소위 맞짱을 뜰 준비가 되어 있다. 맹렬하게 돌진하고, 화를 내고, 대담해진다. 목소리를 높이거나 몸을 곧추세울지도 모른다.

도망친다-후퇴한다. 최대한 빨리 도망칠 방도를 모색한다. 신체적으로 바람과 같이 사라질 준비가 되어 있다.

얼어붙는다-어딘가에 갇힌 것 같고 아무 감각도 느껴지지 않는다. 죽은 듯이 행동하고, 조용해지고, 슬쩍 사라져서 숨는다. 그리고 어떤 식으로든 그 상황에서 벗어나려고 애쓴다.

진정시킨다-신체적으로 차분해지고 싶다는 메시지를 보낸다. 움츠러들거나, 고개를 떨구거나, 눈을 아래로 내리뜬다. 딴 곳을 쳐다보거나, 즉각적으로 상대를 달래거나 상황을 진정시키는 효과가 있는 어휘를 사용한다.

공포 반응이 촉발되면, 생물학적으로 재설정하는 데 대략 15~20분이 소요된다. 공포의 원인이 제거되지 않으면, 부신(콩팥 위에 있는 내분비샘—편집자주)이 스트레스 호르몬인 코르티솔을 계속 분비해 경계 태세를 유지시킨다. 이런 일이 자주 그리고 오래 반복되면, 부신이 지쳐 면역 체계가 망가진다.

결국에는 아주 작은 도발에도 발끈하게 된다. 반응 상태에 돌입하기 전에 속도를 줄이고 상황을 적절하게 평가하는 능력을 상실한다. 장기적인 공포는 우리의 신진대사, 기억, 염증, 혈압과 혈당에 영향을 미칠 수 있다. 그리고 우울감, 불안감, 만족감 상실, 번아웃과 같은 심리적인 장애로 이어질 수도 있다.

공포가 깊어질 때

순간의 공포는 인지하기가 쉽다. 이것은 긍정적이든 부정적이든 강렬한 순간에 자연스럽게 나타나서 곧 사라진다. 숏을 놓치거나 연설을 망치는 것처럼 단순한 사건이 순간의 공포를 촉발한다. 하지만 공포가 항상 이렇게 확실하고 분명하진 않다.

도입부에서 훌륭하지 않을까 봐 혹은 부족한 사람이라고 여겨질까 봐 두려워하는 부족함 공포를 간단히 살펴봤다. 이 유형의 공포를 알아차리기는 쉽지 않다. 부족함 공포는 공포를 과거나 미래에 대한 스트레스로 왜곡하여 인지할 때 나타난다. 그래서 주로 불안감으로 불린다. 우리는 앞으로 일어날지 모르는 일이나 과거에 일어난 일 그리고 그 일이 자신의 생존에 미치는 영향에 대해 공포를 느낀다. 그것이 실제로 존재하는 위협이냐 아니냐는 중요치 않다.

공포가 이처럼 만성적이고 흡혈귀가 피를 빨아 먹듯이 우리의 에너지를 갉아먹고, 불안감에 기반한 부정적인 감정으로 변하면, 그 모습은 우리가 흔히 알고 있는 날것의 공포와 다를 수 있다.

공포는 하기 싫은 일이나 말 뒤에 숨어 있을 수 있다. 그리고 공포 때문에 우리는 무언가를 시도했다가 실패하는 대신 포기하거나 자신에게 충실하지 않게 행동한다.

공포는 인간관계에도 영향을 줄 수 있다. 공포 때문에 주변 사람들에게 귀찮게 들러붙거나 혹은 멀리 떨어져서 지내고 싶어질 수 있다. 우리는 공포 때문에 주변 사람들에게 자신의 모든 것을 보여 주지 않는다. 질투하거나, 완벽함을 추구하거나, 남을 평가하고, 화를 내거나 욕한다.

그렇다면 불안할 때 나타나는 이 모든 행동은 공포와 어떤 관련이 있을까?

공포를 어떤 감정의 뿌리로 간주하면, 이 공포로부터 불안감에 기반한 다양한 감정이 생겨난다. 이 감정은 우리 삶을 망가뜨리고, 에너지를 빼앗는다. 공포에서 비롯된 부정적인 감정 몇 가지를 살펴보자.

- 질투를 느낄 때, 그 감정의 뿌리에는 사랑받지 못할지도 모른다는 두려움이 있다.

나를 단단하게 만드는 심리학

- 완벽주의에 빠지게 된다면, 그 감정의 뿌리에는 실패할지도 모른다는 두려움이 있다.
- 다른 사람들을 평가하고 싶거나 평가받고 있다고 느껴진다면, 그 감정의 뿌리에는 자신이 뭔가 부족할지도 모른다는 두려움이 있다.
- 다른 사람들과 거리를 두고 싶을 때, 그 감정의 뿌리에는 거절당할지도 모른다는 두려움이 있다.

이미 설명했지만, 얽히고설킨 뿌리의 가장 아래에는 크고 압도적이며 궁극적인 인간의 공포가 도사리고 있다. 그것은 부족함 공포이고, 결국 버려지는 것에 대한 공포다. 사람들이 자신을 변변치 않다고 판단해 멀리할까 봐 두려운 것이다. 이것은 인간에게 가장 무서운 일이다.

사람들이 자신을 못마땅하게 여길까 봐 두려워하는 것은 우리에게 큰 고통을 안겨 주고 성취를 방해한다. 이 어두운 공포야말로 우리 삶을 위협하는 진정한 테러리스트다. 그래서 이 책은 이러한 공포에 대처하는 데 많은 분량을 할애한다.

공포를 통제하라

어떤 순간에 실패할까 봐 두려워하는 순간의 공포와 자신이 훌륭하지 않을까 봐 두려운 부족함 공포는 주기적으로 우리를 찾아온다. 문제는 순간의 공포나 부족함 공포는 저절로 사라지지 않는다는 것이다.

사실 대부분의 경우 우리는 공포 자극을 통제할 수 없다. 우리는 여전히 15미터 높이의 파도와 마주하고 있다. 가령 이제 곧 운전면허 시험을 치르거나, 절친한 친구의 결혼식에서 축사를 코앞에 두었을 때 우리는 거의 5분 간격으로 자아비판을 하거나 자신이 나약해질까 봐 두려워한다. 하지만 두려움이 사라지길 바라는 것만으로는 상황이 변하지 않는다.

이제는 의도적으로 공포에 대한 반응을 바꿔야 한다. 행동과 신체의 중심과 관심을 바꾸면 가능하다. 무엇보다 스스로 공포에 관해 이야기하는 방식을 바꿔야 한다.

이러한 의도적인 변화는 환경에 적응하는 것을 의미한다. 진화론적 관점에서 모든 생물체는 주변 압박에 적응하거나, 적응하지 못하고 결국엔 소멸했다. 이는 인류도 마찬가지다. 하지만 분명한 차이점이 있다. 인류는 적극적으로 변화에 참여해 왔다.

수동적으로 변화를 기다리지 않아도 된다. 우리는 더 좋아지고 더 똑똑해지겠다고 결정할 수 있다. 희소식 아닌가. 이것은 우리가 일상적인 내면의 혼란에 속수무책으로 휘둘리지 않아도 된다는 것을 뜻한다. 우리가 굳이 공포를 조장하는 환경과 인간관계의 순진한 희생양이 될 필요가 없다는 의미다.

우리는 의도적인 변화를 통해 뇌를 다시 훈련하고 재설정할 수 있다. 이전과 다르게 선택하고 행동하고 집중하면 가능하다. 이를 통해 환경에 휘둘리기보다 의식적으로 환경에 어떻게 적응할지를 결정할 수 있다.

따라서 중요한 상황에서 순간의 공포에 사로잡힐 때 미리 자신을 진정시킬 수 있다. 순간의 공포에 대응하는 방법에 대해서는 7장에서 자세히 살펴보자.

하지만 부족함 공포의 경우에는 좀 더 깊이 들어가야 한다. 부족함 공포에 대응하는 법은 8장에 나와 있다. 부족함 공포는 짓밟음으로써 없앨 수 없다. 이 유형의 공포는 용수철처럼 다시 튀어 오르는데, 긍정적인 생각만으로는 부족함 공포를 없애거나 고칠 수 없다.

부족함 공포에서 벗어나고 싶다면, 우선 무엇 때문에 무서운지, 그것이 어떤 모습을 하고 있는지 솔직하게 살펴봐야 한다. 그러고 나서는 그 공포를 마주하며 해결하고자 노력해야 한다. 자신이 속한 환경에서 무엇이 공포를 야기하는지 인지해야 한다. 그런 후에 그 공포로 인해 자신의 내면에서 어떤 일이 일어나는지 진지하게 살펴야 한다. 그리고는 그 공포를 뿌리째 뽑아서 자신이 무엇에 맞서고 있는지를 살펴야 한다. 다시 말해 공포를 바라보고, 대면하고, 대체해야 한다.

결과적으로 부족함 공포를 다룰 수 있게 되면, 그 순간 실패할까봐 두려운 순간의 공포도 더 잘 다룰 수 있다.

사랑받지 못하거나 버려지거나 거절당하거나 판단받을 일이 결코 없음을 안다면, 그토록 많은 압박감에 시달리지도 않을 것이다. 공포를 잠재우는 방법이 효과가 있다고 믿기에, 불안감을 느끼지 않고 사람들 앞에서 이야기할 수 있을 것이다.

그렇다고 삶에서 공포가 곧바로 줄어들지는 않을 것이다. 하지만 공포를 바라보고 대면하고 대체하면서 우리는 서서히 성장할 수 있다. 누구에게나 바꾸고 싶은 면이 있다. 그것처럼 공포도 바꾸려고

6. 인간의 뇌는 어떻게, 왜 공포를 만들어 내는가?

노력해야 한다. 우리에게는 사랑을 더, 공포를 덜 표현하고 생각하며 상상하고 이야기하는 지혜와 능력이 있다.

이렇게 하면, 투자 대비 높은 이익을 얻게 될 것이며, 공포가 주는 불안감과 고통이 줄어들고 마음이 풍요로워질 것이다.

나를 단단하게 만드는 심리학

7

○

순간의 공포를
통제하는 법

●

중요한 순간에 공포가 초대받지 못한 손님처럼 고개를 들면, 그것을 처리하는 것이 불가능하게 느껴질지도 모른다. 자연스러운 현상이다. 아드레날린이 온몸을 관통하고, 자신이 곧 무너져 내릴 것처럼 생각되거나 앞으로 어떤 일이 전개될지 알 수 없어 불안해진다. 이쯤 되면, 비상구가 어디에 있는지 주변을 두리번거리기 시작하고, 비상구를 발견하면 냅다 달려 나갈 준비를 한다. 패닉 상태에 빠져 곧 죽을지도 모른다는 생각에 심장이 미친 듯이 뛴다.

이번 장에서는 순간의 공포에 대비하고 대응하는 다양한 방법을 살펴볼 것이다. 먼저 공포는 단순한 경고 신호라는 것을 기억하길 바란다. 중대한 위협이 없다면 관심을 둘 필요가 없는 감정이자 에너지다. 그래서 우리는 순간의 공포를 예상하거나 갑작스럽게 공격을 당했을 때, 그것을 통제할 수 있다. 이번 장의 끝에서는 공포를 통제하는 다양한 방법을 살펴볼 것이다.

순간의 공포에 대처하다

공포는 우리를 뒤집어 놓을 것이다. 이것은 피할 수 없다. 다만 차이를 만들어 내는 것은 그 공포에 대해서 무슨 생각을 하고 어떻게 반응하느냐다.

순간의 공포에 기꺼이 맞선 수많은 사람 중에서 나는 리 스펜서를 가장 존경한다. 그는 앞서 소개했던 전직 영국 왕립해병대 출신 장애인으로 약 6,000킬로미터의 대서양을 무려 두 번이나 노를 저어서 횡단했다. 두 번째 횡단은 누구의 도움도 없이 혼자서 도전했다. 그는 생존을 위협함으로써 공포를 주는 상황과 끊임없이 마주했다. 게다가 인간으로서 도저히 불가능할 정도로 오랫동안 이런 상황에 노출됐다. 그는 두 번째로 대서양을 홀로 횡단할 때 마주한 역경에 관해 들려줬다.

거대한 파도가 보트를 덮쳤고 보트가 뒤집힐 정도로 후미가 번쩍 들렸어요. 보트가 약 6미터였으니, 파도 높이가 족히 15미터는 됐을 거예요. 파도가 부서지면서 마지막에는 높이가 3미터로 줄었지만, 여전히 단단한 벽처럼 느껴졌죠. 이제 끝장이구나 싶었어요. 그 파도에서 빠져나왔다니 정말 운이 좋았어요.

폭풍이 치는 망망대해에 홀로 있는 리 스펜서의 입장이 되어 보

자. 그는 그 당시 기분을 다음과 같이 묘사했다.

공포가 엄습하죠. 마음이 완전히 공포에 사로잡혀요. 모든 생각과 감정이 공포로 물들죠. 더는 빨아들이지 못할 때까지 물을 흠뻑 흡수하는 스펀지처럼, 몸과 마음이 공포를 빨아들여요.

시간이 정말 더디게 흘렀어요. 저는 다음에 무엇을 해야 할지 생각하며 계획을 세웠어요. '만약 보트가 뒤집히면, 어떻게 빠져나가야 하지?' '거의 1톤에 달하는 보트가 나를 덮치면 어떻게 해야 하지? 나는 지금 밧줄에 묶여 있잖아.' 칼을 어떻게 잡을지 생각했죠. 무슨 일이 생기면, 밧줄을 잽싸게 끊고 탈출하기 위해서요. 그때 구명조끼에 달린 작은 칼이 떠올랐어요. 그러곤 생각했죠. '그게 내 마지막 보루야.' 하지만 너무 빨리 밧줄을 잘라선 안 돼요. 보트에서 떨어져 나가면 죽을 수 있거든요. 저는 다시 돌아갈 길 없는 폭풍이 치는 망망대해에 완전히 혼자 있었어요.

순식간에 이 모든 생각이 뇌리를 스쳤어요. 곧 파도가 부서졌고, 보트가 마치 서핑하듯이 파도에 올라탔죠. 오른쪽 노가 보트에 껴서 빠지질 않았어요. 보트가 파도 옆으로 빠지면 뱅글뱅글 돌아서 위험할 수 있기 때문에 어떻게 해서든 노를 빼야 했어요.

가까스로 오른쪽 노를 뺐지만, 오른쪽 노에만 신경을 쓴 나머지 왼쪽 노가 물에 빠진 걸 몰랐어요. 그러다가 보트가 파도 속으로 빨려 들어갔어요. 집채만 한 파도에서 겨우 빠져나왔지만, 바다는 여전히 거칠었죠. 끝없이 밀어닥치는 파도는 깊은 계곡이고 거대한 절벽 같았어요. 하지만 그 파도가 저를 덮친다면, 정말 위험할 수 있었어요.

처음 대서양을 횡단할 때, 리 스펜서는 장애를 지닌 전직 군인 네 명으로 구성된 팀의 일원이었다. 홀로 도전했던 두 번째 대서양 횡단은 첫 번째보다 훨씬 더 힘들었다고, 그는 말했다. 동료들이 없는 자리를 공포가 메웠다. "팀의 일원으로서 느끼는 공포와 혼자서 느끼는 공포는 완전히 차원이 달랐죠."

이것은 공포를 다루는 법을 오롯이 혼자 생각해 내야 한다는 의미였다.

새로운 대응 전략을 생각해 내야 했어요. 그때부터 의욕이나 자신감을 조금씩 비축하기 시작했죠. 플레이리스트에서 좋아하는 노래가 나오거나 오디오북에서 재미있는 내용이 나와 페이지가 획획 넘어가면, 그 지점을 꼼꼼하게 표시했어요. 일일 식량을 창고에서 꺼냈을 때, 과일처럼 제가 좋아하는 음식이 같이 나오면, 나중에 먹으려고 일부러 남겨 뒀어요. 하루는 복숭아 통조림이 나오기도 했죠. 극도의 공포가 엄습하면, 그것을 생각하지 않고 다른 곳에 집중하려고 애썼어요.

그는 외로움 때문에 여정이 더 힘들었다고 덧붙였다.

도착지를 약 2주일 정도 남겨 두고, 남에서 북으로 흐르는 특정 해류를 탈 계획이었어요. 그 해류에 올라타면 남미 해안까지 갈 수 있거든요. 도착 예정지까지 가려면 그렇게 해야 했어요. 그래서 그 해류에 올라타는 것은 굉장히 중요한 일이었죠.

나를 단단하게 만드는 심리학

보통 하루에 45~80킬로미터를 이동했는데, 이 거리를 기준으로 날짜를 계산했어요. 그러다가 그 순간, 한계에 부딪혔어요. 정신적으로나 신체적으로 거의 탈진한 상태였거든요. 하지만 계속 노를 저어야 했어요. 그렇지 않으면 해류를 놓쳐서 도착지에서 훨씬 더 멀어질 수 있는 상황이라 감히 속도를 줄일 생각은 하지도 못했죠.

무슨 정신으로 노를 저었는지 모르겠어요. 매번 노를 저을 때마다 너무나 고통스럽고 두려웠어요. 체력은 벌써 바닥났고, 이어서 정신력도 바닥을 쳤어요. 왜 이 짓을 하는지조차 알 수 없었죠. 그래서 '이게 다 무슨 소용이야?'라는 생각마저 했어요. 저는 문득 잡담이나 좀 나누려고 스코티한테 전화했어요(스캇 밀스 소령은 그의 친구이자 동료다). 그는 제가 굉장히 자랑스럽다고 말하기 시작했어요. 제가 얼마나 용감한지, 얼마나 많은 사람이 저를 응원하는지 말해 줬어요. 왈칵 눈물을 쏟아졌죠. 그 눈물은 좋은 의미의 눈물이었어요. 저는 그런 위안과 안도감이 필요했어요.

이미 알겠지만, 리 스펜서는 단독 대서양 횡단에서 신체 건강한 사람이 세운 세계 기록을 36일이나 앞당겼다.

모든 것에 대비하라

리 스펜서처럼 우리도 계획을 세우고 세심하게 실행함으로써 공포가 들어설 틈을 주지 말아야 한다. 이것이 우리의 임무다. 즉흥적으로 마음을 바꾸거나, 할지 말지 고민할 시간은 없다.

엘리트 선수들은 공포와 불안을 관리하는 루틴을 다른 훈련 프로

그림과 동일하게 취급한다. 어떻게 할지 미리 계획하고, 그 계획을 바탕으로 입에서 단내가 날 정도로 예행연습을 한다. 그런 식으로 그 루틴이 제2의 천성이 되게 만든다.

물론 공포가 불쑥 등장해 기겁하게 만드는 때를 항상 예측할 수는 없다. 때로는 즉흥적으로 공포에 대처해야 한다. 늦은 밤에 모퉁이를 도는데 후드로 얼굴을 가린 채 야유를 내뱉는 불량배들과 맞닥뜨릴지도 모른다. 또는 바에 있는데 뭔가 소동이 일어날 것 같은 심상치 않은 분위기를 감지할지도 모른다. 아니면 거의 텅 빈 객차에 앉아 있는데 어떤 사내가 당신을 응시하고 있을지도 모른다.

이런 상황에 대처하는 방법은 페널티 킥을 앞둔 축구선수의 방법과 별반 다르지 않다. 그는 페널티 킥을 차게 될 수 있다는 것을 알지만, 확실히 차게 되는지 또는 언제 차는지는 알지 못한다. 그래서 서서히 옥죄어 오는 공포보다 불시에 엄습하는 공포가 더 낫다고 주장할 수도 있다.

반가운 소식은 아래에 소개하는 공포 관리법을 많이 연습하면, 무력하게 공포에 휘둘리기보다 공포에 대응하기 위해 생각하고 행동할 수 있게 된다. 이것은 기차에서 낯선 사람이 진짜 위협적인 존재인지 아닌지를 파악할 시간을 벌어 준다. 또는 운전면허시험 감독관이 우리의 부정을 들추어내 곤란하게 만들 생각 없이 그저 자기 일을 하는 것뿐이라는 사실을 생각할 기회를 준다. 또는 연설 원고를 달달 외우고 있다는 사실을 기억할 틈을 마련해 준다.

무서울 것 같다고 예상하든 못 하든, 공포 관리법을 연습해 두면 무슨 일이 생겨도 잘 대처할 수 있다.

순간의 공포를 다루는 세 가지 핵심 전략

소위 한계 수준의 순간에 직면하면, 공포가 불쑥 등장한다. 그 공포를 다루는 법은 크게 세 가지다. 공포를 처리하거나(공포를 통제하는 루틴을 실행하는 방법), 주의를 딴 데로 돌리거나, 합리화하는 것이다(논리적으로 극복하는 방법).

한 가지씩 시도해 보고 자신에게 가장 적합한 방법을 찾자. 선수들은 대부분 공포를 다루는 자신만의 노하우를 두세 개 이상 갖고 있다. 예를 들어 호흡법으로 공포를 다스리며 공포를 논리적으로 이해하고 극복하는 선수가 있다. 공포를 합리화하고 주의를 딴 데로 돌리는 선수도 있다. 일단 어떤 방법이 자신에게 가장 효과적인지 파악하면, 마음의 안정을 되찾는 법을 알게 되어 마음이 매우 편안해질 것이다.

1. 공포를 즉시 처리하라

공포가 엄습하는 순간에 우리는 즉시 의도적이고 적극적으로 행동함으로써 공포를 통제할 수 있다. 곧 페널티 킥을 찰 선수는 점수로 연결시키지 못할까 봐 두려워서 속이 뒤틀릴지도 모른다. 하지만 그는 정해진 위치에 공을 놓고 자신의 임무를 수행해야 한다. 유유자적 시간을 보내는 것은 공포를 극복하는 데 전혀 도움이 안 된다. 이것은 공포가 통제력을 빼앗도록 시간과 기회를 줄 뿐이다. 그 대신 공포의 고삐를 붙잡고 즉시 원래 있던 장소로 되돌려 보내야 한다.

호흡법, 시각화, 확인, 또는 긴장을 푸는 방법으로 공포를 처리할 수 있다. 어떤 방법을 선택하든지 공포가 엄습한다 싶으면 그 즉시 행동해야 한다. 곧장 행동으로 옮기자. 주저할 시간이 없다. 그냥 행동하라. 우리가 머뭇거리는 순간에 공포가 파고들 것이다.

이 방법이 진짜 효과가 있는지 의심스럽다면, 우선 호흡법을 시도해 보라. 겁을 먹으면 호흡이 얕아지고 가빠진다. 공기가 기도와 가슴에 갇히고, 긴장한 근육에 산소가 충분히 공급되지 않으며 온몸의 힘줄이 팽팽해진다. 우리는 세심하고 침착하게 호흡하면서 공포에 대응할 수 있다.

숨 쉬는 방법을 바꾸는 단순한 방법으로 공포를 잠재울 수 있다는 사실이 믿기지 않을 것이다. 하지만 호흡이야말로 우리가 현재에 충실할 수 있도록 돕는 든든한 조력자다. 공포는 침착하게 심호흡할 때 분비되는 도파민이나 안정감을 싫어한다. 고른 숨을 내쉬고 신체 상태를 날카롭게 의식하면, 공포로 인한 정신적 혼란에 쉽게 빠져들지 않는다.

다음과 같이 자신에게 이야기하며 몸의 긴장을 푸는 것도 공포를 누그러뜨리는 데 큰 도움이 된다. '나는 어깨를 내린다. 나는 고개를 든다. 나는 등과 가슴을 세우고 숨을 깊게 들이마신다. 나는 두 발을 땅에 단단히 딛는다. 나는 턱의 긴장을 푼다. 나는 입천장에 닿지 않도록 혀의 긴장을 푼다. 나는 내 허벅지, 등, 어깨 그리고 목의 근육을 이완시킨다.'

이렇게 적극적으로 긴장을 풀면, 공포가 우리를 제압하기 어려워진다. 이는 마치 주먹을 꽉 쥔 상태로 상대방과 악수할 수 없는 것과 같다. 원하는 곳에 주의를 기울이면, 부정적인 사고와 공포와 의심의 파도에 휩쓸리지 않고 자신에게 유용하게 공포의 에너지를 활용할

나를 단단하게 만드는 심리학

수 있다.

말은 강력하다. 옳고 확실한 말은 자신감을 높이고, 긍정적으로 사고하게 하며, 마주한 위협을 덜 위협적이게 만든다. 그리고 공포가 자신과 관련이 없는 것처럼 느끼게 한다.

어떤 말을 선택하든지, 그것이 진심으로 들리게 하자. 이런 말도 좋다. '이건 1만 번이나 해봤잖아. 새로울 게 하나도 없어, 친구. 그저 평범한 또 다른 하루일 뿐이야.' 또는 이런 말도 좋다. '나는 끈질기고, 긍정적이야.', '이런 상황에서 여러 번 성공했잖아.', '나를 인간 이하의 존재로 만들 비참한 일은 결코 없어.' 등이다.

아니면 머릿속 공포를 향해 다음과 같이 말할 수도 있다. '네가 있는 걸 알아. 네가 내 속을 뒤집어 놓고 있어. 진정해, 아직 시간이 있으니까. 천천히 심호흡해 봐. 내가 처리할게. 우리는 괜찮아.'

이렇게 자신을 진정시키면, 공포의 입을 막아서 그 일을 할 준비가 안 됐다거나 그 일을 해낼 능력이 없다고 말하지 못하게 만들 수 있다. 공포가 외치는 소리를 자신에게 위안과 확신을 주는 말로 덮어 더는 그 소리가 들리지 않게 만드는 것이다.

내가 특히 좋아하는 주문은 '기회에 감사하라.'이다. 이 주문을 되뇌면, 재빨리 위험과 공포에서 가능성과 포부로 생각을 돌릴 수 있다. 발 앞에 공을 둘 수 있어서, 이 많은 사람 앞에서 이야기할 수 있어서, 시험을 치를 수 있어서 얼마나 운이 좋은지 생각해 보면, 그 일에 더 쉽게 다가갈 수 있을 것이다.

어떤 사람들은 앞으로의 결과가 자기 손으로 어떻게 할 수 있는 것이 아니기 때문에 운명, 신 또는 우주의 이치를 따라야 한다고 말한다. 그들은 이 같은 말로 공포 경험을 초월하고 극복해낸다. 이렇게 하는 것이 자신의 공포를 누그러뜨리는 데 효과적이라고 생각하는가? 그렇다면 기도를 해 보라. 아니면 행운의 동전을 문지르거나 특별한 목걸이를 만지작거리는 것도 좋다.

2. 공포가 아닌 다른 곳으로 주의를 돌려라

우리 모두는 우리를 겁주는 대상에 대해 생각하지 않으면, 무엇이든지 더 잘 해낼 수 있다. 리 스펜서가 했던 것처럼, 의도적으로 다른 것에 집중함으로써 공포를 잊을 수 있다. 망망대해에 홀로 있던 그는 과일 통조림, 좋아하는 페이지와 노래를 저장하며 상당히 고된 시간을 견뎌냈다.

공포를 이성적으로 통제할 수 없다면, 다른 데 집중해 신경 쓰지 않는 것도 효과적이다. 우리는 간단하게 그 감정에서 벗어나 냉정해질 수 있다.

주의를 다른 곳으로 돌리는 방법에는 음악을 듣거나, 관련 없는 주제에 관해 수다를 떨거나, 좋아하는 TV프로그램을 보는 것 등이 있다.

시합을 앞둔 탈의실에서 선수들이 주로 하는 일이다. 일부 선수는 헤드폰을 끼고 자신만의 세계에 빠진다. 장난으로 싸우거나, 농담을 주고받거나, 지난밤에 유튜브에서 본 영상에 대해서 이야기를 나누는 선수들도 있다.

예를 들면 축구선수들은 페널티 킥을 차기 전에 가벼운 농담으로 서로를 웃기면서 긴장을 풀어 준다. 만약 운전면허시험을 앞두고 있

나를 단단하게 만드는 심리학

다면, 차에 시동을 걸기 전에 아버지가 윙크하며 긴장을 풀어 줬던 순간을 떠올리는 것이 도움이 될 것이다.

물론 공포가 아닌 다른 것에 주의를 돌리는 방법은 효과가 일시적이라는 한계가 있다. 그러나 공포가 오래 지속될 때, 그것을 해소하는 다양한 전략 중 하나로 사용한다면 꽤 효과가 있다. 리 스펜서의 사례를 살펴보면, 공포로부터 주의를 딴 데로 돌리는 전략과 자신에게 보상해 주는 전략, 그리고 공포를 합리화하고 다른 사람과 이야기를 나누는 전략 등 다양한 방법을 모두 사용했다는 것을 알 수 있다.

3. 공포를 합리화하라

결정적인 순간에 우리는 공포를 논리적으로 처리할 수 있다.

예를 들어 비행기가 강한 난기류를 만나 산소마스크가 얼굴 앞으로 내려왔다고 하자. 그러면 당신은 '추락하나 봐!'라고 생각할 것이다. 하지만 이성적으로 순간의 공포와 거리를 둘 수 있다. 우선 공포를 논리적으로 분석한다. 설령 주변 사람들이 패닉 상태에 빠져서 비행기 안이 아수라장으로 변했더라도 당신은 증명된 사실에 집중할 수 있다. 사실상 비행기가 추락할 확률은 굉장히 낮고 안전하게 착륙할 확률이 훨씬 높다.

논리력과 정신력으로 공포를 극복해낸 대표적인 인물이 뉴질랜드의 윌리엄 트루브리지William Trubridge다.

윌리엄 트루브리지는 현재 프리다이빙 세계 챔피언이며, 세계 기록을 18번이나 세웠다. 프리다이버는 단숨에 가장 깊고 가장 어두운 곳까지 하강한다. 하강하는 동안 그들은 생리적·정신적 고통을 견뎌야 한다. 그다음 수면을 향해 위험한 상승을 시작한다.

2016년 7월, 윌리엄 트루브리지는 세계에서 가장 깊은 해저 동굴인 바하마의 딘스 블루홀Dean's Blue Hole에서 프리다이빙을 했다. 4분 14초 동안 팔과 다리를 이용해 102미터까지 잠수했다. 자유의 여신상 높이의 2배에 달하는 깊이였다.

그는 앞서 2014년 딘스 블루홀 프리다이빙에 실패했다. 그래서 이번에도 그의 성공은 확실하지 않았다.[5]

수면으로 되돌아갈 때였어요. 절반 정도 왔을 때 정신이 희미해지기 시작했죠. 숨을 쉬고 싶다는 충동과 저산소증이 동시에 왔어요. 또다시 일이 잘못될까 봐 걱정되기 시작했어요. 긴장을 풀고 집중하려고 노력했어요. 그러자 그 부정적인 느낌이 더 나빠지지 않았죠. 다행이었어요.

대부분은 물속 깊이 혼자 있다는 생각만 해도 기겁할 것이다. 프리다이빙은 베이스 점핑(도심의 높은 건물이나 절벽 등에서 낙하산으로 하강하는 익스트림 스포츠—편집자주) 다음으로 세상에서 가장 위험한 스포츠다.[6]

일부 유명 다이버가 프리다이빙을 하다가 목숨을 잃기도 했다. 하지만 윌리엄 트루브리지는 프리다이빙을 하다가 죽을까 봐 걱정하지 않는다고 말했다. "프리다이빙 자체는 그렇게 무섭지 않아요. 위험은 계산된 거예요. 적절하게 안전 조치를 한 상태로 훈련이나 시합을 하기 때문에 그렇게 위험하지 않습니다." 그는 오히려 가족을 태운 차를 매일 운전하는 것이 두렵다고 말했다. 이 경우에 위험은 다른 운전자들에게서 나온다. 그래서 그 위험에 대비하거나 예측할 수 없다.

앞서 6장에서 마음만 먹으면 공포와 부정적인 생각으로부터 쉽게 멀어질 수 있다고 말했다. 윌리엄 트루브리지는 위험 자체를 두려워하지 않았다. 그는 긍정적인 관점에서 무슨 일이 일어나는지 판단하고 분석했다. 우리도 그럴 수 있다. 우리의 집중력은 한정적이다. 그래서 의도적으로 집중력을 사용해야 한다. 윌리엄 트루브리지는 자신의 경험에 비추어 위험과 안전에 합리적으로 대비했다.

> 사람들은 깊은 물 속에서 무슨 일이 일어나면 어떻게 할 거냐고 자주 물어요. 그 깊은 곳에 혼자 있는데 뭔가 잘못되면 어떻게 하냐고요. 하지만 곰곰이 생각해 보면 그런 위험한 일이 일어날 확률은 그리 높지 않아요. 물론 분명히 기이한 일들이 일어날 수 있죠.
> 프리다이빙에서는 수면이나 깊은 물속이나 같은 물이에요. 유일한 변수는 다이버 본인이죠. 그래서 다이버는 완전히 통제되어야 해요. 자칫하면 다이버 본인이 사람들이 생각하는 그런 위험을 초래할 수 있어요. 사람들은 제가 죽기를 원해서 이런 어려운 시도를 지속한다고 의심해요. 하지만 정반대랍니다.

뭔가 나쁜 일이 실제로 일어나면, 이성을 붙들고 생존 전략을 구상하자. 사랑하는 사람이 다쳤다는 전화를 받았다고 가정해 보자. 그 말을 듣자마자 나쁜 생각에 빠져들어 최악의 시나리오를 떠올릴 수 있다. 아니면 다음을 생각하며 행동 계획을 수립할 수도 있다. '지금 병원에 도착할 수 있을까? 병원까지 가는 제일 빠른 방법은 뭐지? 내가 병원에 못 가면, 나 대신 갈 사람이 있나? 누구한테 전화해야 하지?'

순간의 공포를 다루는 또 다른 방법은 그 공포를 재구성하는 것이다. 공포는 내가 신체적으로 준비되었으며 또 충분히 개입할 수 있다는 신호에 불과하다고 되뇌어라. 그것은 공포가 아니라 기분 좋은 무언가라고 되뇌자. 그러면 두려움 때문에 찾아오는 불안감을 신나는 무언가로 바꿀 수 있다.

물론 이 방법은 강도를 당하거나 싸움에 휘말린 경우에는 적용되지 않을 것이다. 하지만 스포츠 시합을 하거나 대중에게 연설하는 경우에는 효과가 있다(비록 무릎을 후들거리면서 일어설 때는 믿기지 않겠지만). 그래서 머릿속으로 생각만 하는 대신 자신의 신체 상태에 주의를 기울이는 것이 매우 중요하다. 그래야 공포를 제대로 바라보고, 재구성할 수 있다.

전에는 공포가 주는 스릴을 즐겼을지도 모른다. 그래서 놀이공원에서 놀이기구를 타거나, 아찔한 높이에서 번지점프를 하는 것을 좋아했을지 모른다. 공포를 관리할 수 있다는 것을 알게 되면, 공포는 곧 지나갈 것이다. 또한 공포가 있다고 해도 자신이 생각보다 안전하고, 공포에 경계가 있다는 사실을 알게 되면 공포는 참을 수 있는 것이 된다. 그러므로 이제는 공포에 대한 반응을 합리적으로 선택할 수 있다.

어떤 사람들은 공포에 경계를 둠으로써 공포를 자신에게 유리하게 사용하거나, 하나의 처세로 활용한다. 나는 성과가 우수한 라이징

나를 단단하게 만드는 심리학

스타 변호사와 일했다. 제삼자에게 그녀는 매우 유능해 보였다. 하지만 법정에서 대변할 때마다 그녀는 공포 때문에 마음이 무거워졌다. 생각을 지나치게 많이 했고, 과도하게 흥분했으며, 준비가 제대로 되지 않은 것 같은 불안함에 극도로 시달렸다.

우리는 그녀의 어떤 점이 최고의 성과로 이어지게 했는지 깊이 조사했고, 이 소소한 위기 상황들이 그녀를 단련시키고 준비시켰다는 것을 알게 되었다. 그녀는 신경증적 감정을 최대한 활용하기 위해 노력해야 한다는 점을 깨달았고, 이를 위해 최선을 다했다.

그녀에게 효과가 있었던 것은 공포 주변에 두 가지 경계를 설정하는 일이었다. 첫째, 자기비판이나 자기 폄하('넌 너무 멍청해서 이 일을 할 수 없어.')를 하지 않았다. 둘째, 적절히 대처하지 않으면 정신적 소모가 너무 크기 때문에 법정에 들어서기 48시간 전에 이런 마음을 다스리기로 했다.

공포에 관여해 의도적으로 자신을 불안한 상태로 몰아가는 것이 합리적이지 않아 보일지 모른다. 하지만 이 같은 제한이 그녀의 공포를 통제했다.

공포 영화에는 그녀가 활용했던 것처럼 공포의 안전한 유형을 활용한 사례가 있다. 인랜드노르웨이대학교Inland Norway University의 영화 및 텔레비전학과 부교수 소렌 버크바드Søren Birkvad에 따르면,[7] 공포 영화는 사람들이 겁먹을 연습을 하는 방법이다.

10대 소년들은 공포 영화를 남자다움을 시험하는 수단으로 사용하기도 합니다. 무서운 공포 영화를 보면서 평정심을 유지할 수 있느냐 없느냐를 보는 거죠. 이런 관점에서 공포 영화는 안전한 환경에서 개인적이고 집단적으로 받아들일 수 있는 공포의 한계를 시험하는 하나의 수단이 됐어요. 공포 영화가 너무 무서우면, 우리는 귀를 막거나 손으로 두 눈을 감거나 즐거운 잡담으로 긴장을 완화하기도 하고 팝콘으로 눈을 돌려 위안을 얻기도 하죠.

스포츠 경기의 결정적인 순간을 지켜보는 스포츠 팬들에게도 이와 유사한 일이 일어난다. 선수가 페널티 킥을 차기 전에 관중석을 돌아보면, 관중들이 손으로 얼굴을 감싸고 눈을 크게 뜨고 있다. 마치 에드바르 뭉크Edvard Munch의 작품 〈절규〉에 나오는 창백한 손가락을 보는 것 같다.

그 무리 가운데 있어 본 적이 있다면, 그 순간만큼은 관중석에 수천 명이 있어도 어색한 침묵만이 경기장을 가득 채운다는 것을 알 것이다. 관중은 마치 자신이 페널티 킥을 찰 것 같은 기분에 휩싸인다. 감히 음료수를 마시거나 스낵을 집어 먹을 생각도 전혀 못 한다. 그저 가슴이 두근거리는 정도가 아니라, 진짜 공포처럼 느껴진다. 그들은 이 순간을 직접 경험하기 위해 경기장에 온 것이다. 선수가 공을 차는 순간을 기다리는데, 시간이 점점 더디게 흐른다. 나중에 사람들은 '무서워서 심장이 튀어나오는 줄 알았어.'라거나 '긴장해서 속이 뒤집히는 줄 알았어.'라고 말한다.

다시 말하자면 핵심은 '그 공포가 언젠가 끝난다.'는 것을 스스로 아는 것이다. 물론 겁먹는 연습을 하려고 의식적으로 영화나 스포츠 경기를 시청한 적은 아마 없을 것이다. 하지만 이렇게 함으로써 자신에게 공포를 견뎌낼 수 있고 그 공포가 곧 끝난다는 사실을 보여 줄 수 있다.

프리다이버 윌리엄 트루브리지는 소위 가짜 긴장감이라는 공포 합리화 전략을 갖고 있다. 우리도 이 전략을 시도해 볼 수 있다. 그는 다이빙하는 동안 자신의 천적이 다이빙이 만들어 내는 공포나 압박감이나 고통이 아니라, 실패에 대한 공포라는 사실을 깨닫고 이 전략을 고안해 냈다. 다이빙 시합에서 실패는 도중에 수면으로 올라가거나 물속에서 의식을 잃는 것이다. 하지만 의식을 잃더라도 그에게는 몇 분 동안 뇌에 공급할 산소가 충분히 남아 있고, 또 누군가가 그를 구해 줄 것이다. "그래서 다이빙하기 전엔 의식을 잃을 수 있다는 공포보다 다이빙에 실패해서 자존심에 상처를 입을까 봐 더 불안해요."

그는 우리가 지금 일어나고 있는 일이 아니라, 미래에 일어날지도 모르는 일을 두려워한다는 걸 안다. 그러니 그 일은 실제로 일어나지 않을 수도 있다. 이런 관점에서 그는 다이빙하는 동안 이렇게 공포를 합리화한다.

불안의 전조인 두근거림이 느껴지면 저는 그 느낌을 피하지 않고, 두근거림의 구체적인 원인을 찾아요. 원인을 찾을 수 없다면 그 불안감은 실제로 존재하는 게 아니죠. 이런 가짜 긴장감에 휘둘리는 대신 서서히 그것을 통제하고 '이 불안감은 진짜가 아니야.'라고 생각하면 공포를 합리화하여 두려움을 극복할 수 있어요.

자신의 공포에 진짜가 아니라는 꼬리표를 달지 못할 때는 어떻게 할까? 윌리엄 트루브리지는 소위 극단으로 보내는 전략으로 공포를 다룬다. 그는 실패해서 난처해질 수 있다는 공포를 없애기 위해 노력하지 않는다. 오히려 그 공포를 극단으로 끌어올린다. 자신이 실패하면 주변 사람들이 죽을지도 모른다고 생각한다. "저는 '다이빙 성공에 내 목숨이나 다른 사람들의 목숨이 달려 있으면 어쩌지?'라거나 '내가 반드시 성공해야 한다면?'이라고 생각했죠. 다이빙의 성공에 따라서 이런 일들이 결정된다고 생각하면 실패로 인한 수치심은 그냥 웃어넘길 수 있었어요."

그는 무력하게 이런 재앙적인 사고에 휩쓸리지 않는다. "이런 생각을 오랫동안 곱씹으면 이 기록 경쟁이 굉장히 하찮다고 생각돼요. 이렇게 시시한 일에 감정적으로 휘둘리는 게 얼마나 어리석은 짓인가요."라고 그는 말했다.

공포를 처리하는 다양한 방법

순간의 공포를 처리하는 방법은 다양하다. 그중에서 윌리엄 트루브리지의 방법을 소개한 까닭은 이 방법이 매우 강력하기 때문이다. 아래의 방법 역시 각자의 상황에 적절하게 활용하면 공포를 처리하는 데 도움이 될 것이다.

1. 지금이 전부다 윌리엄 트루브리지는 스포츠에서도 만약이라는 사고방식에 빠지기 쉽다고 말한다. 이런 사고방식은 우리를 원하지 않은 드라마로 끌고 갈 수 있다. 우리의 생각이 우리의 삶을 결정하지 못한다. 공포로 가득한 생각은 습관적으로 재활용하는 쓰레기에

불과하다. 그러나 현재에 충실하면 이런 일은 불가능해진다. 윌리엄 트루브리지는 자신의 호흡에 집중하고 주문을 외면서 현실에 충실할 수 있었다. "요지는 이렇습니다. 강력한 의미가 함축된 일종의 주문을 되뇌면 우리는 눈앞의 일을 처리하는 데 필요한 상태로 빠르게 들어가게 돼요."라고 그는 말한다.[8] 그가 자주 사용하는 주문은 '지금이 전부'다. 그가 하듯이 우리도 편안하고 침착하게 호흡을 하면서 스스로 선택한 강력한 주문을 몇 번이고 되풀이해야 한다. 그래야 이 새로운 습관이 부정적인 생각으로 가득한 사고를 대신할 수 있다. 우리는 어떤 단어나 문구든 효과적인 주문으로 사용할 수 있다. 긍정적이다, 호흡하다, 개방적이다, 자유롭다, 준비되었다, 자신 있다, 만족스럽다 등의 단어나 표현을 사용해 보라.

2. 차단하라 윌리엄 트루브리지가 사용한 또 다른 주문이다. 그는 이 주문으로 긴장을 완전히 푼다. "하강하다가 자유 낙하가 가능한 프리폴 지점에 이르면 수영하지 않아도 저절로 아래로 내려갈 수 있어요. 이때 몸과 마음의 긴장을 최대한 풀기 위해 '차단해.'라고 저 자신에게 명령을 내리죠. 오랫동안 이 방법을 사용해 왔어요. 이 방법으로 정신적으로 편안한 상태에 이르고, 몸의 모든 근육을 이완시키는 거죠."[9] 우리는 명상하거나 침대에 누워서 쉴 때 이 방법을 시도해 볼 수 있다. 긴장을 완전히 풀었을 때의 느낌을 떠오르게 하는 단어나 문구라면 그것이 무엇이든 강력한 주문이 된다. 예를 들면, 침착하다, 평화롭다, 느긋하다, 풀어 주다 등이 있다.

3. 모든 것을 활용하라 사람들은 대부분 몸통, 팔, 다리는 없고 그

저 다리가 달린 뇌처럼 행동하고 생각한다. 다시 말해서 오직 자신의 정신과 마음에만 집중하고, 다른 신체 부위는 무시한다. 그래서 충분히 무언가를 맛보거나 냄새 맡거나 느끼거나 보거나 듣지 않는다. 자신의 직관에 충분히 귀를 기울이지 않는다. 윌리엄 트루브리지는 최고의 퍼포먼스를 내기 위해서는 몸과 마음뿐만 아니라, 무의식과 영혼에서 나오는 추진력이나 열정 등 자신의 모든 것을 이용해야 한다고 말한다. 이를 위해서 그는 훈련 도중이나 다이빙 전에 각 부분을 차례대로 불러서 깨운다. 우리도 이렇게 할 수 있다. 모든 신체가 마치 하나의 팀인 것처럼, 모두의 힘이 필요한 순간이라고 알리는 것이다.

4. 시각화 하라 윌리엄 트루브리지는 기공(동양에서 내려오는 기를 다스리는 수련 방법—편집자주)의 시각화를 채택했다. 손을 특정한 방법으로 움직이면서, 에너지로 가득한 빛을 공처럼 동그랗게 만들어 낸다고 상상한다. 그리고 동양의학에서 말하는 몸의 에너지가 응축된 곳, 곧 배꼽과 회음 사이의 공간에 그 에너지 공을 보관한다고 상상한다. 그것은 순간의 공포와 다른 공포로 인해 발생하는 어렵고 불편한 감정을 해소하는 데 활용할 힘의 원천이 된다. 윌리엄 트루브리지의 사례를 살펴보자. 그는 세계 신기록을 수립하기 위한 도전에서 필요한 순간에 이렇게 비축해 둔 에너지를 활용할 수 있다는 것을 알았다. "그런 에너지의 존재를 정말 믿느냐고요? 꼭 그렇지는 않아요. 하지만 이런 시각화를 통해 얻을 수 있는 심리적 효과는 믿어요. 최소한 다이빙을 하는 동안 필요할 때 꺼내 쓸 수 있는 여분의 에너지

가 있다고 생각하면 좀 더 자신감이 생기죠. 설령 환상에 근거한 자신감이라 해도 자신감은 자신감이니까요."라고 그는 말한다.[10] 윌리엄 트루브리지에게 에너지 빛은 바다의 파란색과 대비되는 주황색이지만, 우리는 각자가 원하는 색의 에너지 빛을 만들 수 있다.

마음을 비우다

프리다이빙은 몸을 한계까지 몰아붙이는 실험적인 익스트림 스포츠다. 게다가 프리다이빙은 정신력을 이용해 무엇까지 해낼 수 있는지를 보여 주는 좋은 사례다.

인간의 한계를 넘어선 윌리엄 트루브리지의 업적을 뒷받침하는 마음가짐은 공포와 정반대다. 그것은 각 순간을 오롯이 느끼고 경험하는 능력이다. 나는 그 능력을 '정신적 자유'라고 부른다. 앞서 공포가 우리의 잠재력과 가능성을 어떻게 제한하는지 살펴볼 때(90쪽 참조) 정신적 자유를 간략하게 언급했다. 이번에는 이런 마음가짐을 자기 것으로 만드는 방법을 자세히 살펴볼 것이다.

알다시피 나는 공포의 유형을 특정한 순간에 실패하거나 실수할까 봐 두려워하는 순간의 공포와 스스로 훌륭하지 않을까 봐 걱정하는 부족함 공포로 분리했다. 왜냐하면 두 유형의 공포는 서로 다른 방법으로 처리해야 가장 효과적이기 때문이다. 하지만 사실 정신적으로 자유로워지는 법을 알게 되면 중요한 순간에 마음을 관리하는 일과 부족할지도 모른다는 공포를 유발하는 깊은 요인으로부터 회복하는 일 모두 더 쉬워질 것이다.

윌리엄 트루브리지처럼 우리도 연습을 통해 정신적 자유를 일궈

낼 수 있다. 그는 프리다이빙뿐만 아니라 자신의 삶에서 정신 훈련의 도미노 효과를 깨달았다고 말한다. "그동안의 정신 훈련이 스트레스가 많은 상황에서 침착함을 유지하는 능력을 높였다고 생각해요. 그리고 결과에 연연하지 않는 능력이나, 지나치게 감정적으로 상황에 접근하지 않는 능력도 높인 것 같고요."

내가 그동안 만난 모든 운동선수 중에서 윌리엄 트루브리지가 무의식의 힘을 가장 잘 이해하고 있었다. 심지어 몸과 이성이 저항하는 순간에도 공포를 극복하고 정신적 자유를 얻기 위해 상상력을 어떻게 사용하는지 설명해 주었다.

프리다이빙의 중요한 지점인 중성부력에서는 바닷물의 염분 농도가 몸의 농도와 같아진다. 이 지점 아래에서 우리의 몸은 큰 힘을 들이지 않아도 자연스럽게 아래로 내려간다. 이것이 프리다이빙의 프리 폴free-fall 단계다. 윌리엄 트루브리지는 바로 이 단계에서 자신의 역사, 희망, 후회와 걱정을 잊는다고 말한다.

나 자신이 육지에 사는 동물이라는 생각을 접고 물속에 사는 동물이라고 계속 생각하는 거죠. … 그러면 물속으로 들어가는 심리적 저항이 줄어들어 한결 가볍게 느껴질 거예요. 이제 음성부력(물체를 기체나 액체 속에 넣었을 때 물체가 그 기체나 액체보다 무거워서 가라앉으려는 힘—편집자주)의 영향권에 들게 되는데요. 이 상태가 지나치게 오래 지속되면 목숨을 잃을 수도 있어요. 하지만 음성부력을 경험하는 것이 프리다이빙의 묘미죠. 마치 바다가 절 받아들여 흡수하는 듯한 기분이 들거든요. 육지에 사는 동물은 물속 깊이 들어갈수록 더 긴장하고 동요해요. 하지만 물속에서 전 육지에 사는 동물이 아니에요. 물속에서 사는 동물이고 바다가 저의 집이란 사실을 잊지 않죠. 이런 생각에 빠져들면 오히려 물속이 더 편안하게 느껴져요.

윌리엄 트루브리지는 정신적 자유를 얻기 위해 한 선택을 다음과 같이 설명했다. 한마디로 현재만이 존재하고, 현재의 자신만이 존재한다고 생각한다.

물속은 굉장히 멋진 곳이에요. 이 지구 생태계의 95퍼센트가 저 아래 물속에 있어요. 인류는 5억 3,000만 년 전에 바다에서 진화한 생물이죠. 하지만 우리가 사는 지구에만 표층이 있는 게 아니에요. 우리 마음속에도 표면 경계가 있어요. 이 경계 위에는 의식, 즉 우리의 이성이 있고, 경계 아래에는 무의식이 있죠. … 우리는 대부분의 삶을 합리적인 사고를 하며 그 경계 위에서 살아가요. 하지만 경계 아래에는 무의식이라는 굉장히 깊은 우물이 존재해요. 우리가 의식하지 못한 상태에서 모든 일이 일어나죠. 우리는 무의식이 얼마나 깊은지 몰라요. 하지만 무의식에서 어떤 일이 생긴다는 것을 알고 있고, 단 한 번도 그 바닥까지 가 본 적이 없다는 것도 알죠. 명상이나 마음챙김을 실천하거나 정신에 영향을 주는 물질을 섭취하는 사람이라면 바람 한 점 없는 그 고요한 바다로 뛰어들어요. 100미터 아래로 내려가면 정치나 빨래에 대한 생각이나 자신이 옳은 말을 했는지 곱씹으며 하는 걱정을 멈출 수 있어요. 그 모든 것은 육지에 남겨놓고 온 것이죠. 완전히 딴 세상에서나 생각하고 걱정해야 할 것일 뿐이에요. 그렇게 고요함에 휩싸이게 된답니다.

윌리엄 트루브리지는 이 단계에서 영혼의 영역으로 하강한다. 그뿐만 아니라 분주한 정신과 과하게 의식적으로 자신을 보호하려는 자아에 지나치게 의존해 온 사실을 깨닫게 된다. 그는 쉴 새 없이 재잘대는 마음을 닫아 버리는 것이 얼마나 중요한지 다음과 같이 설명했다.

이성적이고 분석적인 마음에서 벗어날 수 없다면, 그 마음에 어두운 그림자를 드리우는 비관적인 목소리를 잠재울 수 없어요. 그 목소리는 계속해서 종알대며 바닷속까지 쫓아올 거예요. 그러면 빨리 수면 위로 되돌아가기 위해 방향을 틀거나, 동요해서 다이빙을 망치고 산소를 더 많이 소모하게 되죠. … 이 절망적인 목소리에 굴복할 때마다 신경질적으로 변하고 미신에 의존하게 될 거예요.

리 스펜서와 윌리엄 트루브리지가 마주한 공포의 크기는 거의 초인적인 것 같다. 이런 초인적인 공포를 극복하고 놀라운 업적을 이뤄냈지만, 그들은 우리와 동일한 사람이다. 이 정도의 수준에 도달하기 위해 그들은 체계적이고 꾸준하게 준비했다. 연습이 좀 필요하겠지만, 우리도 충분히 해낼 수 있다.

FEAR LESS

3부

공포는
왜곡된다

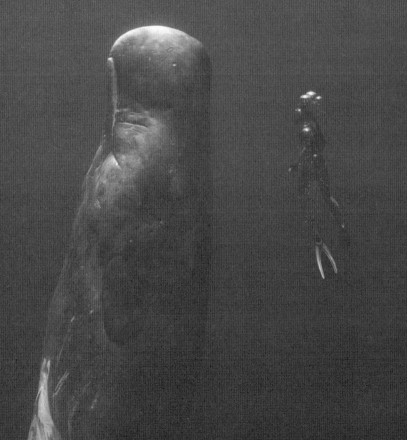

8

◯

부족함 공포와
마주하는 법

●

공포는 자연스러운 것이고 인간이 경험하는 중심적인 감정이다. 하지만 살면서 불확실한 공포와 마주하게 되면, 무슨 일이 일어나고 있는지 이해하는 데 상당한 노력이 필요하다.

지금부터 당신의 삶에 숨겨져 있는 왜곡된 공포를 살펴볼 것이다. 그리고 당신이 그 공포를 대면하고 다른 것으로 대체할 수 있도록 도울 것이다. 이것은 임시방편이 아니다. 먼저 삶 속에 공포가 어떻게 숨어 있는지를 이해해 근본적인 원인을 파악할 필요가 있다. 일상 속 생기를 빼앗는 이러한 왜곡된 공포는 불필요할 뿐만 아니라 우리에게서 진정한 성취감을 가로채 간다. 이런 이유로 우리는 얕은 승리만을 경험한다.

이러한 공포는 정체를 꼭꼭 숨긴 채 우리 앞에 나타난다. 그래서 도대체 무슨 일이 벌어지고 있는지 파악하기가 쉽지 않다. 다음은 숨겨진 공포가 모습을 드러내는 몇 가지 방법이다.

어느 것도 충분하지 않다고 느낀다

공포는 모든 성공의 분위기를 해치고, 질을 떨어뜨릴 수 있다. 공포로 인해서 변질되는 성공은 얕은 승리다. 그 어떤 것도 충분하다고 여겨지지 않거나 예상한 만큼 즐겁지 않다. 실제로 성취감을 충분히 느낄 정도로 그 일에 완전히 몰입하지 않았기 때문이다. 우리는 어떤 일을 하면서 속으로는 다음에 할 일을 찾고 있다.

우리는 동요하거나 무언가를 더 욕심내거나 다음 단계가 무엇인지 알고 싶어 한다. 진정으로 꿈꾸고 욕망한다면 이렇게 행동할 수 없다. 실패할까 봐, 부족하다고 여겨지거나 뭔가 충분히 하고 있지 않을까 봐, 또는 이미 손에 넣은 성공을 잃을까 봐 두려워하기에 이렇게 행동한다. 얕은 승리를 할 때 마음 상태는 아주 무미건조하기 때문에 감사하거나 만족할 여유가 없다. 그래서 우리는 영혼을 풍요롭게 하는 것보다 사회적 지위를 나타내는 무언가를 얻는 데 더 힘쓴다.

도전하지 않는다

혹시 진심으로 노력하지 않은 자신을 정당화하기 위해 온갖 핑계를 대고 있지는 않은가? 그 수많은 핑계의 이면에 어떤 공포가 도사리고 있지 않은가? 당신은 실패하는 것보다 차라리 일종의 영예로운 죽음이 더 낫다고 생각하는지도 모른다. 이러한 마음가짐이라면 좋지 않은 결과도 수용하게 된다. 예를 들면 차라리 아무것도 하지 않는 것이 자신의 자리를 지키기 위해 경쟁하다가 결국 선택되지 못해 마음을 다치는 것보다 더 낫다고 생각한다. 또는 저조한 퍼포먼스에 대한 피드백을 받기 싫어서 일을 관두고 만다. 이것도 아니면 거절당해서 상처받느니 처음부터 인간관계를 맺지 않거나 관계를 일방적으로 끝내 버린다. 이런 상황이 뭔가 친숙하게 다가온다면, 아마도 당신은 실패에 대한 두려움 때문에 성공에 대한 도전을 포기하고 있는 것인지도 모른다.

인간관계는 고통이라고 생각한다

우리는 다른 사람에게 자신의 공포를 드러내고 싶어 하지 않는다. 이러한 성향은 인간관계의 질을 떨어뜨린다. 자신의 공포와 연관된 주제가 등장하거나 스스로 위협받고 있다고 느끼면, 지나치게 경계하고 방어적으로 행동하게 된다. 심지어 까칠하게 행동할 수도 있다.

이외에도 주변 사람들에게 나약한 모습을 보여 주지 않으려는 사람들은 인간관계에서 사람을 회피하고 스스로 위축된다. 배우자나 친구나 가족과도 일정한 거리를 유지하거나, 가까운 사람의 언행에 과도하게 예민한 반응을 한다. 이 경우에는 가까운 주변 사람들에게 자신의 감정을 보여 줘도 안전하다고 생각하면서도, 자신이 왜 그렇게 과민하게 반응하고 행동하는지 스스로 이해하지 못한다. 심지어 주변 사람들에게 집착하고 그들의 애정을 갈구한다. 어느 경우든 이러한 인간관계를 맺는 사람은 자신의 현재에 충실할 수 없고 그 인간관계에 온전히 몰입할 수 없다.

다음은 내가 자주 접했던 왜곡된 공포의 네 가지 유형이다(128쪽 참조). 이번 장에서 다음 유형을 다시 한번 살펴볼 것이다.

- 질투를 느낄 때, 그 감정의 뿌리에는 사랑받지 못할지도 모른다는 두려움이 있다.
- 완벽주의에 빠지게 된다면, 그 감정의 뿌리에는 실패할지도 모른다는 두려움이 있다.
- 다른 사람들을 평가하고 싶거나 평가받고 있다고 느껴진다면, 그 감정의 뿌리에는 자신이 뭔가 부족할지도 모른다는 두려움이 있다.
- 다른 사람들과 거리를 두고 싶을 때, 그 감정의 뿌리에는 거절당할지도 모른다는 두려움이 있다.

이 모든 공포의 밑바닥에는 자신이 뭔가 부족할까 봐 두려워하고 자신이 부족하기 때문에 버려질지도 모른다는 부족함 공포가 깔려 있다. 공포는 온갖 왜곡된 모습으로 나타나 우리의 삶을 뒤흔든다.

부족함 공포는 명확하게 설명할 수 없는 애매모호한 불안감으로 나타나기도 한다. 겉으로는 인생이 굉장히 멋지게 보이더라도, 뭔가 옳지 않거나 충분치 않다고 느껴질 때 이런 불안감이 우리를 엄습한다.

부족함 공포를 밝혀내다

부족함 공포는 우리 삶을 통제한다. 그렇다면 이것을 우리 삶에서 어떻게 찾아낼 수 있을까? 부족함 공포를 살살 달래 숨어 있던 곳에서 나오게 만들면 이를 긍정적인 무언가로 바꿀 수 있다. 이 모든 과정은 공포를 바라보고, 대면하고, 대체하는 3단계로 구성된다.

1. 바라보다_See it_

문제를 해결하기 전에 도대체 무엇이 두려운지 제대로 바라봐야 한다. 그리고 공포의 대상에 이름을 붙인다. 이것은 자기 진단이나 의견 수렴을 넘어선 행위다. 이 행위의 목적은 공포와 그 에너지에 익숙해지는 방법을 찾는 것이다. 당신이 안고 있는 공포가 어떻게 보이는가? 그것은 어떤 느낌인가? 이렇게 공포의 존재를 눈으로 확인하고 이름을 붙이는 것이 부족함 공포를 대하는 첫 번째 단계다.

2. 대면하다_Face it_

자기 내면으로 들어가서 삶 속에서 공포가 어떤 모습으로 등장하는지 살핀다. 공포로 인해 당신은 어떤 대가를 치렀는가? 공포가 삶에 어떤 부담을 줬는가? 당신의 공포 때문에 다른 사람들은 어떤 대가를 치러야 했는가?

3. 대체하다_Replace it_

마지막으로 공포를 더 많은 힘과 희망을 주는 긍정적인 무언가로 대체해야 한다. 당신의 삶을 통제하고 제한하는 현재의 이야기를 재해석하고 상상하면 부족함 공포를 대체할 그 무언가가 떠오를 것이다. 이와 관련해 자세한 내용은 잠시 뒤에 살펴보도록 하자.

9장부터 12장까지는 공포로 인해 유발되는 모든 행동 양상을 바라보고 이를 대면한 사람들의 이야기를 살펴볼 것이다. 그리고 14장부터 20장까지는 자신의 공포를 바라보고 대면한 사람이나 조직에 관한 이야기를 살펴볼 것이다. 그들 중 일부는 내가 일하면서 운 좋

8. 부족함 공포와 마주하는 법

게 만났던 사람들로, 자신의 공포를 다른 긍정적인 것으로 대체할 강력한 방법을 발견한 이들이다. 물론 그들이 한 대로 따라 하라고 이 이야기를 들려주는 것은 아니다. 그보다는 그들의 이야기를 통해 자신의 공포에 대해 생각하고, 제대로 바라보며, 그것과 대면하여 대체할 긍정적인 무언가를 찾아내기를 바란다.

일을 막 시작했을 때 나는 주로 대화 요법을 사용했다. 내 업무의 대부분은 사람들이 흔히 생각하는 심리 치료법의 범주에 속했다. 나를 찾아온 고객에게 어떤 기분인지 그리고 그동안 어떤 경험을 했는지 묻고 그들의 말에 귀를 기울였다. 고객과 상담하는 과정에서 심리적인 해석, 진단법, 명명법과 인지 모델을 활용했다. 하지만 부정적인 감정을 해소하는 데 더 효과적이고 지속적으로 이용할 수 있는 새로운 방법을 찾아냈다. 바로 자기 몸과 마음의 지혜를 활용하는 것이다. 더 정확히 말하자면 상상력이다.

나는 이 업계에서 수년간 활동하면서 많은 사람을 코칭하고 카운셀링했다. 그 과정에서 이성과 합리성을 넘어 상상력을 이용해 대화를 이끌면 더욱더 효과적인 상담이 가능하다는 사실을 발견했다. 상상력을 이용하면 자기 자신에게 일어나고 있는 일을 이미지로 그리고 이야기로 풀어내는 데 유용한 지혜를 얻을 수 있다. 이런 과정은 자기 자신에 대한 이해를 두텁게 만들고, 자기 내면에 숨어 있는 무언가에 대한 힌트를 제공한다. 따라서 자신의 감정을 살피고 그 즉시 더 좋은 무언가로 완전히 바꾸고 싶을 때 약간의 상상력을 발휘하는 것도 좋다.

자신의 공포를 이해하기 위해 공포를 이미지화하는 것은 자신의 공포를 단어나 말로 표현하는 것보다 조금 더 많은 시간이 소요될 수도 있다. 하지만 공포의 이미지화는 그와 연관된 부정적인 감정을 훨씬 더 풍부하게 설명해 낼 수 있다. 그래서 자신의 공포에 대해 더 많은 통찰을 얻을 수 있다. 공포의 이미지화는 공포 위에 겹겹이 쌓인 이미지들을 하나씩 들추며 공포의 진짜 존재를 바라보는 것이다. 이는 마치 하나의 예술이 탄생하는 과정과 유사하다. 그리고 이미지가 제공하는 생생한 통찰력으로 서서히 변화를 추구하면 공포를 더 효과적으로 처리할 수 있다. 이런 과정에서 나온 변화는 오래 지속된다.

지금부터 공포의 이미지화에 대해 살펴볼 것이다. 14장부터 20장까지 소개되는 이야기들은 실제로 이 방법이 공포를 처리하는 데 어떻게 활용되고 또 어떤 도움이 되는지를 보여 준다. 공포를 이미지로 그리는 단계에서 내가 할 일은 따로 없다. 공포의 이미지화는 공포를 지닌 당사자의 상상력으로 가능하기 때문이다.

사람들은 상상력이 공포를 만들어 낸다고 생각하기도 한다. 물론 제멋대로 날뛰는 상상력은 공포를 만들어 내기도 한다. 그래서 상상력이 무시되거나 덜 사용되는지도 모르겠다. 하지만 상상력은 공포를 이해하는 방법 중에 꽤 강력하다. 작가 디팩 초프라Deepak Chopra는 저서에 "상상력을 사용하는 최고의 방법은 창의력이고, 최악의 방법은 불안감"이라고 썼다.[11]

1. 공포를 바라보다

먼저, 불필요하고 왜곡된 공포가 비집고 들어온 틈이 자신의 삶, 특히 인간관계와 환경에 존재하는지 확인해야 한다. 공포를 바라보

8. 부족함 공포와 마주하는 법

는 단계에서는 공포의 수많은 얼굴과 에너지의 세기, 느낌이나 질감을 이해한다. 공포를 바라보는 과정이지만, 실제로는 공포를 느끼고 경험함으로써 그 공포가 자신의 삶에 영향을 주고 있다는 사실을 인정하는 단계이다.

물론 언어나 논리로 공포를 설명할 수 있다. 그리고 자신에게 익숙한 것을 이용해 공포를 설명하는 것도 가능하다. 여기에 더해 자신의 놀라운 상상력에 이미 담겨 있는 정보와 지혜를 활용할 수도 있다. 나는 공포의 이미지화를 돕기 위해 사람들에게 유도 질문을 한다. 이렇게 하면 사람들은 공포의 이미지를 놀라울 정도로 쉽게 떠올린다.

이미지는 설명하고자 하는 대상에 어떤 질감을 부여한다. 다른 감정을 이용해 몇 가지 예를 들어보겠다. 만약 당신의 배우자가 "당신의 분노가 녹슨 낚싯바늘처럼 내 피부를 갈기갈기 찢는 것 같아."라고 말한다면, 당신은 그가 "화났어."라고 말하는 것보다 그의 감정을 더 생생하게 경험할 수 있다. 낚싯바늘에 걸린 고통뿐만 아니라 낚싯바늘의 녹이 상처를 감염시켜 더욱 치명적으로 만들 것이다. 그러면 당신은 그의 고통을 보고 당신이 화가 났을 때 그가 하게 되는 경험을 걱정하게 된다.

이미 헤어진 끔찍한 배우자에 대해 끊임없이 불평하는 친구에게 "발가락 사이에 난 물집처럼 짜증이 나."라고 이야기할 수 있다. 물집은 약간 성가신 수준에 그치지 않고, 따끔거려서 짜증까지 나게 한다. 이런 식으로 말하면, 당신이 얼마나 짜증이 나는지를 친구에게 효과적이고 명확하게 전달할 뿐만 아니라, 불평을 당장 그만둬야 한다는 긴박감도 전달할 수 있다. 당신은 끊임없이 불평을 늘어놓는 친구에게 뭔가를 하기는 해야 하는데, 그 물집을 터트려서 인내심이 한계에 달했다고 솔직히 털어놓을지 아니면 그 물집이 저절로 사라질 때까지 기다려야 할지 가늠할 수가 없다.

공포는 에너지다. 그래서 언어만으로 공포를 설명하려고 하면, 자신이 표현하고 싶었던 공포를 모두 설명할 수 없다. 이는 마치 공포라는 감정을 쏟아붓는 항아리가 너무 작아서 넘쳐 버리는 것과 같다. 공포에 담겨 있는 많은 의미가 넘쳐흘러서 사라질 것이다. 그리고 자신의 공포를 설명할 때 선택한 단어들은 주로 다른 사람들이 사용한 단어에서 나온다. 하지만 이미지는 오롯이 자신만의 것이다.

이미지는 생생하다. 그리고 이미지는 그 이미지를 생각해 낸 사람의 영혼에서 나온다. 이미지는 무의식에 자리 잡은 공포에 좀 더 가까이 다가가 생생하게 경험할 수 있도록 도와준다.

우리는 이미 감정을 표현하는 데 이미지를 사용하고 있다. 예를 들어, 자기 자랑은 '과도하게 부풀려졌다(overinflated)'라고 말하거나, 잘난 척 시끄럽게 떠드는 사람을 두고 '제 분수도 모르고 너무 거만하다(too big for his boots)'라고 표현한다. 그리고 자기 자식은 '눈에 넣어도 아깝지 않다(apple of your eye)'라고 이야기하거나, 직장에서 있었던 작은 난리를 '찻잔 속의 폭풍(storm in a teacup)'이나 '침소봉대(mountain out of a molehill)'라고 표현한다.

다음의 질문은 당신이 느끼는 공포의 이미지를 찾는 데 도움이 될 것이다.

- 그 공포는 어떤 느낌인가? 예를 들어서 답답하고, 어딘가에 꽉 매인 기분인가? 화산처럼 폭발하는가? 거미처럼 소름 끼치는가?
- 몸의 어디서 그 공포가 느껴지는가? 목이 꽉 막히는가? 납덩이를 단 것처럼 다리가 무거운가? 속이 뒤틀리는가?
- 질감이 있다면, 공포의 질감은 어떤가? 뾰족뾰족한가? 거친가? 미끌미끌한가? 딱딱한가?
- 공포의 온도는 어떤가? 타는 듯이 뜨거운가? 얼어붙을 듯 차가운가? 뜨뜻미지근한가? 냉랭한가?
- 공포가 전달하는 에너지는 무엇인가? 가슴을 후비는 듯 통렬한가? 피부를 벗겨 내듯이 고통스러운가? 평평한가? 질식할 듯이 답답한가? 델 정도로 뜨거운가?

　당신의 공포를 생각하면 어떤 이미지가 떠오르는가? 아마 자연물이 등장하는 이미지를 떠올릴 수도 있다. 제방을 부수는 사나운 강 옆에 서 있는 모습이 떠오를 수 있다. 또는 발을 디딜 곳 없는 진흙 위에서 미끄러지는 모습이 떠오를 수 있다. 아니면 어두운 밤에 캄캄한 숲에서 무언가에 걸려 넘어지는 모습이 떠오르거나, 으르렁거리는 개와 마주하거나 물에 빠져 허우적대는 모습이 떠오를 수 있다. 각각의 공포가 지니는 질감과 그것들이 서로 얼마나 다른지 느껴지는가? 사나운 강은 통제할 수 없는 상태라는 느낌을 전달하고, 숲은 길을 잃고 어둠 속에서 방향을 찾지 못하는 기분을 전달한다. 사납게 으르렁거리는 개는 무언가로부터 공격받는 느낌을, 물속에 가라앉는 것은 공황 상태를 전달한다.

나를 단단하게 만드는 심리학

공포의 이미지를 떠올려 보라고 하면, 사람들은 자주 혼란스러워한다. 하지만 일단 시작하면, 그들은 빠르게 자신들이 느끼는 공포의 이미지를 찾아낸다. 어쩌면 우리는 그동안 상상력을 너무 사용하지 않았는지도 모른다.

물론 언어도 공포를 이해하는 강력한 도구다. 하지만 오직 논리와 언어만 사용하면, 공포를 피상적으로 표현할 수밖에 없다. 가끔 사람들은 부족함 공포 때문에 불안감을 느끼면서 순간의 공포를 탓하기도 한다. 예를 들어 당신이 사람들 앞에서 연설하는 것을 두려워한다면, 이를 단지 원고를 잊어버릴까 봐 느끼는 순간의 공포로 합리화할지도 모른다. 하지만 그 왜곡된 감정의 뿌리에는 연설을 충분히 잘 해내지 못해 사람들에게 거절당할지도 모른다는 부족함 공포가 존재한다.

이미지는 우리의 무의식을 들여다볼 수 있는 창문이 된다. 무의식은 이성을 관장하는 영역과 다른 영역에 존재한다. 무의식은 거의 활용되지 않는 자원이다. 하지만 우리가 살면서 느끼는 감정과 여러 에너지를 이해하고 활용하는 데 매우 유용하다.

그동안 우리는 무의식을 신비로운 본능과 욕구로 이뤄진 어둡고 광활한 영역으로 간주했다. 하지만 최근 들어 강력한 심리적 역량이 숨겨진 멋진 곳임이 밝혀졌다. 무의식은 판단, 예측, 느낌, 이야기와 동기를 통해 작동한다. 이제까지는 우리가 무의식의 역량을 제대로 이해하지 못했기 때문에, 자신을 더 잘 이해하는 데 이를 활용하지 못했다. 하지만 지금부터는 달라질 수 있다.

지금부터 하는 말이 생경하게 다가올 수 있다. 우리는 심리 치료든

8. 부족함 공포와 마주하는 법

인생이든 논리적 사고나 개념, 이론에 따라 움직이는 영역에서 살아가는 데 너무나 익숙해져 있다. 베스트셀러《영혼의 돌봄Care of the Soul》의 저자 토마스 무어Thomas Moore가 말한 것처럼 말이다. "우리가 사는 세상은 모든 것을 기계적이거나 물리적으로만 바라보곤 한다. 이 세상은 우리의 경험에 눈에 보이지 않는 면들이 존재한다는 것을 이해하지 못한다. 하지만 모든 것에는 눈에 보이지 않는 무언가가 존재한다. 심지어 자연도 마찬가지다. 그러나 그 누구도 이를 이해하지 못한다. 그래서 우리는 무언가를 실제보다 훨씬 더 과소평가하게 된다."

우리는 보통 논리와 사실과 증거에 지나치게 매몰되어 직감, 마음, 상상 그리고 무의식에서 느껴지는 것을 보고도 못 본 척한다. 하지만 이것들을 통해서 무언가를 알게 되는 것은 굉장히 효과적이다. 설령 그것이 사실로 이어지지 않더라도 말이다. 그리고 이 방법은 자기 자신과 자신의 공포를 재해석하는 데 굉장히 강력한 방법이 될 수 있다.

우리는 상상력을 통해 무의식을 이용하는 방법을 익힐 수 있다. 하지만 그것은 우리에게 익숙한 사고방식과 매우 다르다.

나는 뉴질랜드 스포츠팀과 일했다. 그들은 자신들과 팀 문화를 상징할 수 있는 이미지를 찾고 있었다. 선수들은 함께 상상력을 발휘해 성스러운 집을 나타내는 상징을 만들어 냈다. 거기에는 그들의 가치와 신념 그리고 정신과 조상의 얼이 담겨 있었다. 팀에 들어오는 사람은 누구든지 그 집을 공경해야만 팀의 일원이 될 수 있으며 신입팀원을 환영하는 의식과 오래된 팀원을 떠나보내는 의식도 있다.

그 집은 팀의 상상 속에만 존재한다. 그런 만큼 그것은 외부인과

나를 단단하게 만드는 심리학

팀원을 구분하는 에너지를 갖고 있다. 이것이 팀원들이 그것을 존경하는 이유다. 집을 떠받치는 나무 기둥에는 그들이 걸어온 길을 들려주는 이야기가 새겨져 있다. 그 집은 상징 그 이상이다. 비록 현재의 사실이나 증거, 논리를 활용해 만들어진 것은 아니지만, 그 성스러운 집은 팀원들에게 강력한 동기를 부여해 행동하게 만든다.

이 사례는 더 깊은 의미와 감정을 탐구하는 무의식이, 유대감과 소속감을 형성하는 데 어떻게 도움이 되는지를 보여준다. 무의식은 팀의 역사, 같은 셔츠를 입고 경기장을 누볐던 사람들, 팀 문화의 성스러움 등 눈에 보이지 않는 것에 가치를 부여한다.

이와 같은 방식으로 우리는 상상력을 동원해 부족할지도 모른다는 두려운 감정의 더 깊은 의미를 발견할 수 있다. 눈에 보이지 않았던 것에 접근할 수 있게 되는 것이다.

우리는 자신에게 질문하고 몸과 마음에서 느껴지는 공포의 존재를 알아차림으로써 그것의 에너지를 밝혀낼 수 있다. 그러므로 우리는 앞으로 공포를 숨기거나 덮어 버리거나 들여다보기도 전에 억누르지 않겠다고 결심해야 한다.

자신도 모르게 공포에 휘둘리는 대신 더 깊은 공포를 들여다보기 시작할 때, 특정 환경에서 자신이 어떻게 변하는지 알아차릴 수 있다. 시간을 내서 조용히 생각해 보라. 공포가 표면으로 드러날 것이다. 그리고 공포가 눈에 보이면, 신뢰하는 사람들에게 솔직하게 무엇이 두려운지 털어놓거나 기록해서 그것이 형태를 갖추게 만들 수 있다.

하지만 서두르지 말자. 이 일에는 자기 연민을 위한 공간과 시간이 필요하다. 공포를 해소할 해결책이 문득 떠오를 수도 있다. 하지만 사흘이나 3주 동안 기분이 좋다가, 공포가 다시 슬쩍 고개를 들 것이다. 시간을 갖고 공포를 찬찬히 들여다보면 머릿속에 그것을 묘사하는 어떤 이미지가 떠오르기 시작할 것이다.

앞서 뭔가를 두려워하고 있음을 넌지시 보여 주는 행동 신호에 관해 이야기했는데, 우리 몸도 무언가를 두려워하고 있다는 사실을 보여 줄 것이다. 마음이 연결되어 있기 때문이다.

특정 환경에 놓이면 따분하고 위축되어 몸이 무겁게 느껴지고 집중이 잘 안 될 수 있다. 또는 산만해져서 문자 메시지를 보냈다가, 인터넷을 검색하다가, 일을 하다가, 이야기를 하다가, 운전을 하는 등이 일 저 일을 두서없이 마구 벌일 수도 있다.

무기력감을 느끼거나, 진이 빠지거나, 속이 부글부글할 수도 있다. 이런 경우 당신의 몸이 어떤 감정에 대해 이야기하고 있는 걸까? 그럴 때는 잠시 하던 일을 멈추고 몸이 하는 말에 귀를 기울여 보자.

자신의 기분에 주의를 기울일수록, 더 많은 이미지가 머릿속에 떠오를 것이다. 그리고 누가, 혹은 무엇이 당신에게 부족할지도 모른다는 공포를 일으키는지, 그 공포는 어떤 느낌인지 더 잘 이해할 수 있게 된다. 결국에는 실제로 그 공포를 해결할 가능성이 커진다.

2. 공포와 대면하다

부족함 공포를 바라봤다면, 즉시 그 공포와 대면하자. 그 공포로부터 눈을 돌리지 말고, 더 깊이 파고들어야 한다. 이것이 가장 어려운 부분이다.

물론 끔찍할 것이다. 그러니 당연히 공포를 느끼자마자 가능한 한

빨리 그것을 차단해 버리고 싶을 것이다. 하지만 공포를 차단하더라도, 그것은 왜곡된 모습으로 구석구석에서 나타날 것이다. 공포는 끈질기다. 공포를 피하고 부정하는 일은 오히려 공포를 더 강하게 만들 뿐이다.

자신의 삶에서 공포가 어떻게 작동하고, 무엇을 원하며, 공포를 해결하려면 무엇을 해야 하는지 이해하려면 현재 느끼는 그 공포에 집중해야 한다. 자신의 삶이 공포에 영향을 받고 있다고 인정할 때 그 공포는 형태를 갖추게 될 것이다. 그리고 이를 통해 그것이 인간관계와 선택에 어떻게 영향을 미쳤는지 이해하게 된다.

더불어 어디서 공포가 자신의 발목을 잡는지, 심지어 어느 부분에서 도움이 되는지를 알게 될 것이다. 공포가 어디서 튀어나와 다른 사람들에게 영향을 주는지도 살펴보라. 어디서 당신의 의욕을 꺾고 열정에 찬물을 끼얹는지 똑똑히 보라.

다음의 질문이 도움이 될 것이다.

'공포에 사로잡힐 때, 나는 어떤 사람이 되는가?'

'공포를 느낄 때, 나의 어떤 부분이 공포에 짓눌리는가?'

'공포를 느낄 때, 나의 인간관계에서 무엇이 변하는가?'

'공포를 느낄 때, 나의 행동과 기분은 어떻게 변하는가?'

'공포를 느낄 때, 나는 무엇을 포기하고 싶어지는가?'

'공포 때문에 발전하거나 성장하기를 그만둔 것은 무엇인가?'

'공포를 떠나보내면, 나에게 남는 것은 무엇인가? (어떤 핑계, 어떤 이유, 어떤 이야기, 어떤 정체성을 남기게 될까?)'

'공포를 떠나보내면, 내가 원하는 것을 얻게 될 것인가?'

'이 공포를 없애면 나의 삶은 어떻게 달라질 것인가? 나의 한계는 어떻게 확장될 것인가?'

'공포 때문에 내가 희생한 것은 무엇인가?'

'공포 때문에 내 주변 사람들이 희생한 것은 무엇인가?'

'이 공포는 내게 어떤 핑계를 댈 것인가?'

'나는 어떤 태도와 신념 때문에 공포에서 벗어나지 못하는 것인가?'

'내가 속한 문화에서 공포를 강화하는 것은 무엇인가?

'공포 때문에 그동안 추구하기를 꺼렸던 열정과 욕망은 무엇인가?'

자기 자신에게 물어봐야 할 질문이 꽤 많다. 물론 이 모든 질문에 답할 필요는 없지만, 공포를 좀 더 깊이 파고드는 데는 분명히 시간이 걸릴 것이다. 그리고 경고하건대, 그 여정이 모두 긍정적이고 아름답지는 않을 것이다. 인내심뿐만 아니라 용기, 진실, 자기 탐구가 필요할 것이다. 잠시 어둠 속에 갇힌 기분이 들지도 모른다. 그러나 시인 시어도어 로스케Theodore Roethke는 이렇게 말했다. "어둠 속에서 눈은 비로소 보기 시작하네."

예를 들면 아래와 같이 불편하다고 느끼는 것을 인정하는 것일 수 있다.

'여기 있기 싫어. 하지만 이대로 나가 버리면 실패자가 될까 봐 무서워.'

'그들 앞에서 바보처럼 보일까 봐 무서워. 그래서 그들 앞에서 말하기가 부담스러워.'

나를 단단하게 만드는 심리학

'시도하면 모든 것이 다시 일어날까 봐 무서워.'

'그 고통을 감당할 수 없을까 봐 두려워.'

'이것을 거절하면 또 다른 기회가 없을까 봐 무서워.'

'내게 이 일을 해낼 능력이 없을까 봐 두려워. 그러면 아마 수치심에 무너져 내릴 거야.'

'내가 부족하다는 사실을 모두가 알게 되면 어쩌지.'

당신은 공포를 대면한다는 생각만으로 숨이 턱 막힐 수 있다. 그 고통을 감당해 낼 수 있을까? 공포를 극복하는 데 필요한 용기가 내게 있을까? 지금과 같은 삶의 방식을 포기하면 나는 누가 될까? 나는 무언가를 대면할 준비가 되었을까? 공포와 대면해 무언가를 잃게 되면 어떻게 하지? 나는 그럴 준비가 되어 있을까?

자기 자신을 믿어라. 우리에게 회복탄력성이 있다는 사실을 잊지 말아라. 그리고 자신이 누구인지 기억하라. 공포를 들추어내고 소리 내어 말하는 것은 뜨겁게 달궈진 라디에이터에 갇힌 공기를 빼내는 것과 같다. 그럴 때 비로소 우리 삶의 에너지가 자유롭게 움직이게 될 것이다. 그리고 이렇게 할 때, 다음 단계로 나아갈 수 있다.

3. 공포를 대체하다

마지막으로 이 단계의 목표는 더 많은 정신적 자유를 얻는 것이다. 부족함 공포를 탄탄한 이야기와 마음가짐, 결심으로 대체하면 더 많은 정신적 자유를 누릴 수 있다.

부족함 공포와 그것이 자신과 주변 사람들에게 어떻게 영향을 미치는지 분명히 바라보고, 그것과 대면해 발견한 그 무언가는 헛되지 않다. 이는 당신의 성장에 아주 큰 밑거름이 될 것이다. 자연에서는 유기물이 부패해 새로운 성장의 영양소가 된다. 우리의 공포도 마찬가지다.

이것이 가능하려면, 자신을 좌지우지하는 공포가 만들어 낸 이야기를 없애기 위해 의도적으로 노력해야 한다. 부족함 공포가 마음에 있으면, 당신의 삶은 그 공포를 중심으로 돌아가고 그와 관련된 이야기를 쓴다. 그렇게 쓰인 이야기를 근거로 당신은 한 인간으로서 자신이 어떤 식으로든 부족하다고 믿고, 다른 사람들이 그 사실을 알게 되면 사랑받지 못할 것이라며 두려워한다. 이 이야기는 자신과 자신이 속한 문화 사이에서 계속 되며 영원한 이야기가 된다. 하지만 그 이야기가 진실인지 아닌지를 결정할 사람은 다름 아닌 당신이다. 자신이 무엇을 두려워하는지를 알고, 그 두려움의 대상이 자신의 삶에 어떤 모습으로 나타나는지와 그 공포 때문에 어떤 대가를 치렀는지를 파악하면, 자신의 삶을 떠받칠만한 새로운 이야기를 쓸 힘이 생긴다. 당신은 자신의 본모습, 회복탄력성 그리고 잠재력에 관한 이야기를 새롭게 써 내려갈 수 있다. 이것이 자신과 주변 사람들에게 들려줄 이야기이고, 당신을 움직일 이야기이며, 당신의 삶의 방향을 결정 지을 이야기다.

14장부터 20장까지 이어지는 4부에서 이 부분을 다룰 것이다. 앞으로 자신의 발목을 잡는 공포를 자기만의 방법으로 완전히 바꿔놓은 이들을 만나게 될 것이다. 그리고 그들의 이야기에서 당신의 삶을 어떻게 바꿀지 아이디어를 얻게 될 것이다. 당신은 공포를 힘과 희망을 주는 무언가로 대체할 수 있고, 그렇게 함으로써 동료와 더 충만한 유대감을 형성할 수 있을 것이다. 이것은 공포의 의미를 새롭게 해석하여 다시 쓰는 이야기다. 이 과정은 삶에서 승리하면서 자기 자신을 잃지 않게 한다.

공포에 관한 실제 경험담

9장에서 12장까지는 부족함 공포가 사람들의 삶에서 실제로 어떻게 작동하는지 살펴볼 것이다.

내가 20여 년간 일을 하면서 만난 사람들이나, 개인적으로 알게 된 사람들과 나눈 이야기를 엮었다. 그에 더하여 동료들과 친구들이 아낌없이 공유해 준 이야기도 포함했다. 다만, 자신의 이야기를 용기 있게 들려준 사람들의 사생활을 보호하기 위해 세부 내용을 살짝 수정했다.

각각의 이야기가 소개된 뒤에는 공포 에너지를 바라보고 대면하기 위해 내가 사용했던 대화 일부가 이어진다. 이것은 자신의 삶이 어떤 이야기에 의해 움직이고 있는지, 그리고 자신의 삶에서 공포가 어떤 모습으로 나타나는지를 이해하는 데 도움이 될 것이다. 이야기를 듣고 나면 부족할지도 모른다는 공포를 드러낸 그들이 꽤 용감하다는 사실을 알게 될 것이다. 그리고 그럴 만한 가치가 있는 결정이었다는 것도 깨닫게 될 것이다.

9

○

왜곡된 공포 :
거리 두기

●

때때로 가면으로 자신의 본모습을 숨기는 것은 지극히 정상적인 행동이다. 직장에 있을 때, 처음 만난 사람들과 있을 때, 오랜 친구나 가족과 있을 때, 우리는 완전히 다른 사람이 된다. 혼자 있는 것을 선호하거나 내성적으로 행동하는 것 역시 자연스러운 행동이다.

하지만 사람들과 거리를 두는 것은 좀 다르다. 이번 장에서는 다른 사람들에게 자신의 특정한 모습을 숨기기 위해 다른 사람처럼 행동할 때 어떤 일이 벌어지는지 살펴볼 것이다. 우리는 다른 사람들이 자신의 본모습을 보면 받아들이지 않을까 봐 무서워서 그들과 거리를 두기도 한다. 자신의 결함을 드러낼 수 없거나 드러내고 싶지 않을 수도 있다. 또는 스스로 용납할 수 없는 자신의 어떤 모습을 다른 사람들에게 보여줄 수 없거나 보여주고 싶지 않을 수도 있다.

당신의 삶은 어떤가? 혹시 특정 집단이나 특정 친구, 혹은 가족을

나를 단단하게 만드는 심리학

피하고 있는가? 그렇다면 자신을 있는 그대로 드러내는 것을 두려워하고 있는 것인지도 모른다. 또는 동료에게 배우자를 소개하고 싶어하지 않을 수도 있다. 간단하게 말해서 공포 때문에 삶이나 자신의 어떤 부분을 사람들이 보지 않길 바란다.

다른 사람들과 거리를 두는 방법은 많다. 인종이나 계층 혹은 입양 여부처럼 자신의 뿌리에 대해 뭔가 공유하는 것을 꺼리거나, 자신의 범죄 경력이나 가족 중에 범죄자가 있다는 사실을 숨긴다. 학교를 졸업하지 못했다거나 대학교에 다니지 않았다는 사실을 숨길 수도 있다. 내가 만났던 사람 중에서 몇몇은 자신이 글을 잘 읽지 못한다는 사실을 숨기고 싶어 했다.

뻔하고 흔한 이야기일 수 있지만, 사람들은 대체로 자신의 성 경험에 대해서도 숨기려고 한다. 많은 사람과 성 경험을 했거나 성 경험이 너무 적다는 사실 때문에 다른 사람들이 자신을 이상하게 평가하거나 거절할까 봐 두려운 것이다. 이혼 사실도 숨기려고 한다. 특히 한 번 이상 이혼했다면 더 그렇다. 보톡스나 입술 필러 같은 미용 시술을 받았지만, 그 사실을 숨기기도 한다.

이런 것들은 그 자체로 괜찮다. 다른 사람들에게 자신의 모든 것을 말하지 않는 것도 괜찮다. 우리는 모두 자신에 대해 크고 작은 것들을 숨긴다. 하지만 무언가를 숨기는 것은 사람들과 거리를 두려는 첫 단계일 뿐이다. 그 뿌리에 공포가 존재하는지를 알기 위해 반드시 생각해야 하는 핵심 질문은 '숨기고 있는 것이 밝혀지면, 나는 과연 수치스러울까?'이다.

이 질문의 답이 '그렇다.'라면, 자신의 모습을 숨기는 것에 대해 치러야 할 대가가 막대하다. 다른 사람들과 거리를 두려면 노력이 필요한데, 그 노력이 우리의 건강한 삶과 행복을 갉아먹을 것이다.

숨겨 왔던 무언가를 사람들에게 들켰을 때 느끼게 되는 수치심을 깊이 파고들면, 진실이 밝혀져 사람들에게 거부당할까 봐 두려워하는 마음을 발견하게 된다. 이 공포는 소모적이다. 그것은 정체성과 가치를 갉아먹으며, 그 사실을 숨겨 온 자신을 사기꾼처럼 느끼게 만든다. 다음은 자신이 동성애자란 사실을 알리고 싶지 않았던 어느 운동선수의 이야기다. 그는 사람들로부터 손가락질을 받거나 버림받을까 봐 그 사실을 밝힐 수 없었다. 그저 자신이 동성애자란 사실이 밝혀졌을 때 느낄 수치심이나, 그 사실을 알게 된 동료와 가족이 자신의 성 정체성에 대해 어떻게 느낄 것인지만을 생각했다.

자신의 모든 것을 보여 주는 것이 두려워서 사람들과 거리를 두면, 결국에는 누군가로부터 사랑받고 누군가를 사랑할 능력과 기회마저 잃어버릴 수 있다. 정신적으로나 육체적으로 다른 누군가와 개인적으로 사랑하는 관계를 유지할 수 없다. 그 사랑이 자신을 성장시킬 자양분이 될 것이라는 기대도 할 수 없다. 아무리 강력한 사랑의 불꽃이라 해도 계속 불타기 위해서는 공기가 필요하다. 이 사실은 제이크의 이야기를 들으면서 확인하게 될 것이다. 사랑은 단순히 누군가와의 관계가 아니다. 그것은 삶을 충실하게 살아가는 하나의 방식이다.

'그 누구에게도 제가 동성애자라고 말할 수 없었어요'

성공한 운동선수 제이크의 이야기다. 그는 자신이 동성애자란 사실에 수치심을 느꼈고, 그것 때문에 사람들에게 버림받을까 봐 두려워했다. 이것은 가족, 친구 그리고 동료와의 관계에 영향을 미쳤고, 상당히 고립된 삶을 살게 만들었다.

저는 항상 고독한 사람이었어요. 전 부끄러움을 많이 타지 않아요. 실은 꽤나 소란스러운 사람이랍니다. 하지만 누군가가 제 일에 참견하는 것을 좋아하지 않아요. 그리고 시끄러운 사람들을 싫어하죠. 저는 그 누구도 믿지 않아요. 심지어 가족도 대부분 믿지 않죠. 그들은 제게 상어 같은 존재예요. 항상 저한테서 뭔가를 원하거든요. 구단에서도 마찬가지예요. 누구와도 가깝게 지내지 않죠. 사실, 저는 그 어디에서도 그 누구와도 가깝게 지내지 않아요.
저는 제가 거짓된 삶을 살고 있다는 것을 알아요. 하지만 진실을 말한다면, 구단에 어떤 일이 일어날까요? 언론과 팬들은 어떤 반응을 보일까요? 저는 이 바닥에서 동성애자를 대표하는 선수가 되고 싶지 않아요.
전 기회를 얻기 위해 정말 열심히 운동했어요. 이 수준에서 경기에 나가 뛸 시간은 그리 많지 않아요. 5분마다 더러운 동성애자 새끼라는 소리를 듣지 않고 이 시간을 최대한 누리고 싶어요.
최근에 어느 방송사와 인터뷰를 했어요. 진행자가 여자였는데, 이상형이 어떤 사람이냐는 등 지나치다 싶을 정도로 사적인 질문을 하더군요. 저는 소위 거짓 제이크 모드에 돌입했죠. 그리고 온갖 말도 안 되는 소리를 해댔어요. 당신도 제 말을 들었어야 했어요.
학교와 구단에서는 모두 거짓 제이크만 알죠. 심지어 부모님도 저의

9. 왜곡된 공포 : 거리 두기

진짜 모습을 모르세요. 어렸을 때는 부모님과 정말 가까웠는데, 지금은 대부분 떨어져서 지내요. 아마 제가 배은망덕하다고 생각하실 거예요. 부모님은 저와 제 커리어를 자랑스럽게 여기세요. 그런 만큼 제가 동성애자란 사실을 알게 되면, 아마 모든 것이 무너질 거예요. 제가 이성애자가 아니란 사실을 차치하고도 그동안 거짓말했다는 사실을 알게 되면 부모님이 어떤 반응을 보일지 생각만 해도 무서워요.

열아홉 살 때 사촌과 심하게 싸운 적이 있어요. 저를 게이라고 부르면서 놀렸거든요. 그 순간 눈앞이 캄캄해지더라고요. 그 수다쟁이 녀석이 제가 힘들게 숨겨온 사실을 여기저기 말하고 다닐 거라고 생각했어요. 그래서 녀석을 한 대 때려 줬어요. 저의 과잉 반응에 모두 놀랐죠. 심지어 저 자신도요.

저는 머릿속에서 '나는 사기꾼이고 패배자야.'라고 말하는 목소리를 자주 들어요. 아, 미친 건 아니에요. 그저 제가 동성애자라는 사실이 불편해요. 다른 사람들도 그 사실을 편하게 생각하지 않을 거예요. 저는 항상 누군가에게 들킬 거라는 불안감을 안고 살아요. 이 구단에서 경기를 뛰기 시작했을 당시, 여자친구가 있었는데요. 2년 정도 사귀었죠. 이성애자가 되려고 부단히 노력했어요. 하지만 잘되지 않더라고요.

마치 그녀를 이용한 것처럼 들리겠지만, 아니에요. 그녀는 좋은 사람이었고, 저는 정상인처럼 느끼고 정상적인 사람들과 어울리고 싶었어요. 그녀는 제가 감정 기복이 심하고 사람들과 벽을 쌓는다는 말을 항상 했어요. 그리고 '마음을 좀 열라.'고 했죠. 그녀는 저에게 관심을

나를 단단하게 만드는 심리학

받고 싶어 했지만, 전 그녀가 원하는 관심을 줄 수가 없었어요.

저는 피해망상에 시달렸어요. 아마도 그녀는 제가 동성애자란 사실을 알고 있었던 것 같아요. 하지만 아무 말도 하지 않았죠. 그 점에 대해서 정말 고마움을 느껴요. 만약 제가 약한 순간에 그녀가 절 다 그쳤다면 어떻게 됐을지 모르겠어요. 특히 우리 관계가 끝날 무렵에 말이에요. 그녀와 있으면서 좋은 것도 많았어요. 거의 매일매일 좋았죠. 같이 어울리는 것이 즐거웠어요. 그리고 부모님이 우리가 만나고 있다는 사실에 행복해하셔서 좋았어요. 저는 우리 관계가 진짜고, 함께 미래를 만들어 갈 거라고 속으로 계속 말했어요.

그때는 운동선수 인생에서 최고의 시간이었어요. 그리고 저는 스트레스를 많이 받지 않았어요. 제가 쉬는 날을 두고 시끄럽게 떠들어대는 사람이 있어도 그녀에 대해 몇 마디 하면 그만이었죠. 그러곤 다시 훈련에 매진했어요. 한번은 시합 날인데 전혀 스트레스가 느껴지지 않았어요. 시상식 뒤풀이와 구단 행사에 초대됐을 때, 여자친구와 함께하면 모든 것이 훨씬 더 쉬웠어요.

2년 동안 우린 그럭저럭 괜찮았어요. 하지만 그녀가 아기와 결혼에 관해 이야기하기 시작하더군요. 제가 얼마나 큰 거짓 속에서 살고 있는지 깨달았을 때, 공포 때문에 몸까지 아파 왔어요.

전 그녀를 피하기 시작했어요. 그러면 그럴수록 그녀는 제가 다른 여자와 바람을 피운다고 생각하더라고요, 맙소사! 결혼하고 아기를 낳아서 가정을 꾸리려는 결정을 하지 못하자, 그녀는 점점 더 불안해했어요. 자신을 사랑하는지 계속 묻더군요. 제가 어떻게 그 질문에 대답하겠어요. 전 그녀를 사랑했어요. 정말이에요. 하지만 그녀

9. 왜곡된 공포 : 거리 두기

가 원하는 사랑은 아니었죠.

그녀는 저를 더는 믿지 않았어요. 그녀는 차갑게 변했고, 저에게 조금 못되게 굴기도 했어요. 제가 그녀를 정말 실망시킨 것 같았어요. 하지만 왜 그렇게 행동하는지 이유조차 말해 줄 수 없었죠.

덫에 걸린 것 같았지만, 우리의 관계에서 정말 외롭기도 했어요. 결국 그녀가 헤어지자고 했을 때 정말 복잡한 감정이 들더군요. 슬펐지만 한편으로는 안도했어요.

작년에 어느 클럽에서 한 남자를 만났는데요. 그는 처음에 제가 무슨 일을 하는지 몰랐어요. 그래서 좋았죠. 하지만 매사 조심해야 했어요. 어떤 멍청이가 전화기로 저 몰래 사진을 찍어서 인터넷에 올린 적이 있었죠. 제가 막 프로에 입단했을 때 휴일에 일어난 일이었어요. 감사하게도 사진은 알아보기 힘들 만큼 흐렸고, 인터넷에서도 내릴 수 있었죠.

우린 연인이 됐어요. 전 그에게 정말 다정했죠. 그는 밤늦게 우리 집에 찾아왔고, 우리는 연인들이 하는 일을 하면서 시간을 보냈어요. 강아지랑 소파에 앉아서 TV를 보고 치킨을 먹고 실컷 웃는 거 있잖아요.

잠깐이지만, 제가 정상인 것처럼 느껴졌어요. 제 기준에서는 아주 정상이었죠. 훈련을 마치고 그를 만날 수 있다는 생각에 들떴어요. 제 발걸음에 활기가 있었죠. 하지만 그건 정상적인 게 아니잖아요? 그렇죠? 저는 늘 숨고 거짓말을 하기 때문에 정상일 수 없었어요. 전 신경질적이었고 그를 달달 볶기 시작했어요. '나에 대해서 그 누구에게도 말하지 않았다는 걸 증명해 봐.'라고 그에게 말했죠.

그는 서서히 저에게서 멀어졌어요. 그런 모습이 저를 더 불안하고 긴장하게 만들었죠. 저는 그와 사랑에 빠졌다고 생각했어요. 하지만 사랑을 계속 조르고 있었을 뿐이죠. 제가 망쳐 버렸어요. 제가 동성애자란 사실을 들킬까 봐 두려웠거든요. 그는 다시 그 지긋지긋한 벽장 속으로 끌려들어 가고 싶지 않다고 하더군요.

그 이후에 저는 훨씬 더 길을 잃은 느낌이었고 외로웠어요. 사람들과 더 거리를 뒀죠. 그러고는 상황이 달랐다면 무엇을 할 수 있었을지 궁금했어요. 에너지가 넘쳤겠죠. 분명히! 저는 운동에 집중하려고 노력했어요. 다른 것에는 관심을 두지 않으려고 애썼어요. 거짓 제이크가 절 계속 움직이게 했죠. 우리 집 강아지와 제 오랜 친구, 공포를 제외하고, 운동만이 제가 가진 전부였어요. 팝에 나오는 가사처럼 들리지 않아요?

제이크는 선수 생활이 끝날 때까지 몇 년 동안 자신의 문제와 대면하지 않았다. 적어도 선수 생활을 하는 동안에는 자신이 동성애자란 사실을 밝히고 싶지 않았다. 이는 그리 놀랄 일이 아니다. 1부에서 설명했듯이, 여기에는 수치심이 존재했다. 숨겨 왔던 사실이 밝혀지는 것에 대한 두려움에서 오는 수치심이다. 그래서 그는 사람들에게 보여 주는 모습을 철저히 통제했다.

그러다가 스스로 감당할 수 없을 만큼 외로워졌고, 술집에서 여러 번 싸움에 휘말렸다. 마침내 그는 자신의 공포와 대면하기로 했다.

처음 그에게 공포를 설명해 보라고 했을 때, 우리의 대화는 다음과 같이 진행됐다.

피파(저자): 당신의 공포는 어떤 이미지인가요? 그 이미지는 무엇이죠?

제이크: 그냥 거대해요.

피파: 좀 더 구체적으로 말해 주세요. 어떻게 생겼어요? 무슨 냄새가 나죠? 만지면 어떤 느낌이에요? 질감은 어때요?

제이크: 구린내요. (웃음)

피파: 자연에 있는 무언가에 비유해 볼래요?

제이크: 좋아요. 이 공포는 크고 화가 잔뜩 난 회색곰이에요. 문을 지키고 서 있죠. 그리고 목과 발목에 사슬이 묶여 있는데, 자꾸 쓸려서 아파요. 그래서 으르렁거려요.

피파: 그 곰이 무슨 말을 하려고 하나요?

제이크: '이 빌어먹을 문으로 들어가는 것은 안전하지 않아!'라고 말하고 있어요.

피파: 무엇을 보호하고 있죠?

제이크: (한숨) 저의 마음이요. 그 녀석은 고통으로부터 제 마음을 보호하고 있어요.

피파: 당신 안에 누가 그 고통을 느끼죠, 제이크?

제이크: (긴 침묵) 열한 살 소년이요. 바로 여기 마음속 깊숙한 곳에서부터 고통이 느껴져요. 수치스럽죠.

피파: 좋아요. 당신의 누가 그 열한 살 제이크의 고통을 어루만져 줄 수 있을까요?

제이크: (긴 침묵) 글쎄요. 아마도 어른이 된 저겠죠. 어른 제이크.

피파: 어른이 된 당신에 대해 말해 줘요.

제이크: 회복력이 있어요. 일을 끝까지 해내죠. 제가 저한테 하는 말이지만, 재미있는 어른이에요. 누군가를 아끼는 부드러운 면도 있고요. 사랑이 넘치죠.

피파: 그러면 어른 제이크는 그 열한 살 소년에게 무슨 말을 하고 싶을까요?

제이크: (한숨을 내쉬고 울컥하며) 애야, 넌 괜찮아. 넌 괜찮아.

피파: 또 하고 싶은 말이 있을까요?

제이크: 그건 너의 잘못이 아니란다.

피파: 그래요.

제이크: 넌 망가지지 않았어.

피파: 그래요.

제이크: 넌 사랑스러워. (눈물을 흘리고 긴 침묵) 내가 널 지켜줄게.

피파: 어른 제이크가 그 아이를 지켜줄 거예요.

제이크: 네, 그러고 싶어요.

피파: 그럼, 이제 그 회색곰은 어때요?

제이크: (어깨를 으쓱하며) 그 곰은 지쳤어요. 몸이 축 늘어지고 힘이 없죠. 그 아이가 곰의 족쇄를 풀어 주고 싶어 하는 것 같아요.

피파: 좋아요. 아이가 그렇게 하나요?

제이크: 네. 곰이 이제 조금 진정됐어요.

피파: 곰이 더 편안해하는 것처럼 들리네요. 제이크, 곰이 무슨 이야기를 들었길래 소년의 마음을 항상 보호해야 한다고 느꼈을까요?

제이크: 음, 모든 사람이 그를 재수 없어 하고, 그에게 상처 주고 싶어 한다는 이야기요. 모두가 그를 거부할 거란 이야기요.

9. 왜곡된 공포 : 거리 두기

피파: 그게 사실인가요?

제이크: 아뇨, 꼭 그렇진 않아요. 어떤 사람들은 좋아요. 어떤 사람들은 그를 놀라게 하죠.

피파: 그럼 곰이 잘못된 정보를 갖고 있는 거네요.

제이크: 하, 그래요. 그런 것 같네요. 회색곰이 이야기를 전부 다 알진 못하는 것 같아요.

피파: 그 곰에게 들려줄 더 좋은 이야기가 있나요? 생각해 보겠어요?

제이크: 삶에는 이것저것이 섞여 있다고 말해 주고 싶어요. 좋은 것과 나쁜 것이 같이 들어있고, 전부 나쁘지만은 않다고 말해 주고 싶어요. 이제 제가 그 소년의 손을 잡고 있으니, 이제 회색곰은 쉴 수 있을 거예요.

피파: 당신이 그 소년의 마음을 보살필 수 있어요? 그리고 당신의 마음을? 분노와 공포는 없나요?

제이크: 네, 우리가 서로 보살필 수 있어요. 우린 괜찮아요. 좋은 것들도 있어요.

제이크는 자신의 공포를 안고 이미 수년을 살았다. 그는 자신의 불안감을 합리화하고 달리 생각하려고 노력했다. 하지만 공포의 에너지를 다룰 방법을 찾을 때까진 그렇게 하지 못했다. 그리고 그는 마침내 자신의 공포를 화가 난 회색곰에 투영하여 움켜쥐고 있던 족쇄를 풀고, 자신의 공포와 대면하고, 그것이 어떻게 움직이는지 이해했다.

회색곰(제이크의 공포)에 이름을 붙이고 대면하는 것은 다음 단계로 가는 시작점이었다. 그가 자기 삶의 이야기를 다시 써서 어떻게 더 강해졌는지 생각해 보자. 그의 새로운 이야기는 이렇게 전개된다. '나는 유능하다. 나는 나 자신을 키우고 돌볼 수 있다. 공포는 좋기도 하고, 나쁘기도 하다. 따라서 공포를 항상 경계할 필요는 없다.' 이제 제이크는 자신의 공포와 대면하고 그것에 관한 이야기를 다시 써야 할 때마다 자신이 만든 첫 번째 이미지들을 주기적으로 들여다보며 수정할 수 있다.

이처럼 공포에 관해 새로운 이야기를 만드는 방법이 공포를 극복하는 데 얼마나 도움이 되는지는 14장부터 좀 더 살펴볼 것이다. 아직은 새로운 이야기가 무조건 훌륭하고 멋지지만은 않다. 하지만 그것은 강력할 것이고, 좋은 것과 나쁜 것이 섞여 있다. 제이크의 이야기에는 공포뿐만 아니라 희망과 긍정적인 것들이 포함되어 있다. 이것이 그의 새로운 이야기를 더 사실적이고 유용하게 만든다.

제이크는 자신에게 일어나는 일을 분명히 이해했다. 그는 사회가 자신을 거부할까 봐 두려워서 스스로 자신을 거부해 왔다는 사실을 알게 됐다. 결국 그는 부모님에게 자신이 동성애자란 사실을 밝힐 수 있었다. 그는 안도감과 고통에 무릎을 꿇었다. 세 사람은 부엌 바닥에 주저앉아 서로 부둥켜안고 눈물을 흘렸고 몇 시간 동안 이야기를 나눴다. 그다음 그의 어머니가 의료용으로 아껴뒀던 오래된 와인을 가져와 함께 나눠 마셨다. 자신의 가장 나약한 순간에 부모님이 자신을 사랑하고 보살펴 준다는 사실에 제이크는 충격을 받았고 오랫동안 부모님을 자기 마음대로 평가했다는 생각에 부끄러웠다.

제이크가 자신이 동성애자란 사실을 대중에게 밝히지는 않았다.

그러나 가까운 사람들과의 관계를 새롭게 하고 솔직해지면서 놀라운 변화가 생겼다. 마침내 가슴속에 숨겨 두었던 짐을 조금씩 내려놓을 정도로 사랑을 받았고 자신의 미래에 대해 희망을 느꼈다.

제이크는 사람들과 거리를 두고 외롭다거나, 사람들과 가까워지고 싶지 않다거나, 자신의 어떤 면을 사람들이 몰랐으면 좋겠다는 말을 자주했다. 혹시 당신도 그런가? 남들에게 보여 주기를 꺼리거나 들키고 싶어 하지 않는 당신의 어떤 모습이 떠올랐는가? 기억하라. 사람들과 거리를 두려는 마음은 거부당하는 것에 대한 공포에서 온다. 사람들과 거리를 두고 싶어 하는 마음 이면에 공포가 존재하는지 알려면 자신에게 다음의 질문을 던져 보자. '사람들이 이 사실을 알게 된다면 나는 수치스러울까?'

이 질문에 대한 답이 '그렇다.'라면, 공포를 바라보고 대면하는 단계(8장)를 다시 읽어보길 바란다. 공포의 에너지를 깊이 이해하기 위해 자신에게 던질 질문을 더 많이 찾을 수 있을 것이다.

10

○

왜곡된 공포 :
질투심

●

우리는 자신이 언제 질투심에 휩싸이는지 잘 안다. 강력하고 두서없는 감정인 질투심은 편도체를 활성화시킨다. 그래서 질투심을 논리적으로 이해하기 전에 누군가를 비난하고 탓하고 욕하거나 악의적인 문자 메시지를 보낸다.

때때로 질투심은 열정적인 불꽃이 되지만, 그 불꽃은 금세 사라진다. 이번 장에서는 우리가 흔히 경험하는 질투심에 관해 이야기해 볼 것이다. 예를 들면 충분한 사랑, 존경, 소속감, 영광, 포상, 보상 등이 없는 데서 오는 질투심이다. 곧 승자는 오직 한 명일 수밖에 없다는 결핍적 사고가 겉으로 드러난 질투심이다.

질투심은 우리 마음 매우 깊은 곳에서 시작한다. 질투심은 주로 비교와 수치심에서 나온다. 사랑이나 사회적 지위를 잃을 위기에 처했다고 느껴지는 순간에 울리는 경고이기도 하다. 그것은 부족함 공포, 즉 자신이 부족해서 사랑받지 못하고 존경받지 못할 것이란 공포에서 나온다.

질투심은 다른 사람의 성공에 관심을 두게 만든다. 다른 사람이 성공하면, 자신의 가능성과 성취감이 사라졌다고 생각하게 된다. 질투심은 어찌 보면 자신과의 단절을 의미한다. 그래서 질투심에 사로잡히면 그전보다 스스로 나약하고 무력하다고 느낀다. 질투심은 결핍을 느끼게 만들고, 그로 인해 분노하게 하며, 그 고통의 원인을 없애고 싶게 만든다. 질투심의 근원을 이해하려면 그 감정의 취약성을 인정해야 한다. 그렇지 않으면 다른 누군가의 성과와 성공에 대해 쉽게 질투하게 된다.

주변 사람들은 질투심 때문에 하는 당신의 행동에 저마다 반응할 것이다. 질투심 때문에 하는 행동은 인간관계에서 공포를 낳고, 뭔가 결핍됐다고 느끼게 하고, 혼란과 분노를 만들어 낸다. 그리하여 인간관계에서 중요한 무언가를 부수고, 무너뜨리고, 깨뜨린다.

우선 질투심을 하나의 데이터로 봐야 한다. 질투심은 자신의 공포를 더 깊이 들여다보고 대면하며 무언가로 대체하기 전에 어딘가를 주의 깊게 살펴봐야 한다는 사실을 알려 주는 불편하지만 유용한 신호다.

다음은 성공한 미디어 제작자 캐롤라인의 이야기다. 그녀는 질투심에 휩싸여 극단적인 행동까지 했고, 그로 인해 그녀가 감당해야 했던 결과도 극단적이었다. 그녀의 이야기를 읽으면서 당신이 질투했던 순간은 언제였는지, 또는 가장 큰 질투심을 느꼈던 적은 언제였는지 생각해 보길 바란다. 그리고 그녀의 언행이 친숙하게 다가오는지도 생각해 보길 바란다. 마지막으로 다른 사람들로부터 사랑받지 못할까 봐 두려워서 질투심을 느끼는 것은 아닌지도 생각해 보자.

'나의 질투심은 뒷덜미에서 피가 끓어오르는 느낌이죠'

제일 어이없는 일은 제가 남자들이 지배하고 득실거리는 세계에서 다른 여자를 배척했다는 거예요. 그녀가 내 왕관을 빼앗을 위협적인 존재가 되는 것을 참을 수 없어서 그렇게 했어요.

저는 이 바닥에서 31년 동안 일했어요. 사람들에게 이 분야에서 유능한 사람을 한 명 꼽으라면, 열에 아홉은 제 이름을 댔죠. 전 저의 재능을 의심하지 않아요. 그 누구보다 뼈를 깎는 고통을 참아내며 노력하고 많은 것을 희생했기에 이 자리에 오를 수 있었죠. 하지만 저 자신이나 다른 누군가에게 100퍼센트 집중한 적은 없었죠. 오로지 일뿐이었어요. 아들이 그렇게 싫어했는데도 방과 후 수업과 주말 프로그램에 보냈어요. 남편과 아홉 명의 유모를 견뎌내고, 나쁜 일들과 성질 더러운 상사들도 이겨냈죠.

한 회사에서 일한 지 6년 되던 해에 저는 제스에게 일자리를 제안했어요. 서른 살이었던 제스는 기술적으로 정교했고, 이미 성공한 애니메이션을 제작한 경험도 있었죠. 그녀는 그야말로 떠오르는 신예였어요.

LA의 프로덕션 업계는 정말 치열해요. 경영진과 재무 책임자가 예산을 틀어쥐고 있죠. 그리고 우리 같은 크리에이티브가 있어요. 우리는 그들을 설득해서 예산을 따내죠. 저는 경영진과 수많은 전쟁을 치렀어요. 그들과의 전쟁은 꼴사납고 개인적으로 흘러가죠. 그들은 대체로 우리와 사이가 좋지 않아요.

저는 제스가 우리와 같은 방식으로 일하는지 의문이 들었어요. 그녀는 좀 별나고 자신감이 있어 보였거든요. 제가 살던 세계에서 흔한 유형은 아니죠. 그리고 지나치게 호감이 가는 사람이었어요. 저는 그녀를 너무나 영입하고 싶었어요. 그래서 입에 거품을 물고 그녀를 설득했죠. 그녀의 기술이 있으면 경쟁자를 손쉽게 짓밟을 수 있으리라 생각했어요. 하지만 제스는 뉴욕을 떠나고 싶어 하지 않았어요. 그만큼 저도 지는 게 죽기보다 싫었죠. 결국 그녀를 설득해 LA로 데려왔어요. 그녀에게 화려한 LA 라이프스타일과 거부할 수 없는 거액의 연봉을 제시했죠. 큰 연봉을 받고 그녀가 저의 후배로 팀에 합류한다고 말했을 때, 못마땅해하는 사람들도 있었어요.

제스가 처음 출근하던 날, 그녀와 아침 식사를 하면서 나눴던 대화를 아직도 기억해요. 저는 커다란 갈색 눈을 지닌 제스를 바라봤죠. 제스는 물방울무늬 블라우스를 입고, 아몬드 우유가 든 커피를 마셨어요. 제스는 재잘대느라 여념이 없었죠. 그녀는 저와 완전히 다른 부류였어요. 이점이 조금 거슬렸지만, 그래도 제스가 제 사람이라고 생각했어요. 제가 보호하고 키울 내 사람이라 여겼죠.

저는 제스에게 몇몇 나쁜 부류를 조심하라고 일러 줬어요. 모두 꿍꿍이가 있다고 말해 줬죠. 특히 경영진을 조심하라고 했어요. 그리고 모두가 싫어하는 롭과 디온과 같은 끔찍한 사람들을 특히 더 조심하라고 일러 줬어요. 저와 가까이 지내면 아무 문제 없을 거라고, 제가 모든 장애물을 치워줄 거라고도 말했죠.

이런 어린아이에게 모든 것을 건다는 것은 상상도 못 할 일이었어요. 제 모든 명성을 그녀에게 걸었다고 해도 과언이 아니었죠. 하지만 그래야 했어요. 일을 성공적으로 진행하려면 그녀가 필요했거든요. 설령 우리가 비슷한 부류가 아니더라도, 제스에게서 어린 시절의 제가 보였어요. 저는 우리의 아이디어를 무자비하게 밀어붙이기 위해 제스를 코치했어요. 하지만 그녀는 '다른 사람들의 아이디어도 듣고 싶어요.'라고 말했죠. 저는 냉소적으로 웃었고, 이 아이에게 좀 더 정신교육을 시켜야겠다고 생각하며 고개를 끄덕였죠.

3개월쯤 지나자 제스는 그야말로 날아다녔어요. 전 기뻤죠. 그녀는 흔치 않은 재능을 갖고 있었고, 사람들은 그녀가 참신하고 양질의 결과물을 내놓는다는 것을 인정했어요. 그런 그녀 뒤에서 저는 더 많은 예산을 따내기 위해 경영진과 치열한 전쟁을 벌이고 있었죠. 저는 그녀가 성과를 낼 수 있도록 매일 경험하는 어려운 상황을 통제해야 했어요. 지금 생각해 보니, 제가 무슨 일을 했는지 그녀는 몰랐을 것 같네요. 저는 뭔가를 다른 사람과 공유하는 사람이 아니거든요.

제스가 합류한 지 6개월이 되었을 무렵이었어요. 아침 8시에 회사 건물로 걸어 들어가면서 구석에 있는 커피숍을 흘낏 쳐다봤는데, 제스가 세상에서 가장 잔인하고 비열한 악당과 함께 웃으며 대화를 나누고 있었어요. 바로 롭이었죠. 그는 지난 6년 동안 제 인생을 정말 비참하고 힘들게 만든 장본인이었어요. 전 그를 정말 싫어했죠.

전 그들을 조용히 지켜봤어요. 제스는 머리를 뒤로 젖혀가며 크게 웃고 있었어요. 제스의 몸짓은 자연스러웠고 생기가 넘쳤죠. 그들은 뭔가 믿기 힘들 정도로 대단한 것에 대해 깊이 있게 대화를 나누고 있는 것처럼 보였어요. '도대체 무슨 일이 일어나고 있는 거지?' 저는 비참했고 속이 상했어요. 그러다가 화가 치밀어 올랐죠. 전 배신당했던 거예요. '왜 제스는 적을 두고 내가 했던 경고에 귀를 기울이지 않았을까? 도대체 무슨 이야기를 하고 있는 거지? 내 이야기를 하고 있는 건가?'

10분 뒤에 저는 제스에게 좀 보자고 문자를 보냈어요. 그녀에게 했던 저의 첫 마디는 "그 쓰레기랑 뭘 하고 있었죠?"였어요. 제스는 제 말에 놀라는 듯했지만 침착하게 말했죠. "음, 캐롤라인. 롭은 제가 회사에 잘 적응하고 있는지 궁금해했어요. 그리고 헤이펠 프로젝트에 대해 피드백해 줬어요."

저는 "그게 그 사람과 무슨 상관이 있죠? 당신이 필요한 피드백은 제가 주고 있잖아요."라고 말했죠. 그러고는 "회사 임원들과 시시덕거리지 않는 게 좋을 거예요."라고 쏘아붙였어요.

그러자 그녀는 얼굴을 살짝 붉히더니 그대로 나가버렸어요. 네, 비열한 짓이었죠. 하지만 제스가 저에게 충성하지 않았으니, 이 정도는 감당해야 했어요.

제스는 묵묵히 자기 일만 했고 헤이펠 프로젝트에서 좋은 결과물을 내놓았어요. 저는 몇 주 뒤에 이사회에 보고했죠. 저는 제스를 회의에 데려가려고 했지만 불안했어요. 그녀의 공로를 인정할 수 없었거든요. 롭이 이사회 보고에 참석했는데, 여러 차례 기술적인 부분에 관한 질문을 쏟아부어서 저를 곤란하게 만들었죠. 마침내 그가 대놓고 그것이 제스의 작업인지 묻더군요. 저는 기어가는 소리로 그렇다고 대답할 수밖에 없었어요. 그후 전 분노로 활활 타올랐죠.

나를 단단하게 만드는 심리학

회장은 "후계자를 잘 선택했군요. 캐롤라인, 모든 리더가 자신의 뒤를 이을 사람을 뽑아서 키울 정도로 용기가 있지는 않아요. 아주 잘했어요."라고 말했어요.

후계자라니! 저는 큰 타격을 입었어요. 제가 갑자기 대체될 수 있는 사람이 된 거예요.

제스와의 관계를 회복하려고 같이 점심을 먹으러 나갔어요. 하지만 솔직히 말하면, 그녀가 저에게 얼마나 충직한 부하 직원인지 확인하고 싶었어요. 그녀를 다시 제 편으로 끌어들이려고 했죠. 제스는 확실히 불편해 보였어요. 그리고 제가 하는 질문들이 불편하다고 말할 정도로 용감했어요. 그 점에 있어서 제스를 칭찬해요. 그 누구도 그런 식으로 저를 대하지 않았거든요. 하지만 저는 가슴 깊이 분노를 느꼈죠.

이후로 사람들이 제스와 함께 웃고 떠드는 모습을 봤어요. 가슴이 답답했어요. 그러던 중에 어느 고객이 제스의 초안이 지나치게 중간에서 왼쪽으로 치우쳐 있다고 수정을 요구했죠. 부끄럽지만, 그 말을 듣고 처음에 너무 기뻤어요. 저는 조심스럽게 그 일을 오래된 부하 직원인 젠에게 말했죠. 그러자 젠은 "어제 디온이 연 파티에서 먹은 술이 아직 안 깼나 봐요."라고 하더군요.

뒷덜미에서 피가 끓어오르는 것 같았어요. 후끈 달아올랐죠. 제스는 겨우 1년 만에 6년 동안 회사에 다닌 저보다 권력을 쥔 사람들과 더 친밀한 관계를 맺고 있었던 거예요.

그 주에 저는 제스에게 제 권력을 행사했죠. 다른 손길이 필요한 것 같다고 말하며, 제스를 시그니처 프로젝트에서 제외시켰어요. 이 일은 그녀의 명성과 마음에 상처를 줬죠. 저는 남자들이 지배하는 세계에서 여자가 다른 여자에게 절대 사용해선 안 되는 무기를 사용하고 말았어요. 바로 성 윤리에 관한 이야기요. 저는 제스가 윗사람들과 '조금 지나치게 친한 것 같다.'는 이야기를 사무실에 흘리고 다녔어요. 그녀가 경영진의 누군가와 부적절한 관계를 맺고 있을지도 모른다는 의심의 씨앗을 뿌린 거죠. 사람들이 그 남자가 롭일지도 모른다고 이야기했을 때, 저는 아무 말도 하지 않았어요.

그 소문은 산불처럼 삽시간에 퍼져 나갔어요. 롭의 아내가 그 소문을 듣고 제스를 만나러 왔고, 꽤나 꼴사나운 광경을 만들어 냈어요. 오래지 않아 제스는 몹시 지쳤고, 짐을 싸서 동부로 되돌아갔어요. 한동안 저는 아무것도 모르는 듯 행동했죠. 마지막 대화에서 제스는 "캐롤라인, 비열함은 그 누구의 성장에도 도움이 되지 않아요."라고 말했어요. 저는 아무것도 모르는 척했지만, 그토록 잘난 그녀의 침착함이 너무 싫었고 제 자신이 유치하고 바보 같았어요.

안도감은 오래가지 않았어요. 사람들은 더는 저를 신임하지 않았죠. 그리고 제스만큼이나 곤욕을 치렀던 롭은 저에게 따졌어요. 저와 같은 지위에 있는 사람이 어린 여성을 상대로 그렇게 행동한 것이 너무나 실망스럽다고 했어요. 심지어 자신이 멘토가 되어 주는 여성을 상대로 말이죠. 물론, 저는 부인했어요. 하지만 저의 수치심이 노란 형광색으로 빛나는 것 같았어요. 마치 모두가 저의 수치심을 보고 있는 것만 같았죠.

제스에게 변호사를 선임하라고 부추긴 것이 롭인지는 모르겠어요. 아무튼 그렇게 제 인생에서 최악의 한 해가 시작됐어요. 제스는 소

나를 단단하게 만드는 심리학

송했고 부당 해고로 판결돼 승소했죠. 저는 직권 남용으로 회사에서 해고됐고요. 저의 모든 노력이 물거품이 된 거죠.

제가 했던 나쁜 행동은 모두 공포 때문이었지만, 제가 그저 나쁜 사람은 아니었다는 사실을 이해하고 인정하는 데 오랜 시간이 걸렸어요. 저는 다른 사람들이 제스를 너무 좋아해서 두려웠고, 그 누구도 저를 좋아하지 않을까 봐 무서웠어요. 이 말을 하는 것이 얼마나 힘든지 모를 거예요. 물론 이 말을 제스에게 하는 것은 훨씬 더 힘들었죠. 그녀는 제가 보낸 편지에 답장하지 않았어요. 하지만 적어도 제가 미안해하고 있다는 사실을 아는 것만으로도 저는 기뻐요.

캐롤라인은 질투심이 두려움 때문이었다는 사실을 인정하면서, 비로소 자신이 만들어낸 죄책감에서 벗어날 수 있었다. 분명 그녀의 행동은 나빴다. 하지만 모두 두려움 때문이었다고 생각하면 그녀가 그렇게 행동한 이유를 어느 정도 이해할 수 있다.

캐롤라인이 자신의 공포와 대면할 수 있도록, 나는 그녀와 다음과 같은 대화를 나눴다.

피파: 그 시간을 겪으면서 자기 자신과도 꽤 단절됐다고 느끼지 않았나요?

캐롤라인: 심지어 저도 그 당시의 저를 잘 모르겠어요.

피파: 그전에는 누가 있었나요? 자신과 단절되기 전에 말이에요.

캐롤라인: 당연히 늘 새롭고 열정적인 크리에이티브죠.

피파: 새롭다는 건 무슨 뜻인가요?

10. 왜곡된 공포 : 질투심

캐롤라인: 비전으로 가득했어요. 매일 파릇파릇한 새싹을 틔웠죠. 여기저기 아이디어가 차고 넘쳤어요. 그 당시에는 그게 정말 쉬웠어요. 완전히 몰입했고, 늘 사고가 열려 있었죠.

피파: 그 새로움이 어떻게 변했나요?

캐롤라인: 불에 타 없어진 것 같아요. 생각했던 것보다 견뎌내기 힘든 환경이었어요. 충격이었죠. 꿔다 놓은 보릿자루 신세였고, 경영진과 그 덩치 큰 사람들 때문에 몇 번이나 저 자신이 멍청하다고 느껴졌어요. 위협받고 있다고 느꼈고, 거기에 격하게 반응했죠.

피파: 그 이미지에 관해 조금 더 이야기해 보죠. 무엇이 타 버렸나요?

캐롤라인: (긴 침묵) 저의 부드러운 면이었던 것 같아요.

피파: 그렇군요.

캐롤라인: 전 저의 부드럽고 여성스러운 면을 모두 태워 없애 버렸어요. 그러지 않으면 성공하지 못할 것 같았거든요. 저는 그저 밀어붙였고, 늘 누군가와 싸웠어요. 그들만큼 감정이 없는 무미건조한 사람이 될 때까지 저 자신을 닦달했어요. 충격이에요. 아이를 위한 부드럽고 여성스러운 면을 하나도 남겨 두지 않고 태워 버렸다니.

피파: 감정이 없는 캐롤라인은 당신에게 무엇을 해 줄 수 있었나요?

캐롤라인: 그 질문엔 답하기 쉽겠네요. 그녀는 저를 보호했어요.

피파: 다른 건요?

캐롤라인: (작은 목소리로) 무기를 제공했어요. 그리고 그 무기를 제가 사용했죠. 사실 전 치명적인 존재였어요. 정말 해로웠죠.

피파: 그 무기를 사용한 이유는 무엇인가요?

캐롤라인: 거절당할까 봐 너무나 무서웠거든요. 그들이 절 싫어한다고 생각했어요. 전 그들이 절 존경했으면 했어요. 하지만 저는 그들이 제 근처에도 못 오게 했죠. 이 모든 전쟁을 제가 시작한 거예요.

피파: 당신 안에 있는 누가 제스에게 편지를 썼나요?

캐롤라인: (슬퍼하며) 제 안에서 두려워 떨고 있는 여자가요.

피파: 그 여자는 감정이 없는 캐롤라인에게 뭐라고 할까요?

캐롤라인: (조용히) 감정이 없는 캐롤라인은 충분히 자기 시간을 다 썼다고 생각해요. 이제 그녀는 필요 없어요.

피파: 이제 그녀가 쉴 수 있게 놓아 줄 수 있어요?

캐롤라인: 네. 감정이 없는 캐롤라인이 느끼는 압박감을 이제 다신 느끼지 않을 거니까요. 그럴 가치가 없어요.

피파: 그럼 이제 공포에 휩싸이면 여기저기 공격하는 그녀가 당신 안에 있다는 것을 알겠네요.

캐롤라인: (히죽 웃으며) 그래요. 두려움이죠. 사람들이 절 싫어할까 봐 무서워하는 거죠. 그러다가 지치면, 또 감정이 없는 캐롤라인이 튀어나올 거예요. 그 부분을 신경써야겠어요.

피파: 그것이 당신이 집중하고 싶은 부분인가요?

캐롤라인: 그것이 제가 통제함으로써 되고 싶은 모습이죠. 그리고 전 분명히 그렇게 될 거예요. 여전히 푸른 새싹을 키워낼 수 있는 더 침착하고 더 부드러운 여자로요.

캐롤라인은 공포와 마주하면서 자신을 꾸미지 않았다. 그녀는 자

10. 왜곡된 공포 : 질투심

신을 있는 그대로 바라보았고, 질투심에 휩싸이게 만든 근원적인 공포와 대면했다. 대화가 진행되면서 캐롤라인은 공포가 자신에게 무슨 짓을 저질렀는지를 확인하고 이해하게 됐다. 그녀는 자신의 두려움을 덮어놓고 그냥 잊으려고 하지 않았다. 공포에서 얻을 유용한 점에 관심을 쏟았고, 스스로 가장 강하고 유능하다고 느꼈다. 그리고 자신의 미래에 가장 큰 희망을 품을 수 있도록 스스로의 행동과 이야기를 재해석하려고 노력했다.

캐롤라인의 이야기에는 환경이 어떻게 공포를 조장하고 가중시키는지가 드러나 있었다. 이 이야기를 통해 캐롤라인도 그 사실을 받아들였다. 그녀는 무자비하고 경쟁적인 환경에 너무나 철저하게 적응한 나머지 자기 자신을 잃었다. 그녀의 표현을 빌리면 감정이 없는 사람이 됐다. 캐롤라인은 무정했고, 함께 일하는 그 누구보다도 나쁜 사람이 되었다.

캐롤라인은 자신의 세계를 경영진과 전쟁을 벌이는 전장으로 봤다. 그래서 자기 후배가 그들의 세계에 초대되자, 엄청난 충격을 받았다. 그 사건은 자신이 사랑받지 못하고 쫓겨나고 거절당할 것이라는 공포를 극대화했다. 우리는 살면서 직장뿐만 아니라 어디서든 질투심을 느낄 수 있다. 인간관계와 우정을 나누는 친구와의 관계에서, 혹은 다른 부모와 함께할 때도 질투를 느낀다. 온라인에서 질투심을 느낄 때도 있다. 6장에서 살펴보았듯이, 질투심의 뿌리에는 자신이 사랑스럽지 않다는 두려움이 있다. 그리고 그 두려움의 뿌리에는 버려질지 모른다는 공포가 있다.

누군가를 질투할 때, 당신은 그저 그 대상을 덜 질투하려고 노력

나를 단단하게 만드는 심리학

해야 한다고 생각할지도 모른다. 처음에 캐롤라인도 그렇게 생각했을 것이다. 하지만 그렇게 표면에 드러난 감정만 처리해서는 이면에 있는 진짜 원인을 해결하지 못한다.

질투라는 감정에서 가장 어려운 부분은 질투심에 휩싸이면 상황을 명확하게 보지 못하게 된다는 점이다. 질투심에 휩싸이는 순간, 무슨 일이 벌어지고 있는지 이해하려고 하기 전에 이렇게 하자. 질투심이 가라앉도록 자기 자신에게 잠깐의 여유를 주자. 질투심을 가라앉히는 동안에는 자신을 관대하게 대하고 스스로 평가하지 않도록 하자. 얼마나 주기적으로 질투라는 감정이 고개를 드는지 찬찬히 살펴보는 것도 좋다. 8장에서 공포를 바라보고 대면하기 위해 어떤 질문에 스스로 답해 봐야 하는지 살펴봤다. 8장(168쪽 참고)으로 돌아가 다시 한번 그 부분을 읽어보자. 해당 질문이 여기서도 도움이 될 것이다.

11

○

왜곡된 공포 :
완벽주의

●

"이제 완벽할 필요가 없으니, 너는 잘 해낼 것이다."

―**존 스타인벡**John Steinbeck

사람들 대부분이 완벽주의가 박수갈채와 존경을 받는 성공한 사람이 되는 길이라고 말한다. 그래서 우리는 완벽주의자를 롤모델로 삼는다. 스티브 잡스Steve Jobs와 스탠리 큐브릭Stanley Kubrick, 마리아 샤라포바Maria Sharapova는 자신이 완벽주의자라고 거리낌 없이 이야기했다. 천재가 아니라면, 수많은 재능에 더해 스스로 세우고 지켜낸 정확한 기준이 그들을 자신의 분야에서 위대한 인물로 만든 것이 분명하다.

높은 기준을 갖거나 최선을 다하는 것은 나쁘지 않다. 하지만 이 것과 완벽주의 사이에는 중요한 차이가 있다. 노력의 뿌리에는 실패를 피하려는 욕구가 있지만, 완벽주의의 뿌리에는 실패자가 될지도 모른다는 두려움이 있다.

노력의 에너지는 성공을 향해 전진하는 데 쓰이고, 완벽주의의 에너지는 실패로부터 도망치는 데 쓰인다. 내 경험으로 보건대 노력을 통해 실패를 피하려는 욕구는 대체로 사람들에게 동기를 부여한다. 실패를 피하려는 이들은 평범함을 거부하고, 높은 기준을 세워 이를 실행하기 위해 절제하며, 계속해서 노력한다. 그리고 성장과 확장의 기회를 포착하기 위해 주변을 예의주시하게 한다.

하지만 실패자가 될까 봐 두려워하면, 영감을 얻기보다는 주눅 들게 된다. 그리고 실패를 개인의 결함으로 바라본다. 완벽주의는 가혹한 자기비판과 끝없는 비교, 자신에 대한 실망에서 온다. 설령 승승장구하는 사람이라도 앞서 언급한 것들로 인해 완벽주의자가 되기도 한다. 실패자가 될지도 모른다는 두려움은 일을 완벽하게 완수해야 한다는 강박을 낳는다.

나는 완벽주의 성향을 지닌, 성취 욕구가 강한 사람들이 성공하는 모습을 많이 봤다. 어쩌면 당신도 완벽주의를 추구하며 결과를 얻고 있을지도 모른다. 학자들은 완벽주의가 좋은지 나쁜지, 또는 기능적인지 쓸모없는지를 두고 혈전을 벌인다. 하지만 그들은 완벽주의가 성과와 업적을 내는 데 좋은지 나쁜지에만 집중할 뿐이지, 그것이 내면 깊숙이 만족감을 주는 내적 성취감에 좋은지 나쁜지에는 관심이 없다.

여기서 자신에게 질문해 보아야 한다. '나는 무엇 때문에 완벽함을 추구하는가? 실패에 대한 두려움 때문은 아닌가?'

진정한 성취감을 느끼고자 하는 목적의식과 열정이 우리로 하여금 완벽함을 추구하게 만든다(262쪽 참고). 공포가 아니다. 완벽주의는 우리를 앞으로 나아가게 만드는 힘인지도 모른다. 하지만 그렇다고 완벽주의에 머리채를 잡힌 채 질질 끌려가선 안 된다.

모든 공포처럼 완벽주의는 노출되는 것을 꺼린다. 완벽주의를 밖으로 끄집어내려고 하면, 그것은 좋고 가치 있어 보이는 모습으로 자신을 재포장한다. 완벽주의는 완벽함을 추구하는 것이 앞으로 살아가는 데 도움이 되니 이를 계속 추구해야 한다고 말한다. 하지만 완벽함을 추구하는 과정에서 삶의 생기가 빠져나간다는 이야기는 하지 않는다.

다음 이야기를 읽으면 어떻게 이런 일이 일어나는지를 이해하게 될 것이다. 완벽주의는 마치 자신이 목표를 달성하는 유일한 방법인양 자신을 위장한다. 에밀리는 유망한 수영선수였다. 여덟 살부터 올림픽에서 메달을 딸 것이라는 기대를 한 몸에 받는 수영 유망주였다. 자크는 그녀의 아버지이고 완벽주의자다.

'저는 제 딸이 의심의 여지 없는 완벽한 사람이 되길 바랐습니다'

전 딸을 잃었습니다. 저의 어린 딸을 잃었어요. 에밀리는 저와 함께 살고 매일 마주하지만, 제 눈을 쳐다보지 않아요. 제게 억지 미소를 짓죠. 일가친척이 모두 모인 자리에서 잘 모르는 친척에게 보여 주는 그런 미소요. 제가 포용하려고 하면, 딸아이의 몸이 뻣뻣하게 굳어요. 마치 그 순간에 자신이 다른 사람이길 바라는 것 같아요. 아내는 제가 과민하게 반응하는 거라며 딸아이는 겨우 열일곱 살 어린애라고 말하죠. 하지만 저는 제 딸을 잘 알아요.

딸애가 엄마한테 제가 자신의 어린 시절을 훔쳐 갔다고 말했다더군요. 그 말에 심장이 멎는 것 같았어요. 딸애가 한 말이었으니까요. 딸아이와의 관계를 어떻게 회복할지 모르겠어요. 저는 정말 딸을 사랑해요. 하지만 우리는 서로 아무 말도 하지 않아요.

저는 눈이 오나 비가 오나 딸아이를 훈련장까지 차로 태워다 주면서 많은 시간을 함께했어요. 매일 아침 4시가 되면 알람 소리에 잠에서 깹니다. 저는 아침 일찍 일어나야 한다고 짜증낸 적이 단 한 번도 없어요. 왜냐하면 제 딸은 수영 챔피언이 되어, 최고가 될 아이니까요. 에밀리는 제가 해낼 수 없고, 사람들 대부분이 결코 할 수 없는 일을 해낼 거예요. 그럴 기회는 많지 않아요. 저한테는 그런 기회가 주어지지 않았죠. 하지만 에밀리는 그 기회를 놓치지 않을 겁니다.

에밀리는 타고난 수영선수예요. 하지만 2년 동안 수영장 근처에도 가지 않고 있죠. 그 아이가 물살을 가르는 모습을 봐야 해요. 날렵하게 물살을 가르는데, 손을 한번 젓는 것도 정확하죠. 군더더기 없이 반환점을 돌아요. 딸아이의 손은 아름다운 각도로 물속으로 들어가죠. 잔물결도 거의 일으키지 않고 물을 파고들어요. 자세도 정말 완벽해요. 수영 자세는 단단하고, 발로 물을 가볍게 차며 앞으로 나가죠.

수영 선수단은 파벌이 심했어요. 에밀리는 수줍음이 많아서 다른 사람들과 잘 어울리지 못하고 친구 한두 명하고만 어울렸어요. 모든 학부모가 속으로 자기 자식과 다른 아이를 비교하고 경쟁했다는 것을 알아요. 위선적이죠. 수영 코치가 어떤 아이를 더 예뻐한다는 말

11. 왜곡된 공포 : 완벽주의

이 돌았고, 저 역시 그 소문에 휩쓸렸어요. 앞에서는 친절하지만, 그들이 속으로 무슨 생각을 하고 있는지 저는 잘 알고 있었어요. 물 밖 경쟁이 물속 경쟁보다 더 치열했죠.

다른 아이들은 개인 코치가 있었고 수영 캠프에도 참가했어요. 하지만 에밀리는 금수저가 아니었어요. 저와 에밀리뿐이었어요. 우리 둘이서 그들과 맞서야 했죠. 에밀리는 재능이 있었고 눈에 띄는 선수였어요. 모두가 수영으로 성공할 아이는 에밀리라고 말했죠. 저는 에밀리가 의심의 여지 없는 완벽한 선수, 그 누구도 감히 쳐다볼 수 없는 성공한 선수가 되기를 바랐어요. 이를 위해 저는 많은 것을 아이에게 투자했어요.

아내는 에밀리가 열세 살이 되었을 때부터 내리막길을 걷기 시작했다고 말해요. 이때부터 에밀리가 살이 찌기 시작했거든요. 저는 에밀리가 게을러졌다고 느꼈어요. 그 누구도 걱정하지 않는 눈치였지만, 저는 동기를 부여하기 위해 딸을 더 가혹하게 밀어붙였답니다. 딸이 나무랄 데 없는 사람이 되는 데 관심 있는 사람은 저밖에 없었어요. 저는 실수를 강한 어조로 지적했고, 자신의 목에 걸릴 금메달을 상상하라고 강박적으로 다그쳤죠. 코치에게도 딸을 예의주시하고 끊임없이 채찍질하라고 요구했어요.

처음에 에밀리는 제 말을 듣고 열심히 했어요. 하지만 제가 보고 싶었던 큰 변화는 나타나지 않았죠. 저는 계속 딸아이를 비난하고 밀어붙였어요. 그래야 더 나아질 거라고 생각했거든요. 저는 에밀리에게 아직도 부족하다고 말했고, 성공하려면 열네 살에 세계 무대에서 최고의 성인 선수들과 겨룰 준비가 되어야 한다고 했어요.

나를 단단하게 만드는 심리학

꽤나 강박관념에 사로잡혔던 것 같아요. 가혹하게 들릴지 모르지만, 에밀리는 긴장을 풀 여유가 없었어요. 언제나 정해진 시간표에 따라서 훈련해야 했어요. 전부 딸아이를 위해서 했던 일들이었죠!

하지만 효과가 없었어요. 딸아이의 기록은 오히려 점점 떨어졌어요. 에밀리는 수영장에서 뚱한 표정을 지었고, 힘도 하나도 없었어요. 하루는 차에서 딸아이에게 조언하는데, 에밀리가 말하길 제가 자기의 자존감을 망가뜨린다고 하더군요. 자신이 마치 로봇처럼 느껴진다고 했어요. 간섭이 심한 부모의 입에서나 나올 법한 말도 안 되는 소리를 한다고 하더라고요. 저는 딸아이에게 믿을 사람은 저밖에 없다고 했어요. 저는 절대로 딸이 실패하도록 내버려 두지 않을 테니까요.

에밀리가 열다섯 살이 되면서 모든 일이 헛수고가 됐어요. 지역 선수권에 참가했는데, 시합 날까지 저는 잔뜩 짜증이 났어요. 딸아이가 열심히 노력하지 않았거든요. 에밀리는 앞으로 나아가는 데 전혀 애쓰지 않았어요.

다른 주를 대표하는 아이가 있었어요. 그 아이는 믿기 어려울 정도로 완벽한 자세로 수영을 했죠. 수영하는 게 너무나 쉬워 보였어요. 저는 그 아이의 예선 경기를 봤고 불안하고 초조해졌어요. 저는 이 경기를 보고 에밀리가 불타오르길 바랐어요. 모든 게 짜증스러웠어요. 저는 대기실에서 에밀리에게 말했어요. 모두가 지켜보고 있으니 완벽하게 경기해서 재능을 증명해 보이라고요. 그렇지 않으면 제가 크게 실망하고 에밀리 자신은 부끄러울 거라고 말해 줬어요. 왜 그런 소리를 했는지 모르겠어요. 저도 모르게 제 입에서 그런 말들이 튀어나왔어요. 전 절대 에밀리를 부끄럽게 생각하지 않을 텐데 말이에요.

에밀리는 완전히 이성을 잃었고 제게 소리 지르기 시작했죠. 저는 너무 당황스러웠어요. 딸아이가 그렇게 이성을 잃고 난리를 피운 적이 없었거든요. 저는 에밀리에게 진정하라고 말했어요. 한 대 맞기 전에 정신 차리라고 말했죠. 그 말도 저도 모르게 튀어나왔어요. 올해의 아버지로 선정된 제 입에서요. 전 단 한 번도 딸에게 손찌검한 적이 없어요. 하지만 그런 말을 하는 제가 딸아이를 더 흥분하게 만들었죠.

에밀리는 제가 싫다고 했어요. 제가 그렇게 원하면, 직접 수영장에 들어가서 수영을 하라고 하더군요. 딸은 완벽해지고 싶지 않다고 말했어요. 금메달도 원하지 않는다고요. 그저 삶을 원한다고 했어요. 피자가 먹고 싶다고 하더군요. 피자요. 솔직히 말해서, 어떻게 피자를 먹겠다고 금메달을 포기할 수 있어요?

다른 학부모들도 다 들었죠. 아마 킥킥거리며 고소해했을 거예요. 저는 너무 화가 나서 딸에게 소리를 질렀어요. 하지만 에밀리는 수영장에 들어가려고 하지 않았어요. 자기 물건을 챙기고 수영복을 갈아입은 후 친구 엄마 차를 타고 경기장을 떠나 버렸죠. 그게 제가 사랑하는 딸 에밀리가 수영한 마지막 날이었어요. 저는 코치로서도 아버지로서도 완전히 실패했어요. 그 얼마나 큰 낭비에요.

여기서 자크가 자신의 완벽주의를 에밀리에게 투영하고 있다는 사실을 알 수 있다. 그는 끊임없이 에밀리를 비난했고, 그것은 결국 에밀리의 자존감을 고갈시켰다. 그리고 둘 사이는 완전히 틀어졌다. 하

나를 단단하게 만드는 심리학

지만 그가 집요하게 완벽함에 매달렸던 이유는 에밀리가 실패할까 봐 두려웠기 때문이었다. 자크의 행동은 에밀리와 아무런 관련이 없다. 움츠러들었던 에밀리의 반응은 일종의 현명한 생존 기법이었다.

나는 자크와 이야기하면서 에밀리와도 대화했다. 그 사건이 있고 2년 정도 지났을 때였다. 에밀리는 당시에 더는 아빠가 자신을 봐주거나, 자신의 이야기를 들을 수 없다고 느꼈다. 자신이 이용당한다고 느꼈고 너무 화가 났다. "아빠가 말하는 사랑하는 딸이라는 소리는 순전히 거짓말이에요. 아빠는 저를 그저 메달을 안겨 줄 수영선수로만 봤어요."라고 에밀리는 말했다.

자크는 정말 에밀리와 화해하고 싶었다. 하지만 어떻게 화해할지 전혀 감을 잡지 못했다. 그는 무슨 일이 일어난 것인지 제대로 보고 있지 못했다. 그는 자신이 너무 가혹했고 코치로서 실패했다는 점이 문제라고 생각했다. 하지만 이것은 표면적인 원인에 불과하다. 실패에 대한 두려움이 그를 사로잡자, 그는 에밀리와 공감하지 못했다. 그리고 딸을 완벽하게 완수해야 할 프로젝트로만 봤다.

자크는 더 깊이 들여다봐야 했다. 에밀리와의 관계를 회복하기 전에 자신의 공포를 정확히 바라보고, 대면하고 다른 무언가로 대체해야 했다. 이것이 에밀리가 수영을 관둔 지 2년이 지나도록 자크가 딸과 화해하지 못한 이유였다. 정말 무슨 일이 일어났는지 정확하게 이해하지 못했기에 그의 사과는 에밀리에게 전해지지 않았다. 다음은 자크와의 대화에서 핵심을 간추린 것이다.

피파: 지금은 어때요, 자크?

자크: 슬퍼요. 딸아이가 너무 그리워요.

피파: 당연히 그렇겠죠.

자크: 에밀리는 하늘에서 가장 밝게 빛나는 별이에요.

피파: 당신도 하늘에서 빛나는 별인가요?

자크: 저요? 전 별이 아니에요. (한숨) 저는 그 누구의 하늘에서도 빛나는 별이 아니에요. (긴 침묵과 주저함) 전 지하 감옥에 사는 사람에 가깝죠.

피파: 지하 감옥에 사는 사람에 대해 말해 주세요. 왜 거기서 살죠?

자크: (씩씩거리며 의자에 굳은 자세로 앉아서 다소 화가 난 목소리로) 지하 감옥에는 불빛이 없으니까요.

피파: 그는 사람들이 자신을 보는 걸 싫어하는 건가요?

자크: 아니요. (긴 침묵) 아니요. 그렇지 않을 거예요.

피파: 지하 감옥은 어떤 곳인가요?

자크: 전 그곳이 싫어요. 이 대화도 싫고요. (질문에 답하길 거부하는 듯 침묵함. 다시 그곳을 상상하느라 괴로워함) 벽이 미끄럽고 차가워요. 축축하고 좁아요. 뭔가 썩는 냄새가 나요. 숨을 제대로 쉴 수 없어요.

피파: 거기에 누가 또 있어요?

자크: 패배자들이요.

피파: 무서운 곳이네요.

자크: 지내기에 유쾌한 곳은 아니에요. 절대로.

피파: 그래서 에밀리가 그곳에 살지 않도록 그렇게 애썼던 거군요.

자크: (충격을 받고 오랫동안 허공을 응시함. 머리를 양손에 파묻고 신음함) 세상에, 맙소사!

피파: 에밀리는 거기에 속하지 않나요?

자크: 지금까지 에밀리가 저 같은 패배자가 되지 않도록 애썼어요.

피파: 에밀리가 패배하면 무슨 일이 일어나죠?

자크: (가장 긴 침묵) 에밀리는 지하 감옥에 갇혀 살 아이가 아니에요. 딸아이는 뭘 하든지 잘 해낼 거예요. 에밀리는 대단해요. 무엇을 하든지 저를 기쁘게 해 줘요.

피파: 하늘과 지하 감옥 사이에 두 사람이 어울려 이야기할 수 있는 중간 지대를 찾을 수 있을까요?

자크: 그런 곳을 찾아야만 해요! 서로를 볼 수 있는 탁 트인 공간이 필요해요.

피파: 괜찮은 계획처럼 들리네요.

여기서 핵심은 무엇이 옳고 그르냐가 아니었다. 또는 자크와 에밀리에게 무슨 일이 일어났는지 진단하거나 그것을 고치는 것 역시 아니었다. 공포가 어떤 모습인지 설명하다가 갑자기 그것을 해결하기 위해 처방을 내리면, 영혼이 충만해지게 하거나 우리 행동에 변화를 일으킬 기회를 잃어버린다.

그는 패배자로서 불빛이 없는 지하 감옥에 갇힌 자신의 모습을 두려워하면서도 에밀리와 만날 장소에 대한 이미지는 쉽게 떠올렸다. 그것은 중간 지대였다. 자크와 에밀리가 심리적으로 마음을 열 수 있는 공간이며, 그들의 관계에 관한 이야기를 다시 쓸 수 있는 공간이었다. 자크는 자신의 동굴에서 나와 바로 그 중간 지대에서 에밀리를 만나야 했다. 초조하고 무시무시한 지하 감옥에서 사는 패배자로서

가 아닌 아버지로서 딸을 만나야 했다. 이런 이미지가 없다면, 우리는 그의 자존감이 숨은 곳이 어딘지 결코 알지 못했을 것이다. 상상 속의 지하 감옥처럼, 완벽주의는 자크가 숨는 장소였다. 그가 에밀리를 천하무적으로 만들 수 있었다면, 에밀리가 완벽하다는 사실을 증명할 수 있었다면, 세상은 그녀에게 안전했을 것이고, 아마도 그에게도 좀 더 안전했을 것이다.

앞 장의 캐롤라인처럼, 자크는 공포 수준이 높은 환경에 노출되어 있었다. 그는 물속보다 물 밖에서 경쟁이 더 치열하다고 말했다. 어린 시절에 자크는 자신이 패배자라는 메시지에 지속적으로 노출됐고, 자신의 모든 것을 지나치게 통제하며 완벽함을 추구하게 됐다. 수영장 밖의 경쟁적인 환경 때문에 그의 완벽주의 성향은 더욱 심해졌고, 그것이 에밀리에게 향한 것이다.

자크의 경우에는 그의 완벽주의가 딸인 에밀리에게 투영됐다. 대체로 사람들은 스스로 달성할 수 없을 정도로 높은 기준을 설정하고, 그 기준에 맞추려고 고군분투한다. 그렇다면 단지 기준을 너무 높게 잡은 것이 아니라, 패배자가 되는 것이 두려워 완벽함을 추구하는 것인지를 어떻게 알 수 있을까? 자신의 기분을 살펴보면 알 수 있다. 혹시 자크처럼 실패자가 되거나 실패자로 여겨지지 않기 위해서 애쓰고 있는가? 스스로 설정한 목표를 놓쳤을 때 통제 수준과 자기비판 강도를 높여야 한다고 느낀다면, 그는 파괴적인 완벽주의자다.

나를 단단하게 만드는 심리학

12

◯

왜곡된 공포 :
자기비판

●

　모두가 판단을 내린다. 당신도 판단하고, 나도 판단한다. 그리고 누군가가 우리를 판단한다. 당신은 다른 사람들과 상황을 두고 온종일 그리고 매일 평가하고 판단한다. 그는 좋지만 그녀는 나쁘다거나, 그들은 우리와 같지만 그 녀석들은 외부인이라는 식이다. 그녀는 조력자이지만 그는 위협이 된다거나, 이것은 옳으나 그것은 틀렸다고 평가한다. 그리고 이것은 좋은 거래지만 저것은 바가지를 쓴 것이라고 판단을 내린다.

　우리의 마음이 뭔가로 꽉 들어차 있다. 그래서 주변 환경을 흑과 백으로 나눠 단순화시키려고 애쓴다. 그때 사용하는 방법이 매 순간 모든 것을 평가해 판단하는 것이다. 판단이나 평가 자체는 문제가 되지 않는다. 사실은 정반대다. 그것은 결정과 결론을 내리는 데 도움이 되는 삶의 기술이다. 판단하려면 우리는 생각과 감정과 증거를 바탕으로 의견을 구체화해야 한다.

그렇다면 판단하는 것 같은 흔한 습관이 어떻게 해로워지는 걸까?

우리는 때때로 좋은 의도로 무언가 혹은 누군가를 평가하고 판단한다. 하지만 나쁜 의도로 평가하고 판단하는 경우가 더 많다. 우리가 평가하고 판단하는 대부분의 이유는 공포 때문이다. 그래서 혼란한 생각을 간단하게 정리하기 위해서라기보다는 위협으로 인식된 무언가를 해치우기 위해 판단한다.

공포는 우리가 지닌 다양한 무의식적인 편견에서도 비롯된다. 학습된 고정관념은 우리의 뇌리에 깊이 각인되어 있기에 대단히 강력하다. 가장 무섭고 만연한 편견은 인종과 성별, 권력과 특권 구조 그리고 종교와 관련된다.

예를 들어 당신이 남자라면, 별 자각 없이 뒤따라 들어오는 여자가 먼저 들어가도록 문을 잡고 기다릴 것이다. 물론 여자도 스스로 문을 열고 들어갈 수 있지만, 남자인 당신이 학습한 편견이나 고정관념은 남자가 당연히 여자를 보호해야 한다는 것이다.

여기서 문을 잡아 주는 것은 문제가 아니다. 여자를 위해 문을 잡아 주는 행동은 예의 바르고 친절한 행동이다. 하지만 그 기저에는 남자와 여자의 역할과 능력에 차이가 존재한다는 검증되지 않은 편견이 존재한다는 것이 문제다.

이 같은 편견 때문에 우리가 다른 사람들을 부정적으로 평가할 가능성이 더 커진다. 편견은 동족 의식으로 이어질 수도 있으며 결핍적 사고를 낳는다.

무의식적인 편견과 공포를 이용하는 것이 정치와 마케팅 캠페인의 핵심이다. 예를 들면, 2013년 테리사 메이Theresa May가 영국 내무부 장관이었을 때 시범 삼아 진행한 빌보드 밴 캠페인이 있다. "고국으로 돌아가지 않으면 체포하겠다."라는 메시지가 적힌 밴 여러 대가 여섯 개 런던 자치구를 돌아다녔다. 이 캠페인의 목적은 불법 체류자들이 자수할 수밖에 없는 적대적인 환경을 조성하는 것이었다. 보수주의자들이 유권자들의 공포를 이용해 이민자들을 적으로 만들어 버렸다.

명확하게 판단하려면 부당한 공포를 느끼지 않고 자신의 편견과 그 기저에 존재하는 공포를 살펴봐야 한다.

다른 사람들에 대한 부정적인 판단(비판)은 일종의 힘에 관한 게임이다. 이것은 먹고 먹히는 경쟁을 당연하게 여기는 이기적이며 초개인적인 문화나 조직에서 빈번하게 나타난다. 이런 환경에서 비판은 맨몸으로 격투에 나서는 일종의 스포츠다. 공격적으로 비판하는 사람은 일시적으로 우위를 선점하고 스스로 똑똑하고 중요하고 권력을 지녔다고 느낀다. 반면에 비판받는 사람들은 그 상황이 너무나 당혹스럽기에 숨을 곳을 찾는다.

이와 다른 종류의 비판도 있다. 바로 자신의 머릿속에서 들리는 비판이다. 이는 가장 공격적이고 비열하며 심신을 쇠약하게 만든다. 자기비판만큼 자신의 잠재력과 열정을 훼손하는 것은 없다. 자기 자신만큼이나 자신의 결함을 잘 찾고, 무시하고, 폄하할 수 있는 사람은 없다.

우리는 간혹 다른 사람에게 들릴 정도로 소리를 내서 자기비판을 하기도 한다. 나와 어머니는 일종의 벌금 제도를 만들었다. 스스로

12. 왜곡된 공포 : 자기비판

깎아내리는 말을 할 때마다 어머니는 나에게 1파운드를 벌금으로 내야 한다(나 역시 마찬가지다). 어머니는 자신이 줬던 1파운드를 금방 되돌려 받기도 한다.

사람들은 필터 없이 부정적인 생각과 말을 끊임없이 한다. 대부분 자신이 뭔가 부족하다거나 사랑스럽지 못하다는 내용이다. 예를 들면 '나는 너무 멍청해.', '나는 너무 뚱뚱해.', '나는 너무 말랐어.', '나는 너무 못생겼어.', '나는 너무 가난해.', '나는 너무 부족해.', '나는 너무 달라.', '나는 너무 말이 많아.', '나는 아무짝에도 쓸모가 없어.' 등과 같은 것이다.

지금부터 다섯 가지 이야기를 읽게 될 것이다. 그중에서 두 개는 외부의 평가를 믿고 내재화해 부정적인 감정을 품게 된 사례고, 나머지 세 개는 특정 상황이 자기비판으로 이어지는 사례다.

농담이 더는 농담이 아닐 때가 있다

"이 녀석아, 그건 그냥 농담이잖아. 온실 속 화초처럼 상처받지 마요, 공주님."

모는 새로운 코치와 위와 같은 말을 자주 주고받는다. 그는 처음 놀림당했을 때 그것을 참아야 한다고 생각했고, 그렇게 했다.

하지만 그 농담이 인종차별적인 발언으로 변하면서, 점점 참기 힘겨워졌다. 그의 코치는 "웃어, 친구. 자네 이빨이 안 보이면, 밤에 네가 오프사이드에 있는지 없는지 알 수가 없어." 같은 말을 했다. 그리고 "일주일 동안 좋은 경기를 했더라도, 이번 게임에서 너를 웽백에 세우진 않을 거야. 그렇다고 네 건달 친구들을 불러다가 날 두늘겨

나를 단단하게 만드는 심리학

패지는 마."라는 말도 했다.

처음에 모는 자신이 화가 났고 감정이 상했다는 사실을 드러냈다. 하지만 그것이 그의 농담을 더 신랄하고 극심하게 만들었다. 그리고 코치는 가벼운 어조로 툭툭 던졌기 때문에, 일일이 심각하게 반응하고 대응하기가 어려웠다. 코치가 자신에게 원뿔을 치우게 하거나, 기다렸다가 번호판을 수거해 오라고 시킬 때면, 모는 마치 표적이 된 것 같았다. 코치는 은근히 모를 괴롭혔다. 하지만 모는 본능적으로 자신이 불만을 토로하면 상황이 더 나빠질 것을 알았다.

코치의 말은 훈련 중에 모의 집중력을 흩뜨려 놓기 시작했다. 모는 항상 불안했다. 코치가 언제 기분 나쁜 농담을 던질지 몰랐기 때문이다. 그가 인종차별적인 농담을 던질 때마다, 모는 주의를 다른 데로 돌리며 웃어넘겼지만, 모의 가슴은 덜컥 내려앉았다.

설상가상으로 모는 고립됐다고 느꼈고 외로웠다. 흑인이든 백인이든 다른 선수 누구도 자신을 위해 나서 주지 않았고, 모는 그 점을 이해할 수 없었다. 다른 사람들은 괜찮은 걸까? 그래서 모는 팀 내 누구에게도 마음을 열거나 친구를 사귈 수가 없었다. 심지어 가족에게 이런 말을 하는 것조차 수치스러웠다. 그가 이야기하면, 그의 어머니가 즉시 코치에게 달려가 따질 게 불 보듯 뻔했다. 하지만 무엇보다도 그다음에 일어날 일이 두려웠다. 그런 일이 있으면, 자기 스스로 당혹스러운 상황을 극복하지 못하거나, 다시는 경기에 출전하지 못할까 봐 두려웠다.

모는 이런 감정들을 시즌이 진행되는 동안 속으로 삭였다. 결국 그 감정들은 자기비판으로 변했고, 그의 자존감을 갉아먹었다. 가벼운 괴롭힘이 계속 이어졌지만, 그는 자신이 속담에 등장하는 서서히 끓는 냄비 속 개구리처럼 느껴졌다. 서서히 끓는 냄비 속에 있다가 결국 죽음을 맞이하는 개구리 말이다. 내면의 비판자는 그에게 '그들은 너를 싫어해. 그냥 관둬.'라고 말했다. '참 딱하다. 스스로 보호해야지. 넌 패배자야. 남자도 아니야.'라고 말하기도 했다. 그의 팀 동료들은 그와 거리를 뒀다. 아마도 그를 향한 농담에 휩쓸리고 싶지 않았기 때문이었을 것이다.

한번은 그가 코치에게 반격했다. 흑인 가수 드레이크의 노래가 팀 버스에서 흘러나오고 있었다. "네 친구가 마이크를 잡았네, 네 고향 친구 말이야!"라고 코치가 말했다.

"코치님, 왜 자꾸 제가 흑인이란 걸 상기시키십니까? 질투하시는 거예요?"라고 모가 거짓으로 웃으며 되받아쳤다.

코치는 그의 눈을 똑바로 쳐다보며 "인종차별이라고 항의하지 마. 그냥 유대감을 끈끈하게 만들기 위해서 하는 소리야. 축구에서는 유대감이 가장 중요해. 흑인들이 주로 하는 헤어스타일이나 고수해."라고 응답했다.

내면의 비판자는 '넌 결코 그들과 어울리지 못할 거야. 이 패배자야.'라고 말했다.

우리가 대화를 나눌 시기에 모는 자신이 함정에 빠졌다고 느꼈다. 그는 옴짝달싹할 수 없을 정도로 무거운 무언가가 자신을 계속 짓누르고 있다고 느꼈다. 그는 부정적인 감정과 자기의심에 휩싸여 있었다. 나는 아래 대화를 통해 그가 자기비판의 기저에 존재하는 공포를 볼 수 있도록 도와줬다.

피파: 참 힘들었겠어요.

모: 음, 어디서부터 시작해야 할지 모르겠네요.

피파: 기분이 어땠는지부터 이야기해 볼까요? 어땠어요?

모: 정말 진이 빠졌어요. 너무나 지쳤어요.

피파: 어떻게요?

모: 다음에 그가 어떤 말을 할지 항상 신경을 곤두세우고 있었죠.

피파: 그렇군요. 좀 더 말해 보겠어요?

모: 이상하게 들리겠지만 마치 스토킹당하고 있는 것만 같았어요. 언제든지 그 일이 또 일어날 것만 같은 기분이 항상 주변을 어슬렁거리고 저를 따라다녔어요.

피파: 그래요. 그거 정말 피곤하게 들리네요. 그 스토커는 어떻게 생겼나요?

모: (잠시 침묵) 하루가 저물 무렵에 발끝에 길게 드리워진 그림자 아시죠? 그거랑 비슷해요. 어느 때고 제 갈비뼈를 툭툭 칠 수 있는 뼈밖에 남지 않은 긴 손가락과 제 발을 걸어서 넘어뜨릴 수 있는 크고 긴 발을 지녔죠.

피파: 걸려 넘어지면 어떤 일이 벌어지죠?

모: 음. 멍청하게 보이겠죠. (잠시 침묵) 바보처럼 보이지 않겠어요? 이미 저는 바보처럼 보이긴 하네요.

피파: 당신을 따라다니는 이 스토커에 관해 이야기해 보죠. 그가 당신에게 원하는 것은 무엇일까요?

모: (잠시 침묵) 아마도 제가 충분한지 아닌지를 확인하고 싶겠죠.

피파: 무엇에 대해서요?

모: (긴 침묵) 음, 저는 축구를 꽤 잘해요. 그걸 알고 싶은 것 같지는 않아요. 자만심이 아니라 저는 이 기회를 놓치더라도 제가 괜찮을 거란 걸 알아요. 하지만 그냥 제가 당당하게 제 생각을 말할 수 있는지를 궁금해하는 것 같아요. 남자답게 행동할 수 있는지 보고 싶어 하는 것 같아요.

피파: 충분히 좋은 남자가 아닐지도 모른다는 공포가 당신을 따라다니는군요?

모: 네, 바로 그거예요. 인종차별은 정말 저를 짜증나게 만들어요. 그건 분명히 옳지 않아요. 하지만 저는 당당하게 그것이 잘못됐다고 말하지 못했어요. 이 사실이 저를 우울하게 만들어요. 제가 참 생각 없는 사람인 건 아닌지 걱정되네요.

피파: 하지만 많은 사람이 그래요. 당신 안에 그것이 잘못됐다고 말할 수 있는 누군가가 있나요?

모: (잠시 침묵) 학교에 입학한 지 몇 주 안 됐을 때 12학년이 저녁 식사를 기다리는 삐쩍 마른 7학년을 괴롭혔어요. 그 아이는 괴로워했죠. 저 역시 7학년이었는데, 그 12학년을 밀쳐내고 얼굴을 똑바로 보면서 멍청한 짓 그만두고 형답게 행동하라고 말해 줬어요. 모두 웃었고 그 12학년은 당황했어요. 그러고는 그 7학년 아이를 더는 괴롭히지 않았죠. 그 아이는 제게 고맙다고 하지 않고 그냥 그 자리를 떠나 버렸지만, 그건 중요하지 않았어요. 저는 저보다 나이 많은 아이의 나쁜 행동에 빛을 비춰 다른 사람들도 그것에 주목하게 했고, 따끔한 조언과 함께 그의 행동을 멈추게 했죠. 기분이 좋았어요.

피파: 당시에 모는 그림자가 아니라, 빛을 비추는 사람이었던 것 같네요!

모: 완전히요. 이런 나쁜 행동은 드러낼 필요가 있어요. 그렇지 않나요? 전 그렇다고 생각해요.

피파: 좋아요. 당신 안의 누가 그렇게 할 수 있죠?

모: 그날 저녁 식사를 하기 위해서 줄을 섰던 아이요.

피파: 그러면 당신을 따라다니는 그 그림자가 그렇게 길지는 않겠네요.

모: 그렇죠. 그림자는 빛 속에서 살아남을 수 없으니까요.

모는 이 대화 이후, 자신이 충분히 좋은 사람이 아닐지 모른다는 두려움을 자기 자신이 어두운 곳에 빛을 비추는 좋은 사람일 거라는 생각으로 바꾸었다. 이 경험으로 인해 그는 인종차별이라는 어두운 문화를 모두가 볼 수 있게 끄집어내는 사람이 될 수 있다고 믿게 됐다.

모는 어느 날 훈련을 끝내고 용기를 내 코치에게 갔다. 모는 그에게 시합이나 훈련 중에 인종차별적인 발언을 한다면, 끝난 뒤에 개인적으로 찾아가겠다고 말했다. 그리고 인종차별적인 발언을 했다는 것을 상기하도록 그가 보는 앞에서 성냥에 불을 붙이고, 그의 눈을 똑바로 보며 그 성냥이 다 탈 때까지 들고 있겠다고 덧붙였다.

그리고 모는 실제로 그렇게 했다. 처음에 코치는 큰 소리로 웃었고 눈을 부라리며 모를 노려봤다. 두 번째 성냥에 불을 붙였을 때, 코치는 불편해했고 그 자리를 피하려고 했다. 세 번째 성냥에 불을 붙였을 때, 그는 사과했다. 모는 그 뒤로 다시는 성냥에 불을 붙이지 않았다.

'저는 제 모든 것을 의심하게 됐어요'

다른 업계에 종사하던 하르지트는 변화를 만들어낼 수 있는 리더로 대형 상업 부동산 회사에 스카우트됐다. 그녀는 소동을 일으키는 것을 두려워하지 않았고, 결과를 만들어내는 사람으로 평가받았다.

그 회사에 가기 전 그녀는 조직 내 문화의 다양성이나 개방성이 부족하다는 점 때문에 주저했다. 하지만 유명 브랜드와 일할 기회는 놓치기에 너무나 아까웠다. 옮긴 회사에서도 하르지트의 능력은 목표치에 도달하기 시작했고, 사람들도 그의 능력을 인정했다. 하지만 그녀가 조직 내 중요한 사람들의 눈에 띄기 시작했을 때, 회사에 오래 다닌 사람들이 텃세를 부리며 그녀를 은근히 비판하고 평가하기 시작했다. 그녀 역시 중압감을 느끼기 시작했다. 하르지트는 그들이 자신에게 다음과 같은 말을 하는 것만 같았다.

'여기는 네가 스스로 성과를 올려서 인정받아야 하는 곳이야.'

'우리가 말을 아끼고 있지만, 우리는 너보다 오래 여기 있었어.'

'다른 업계에서 왔으니, 이 업계가 어떻게 돌아가는지 이해하지 못할 테지.'

'높은 자리에 있는 몇몇 사람은 당신이 업무를 잘 해낸다고 생각하겠지만, 솔직히 말해 그들은 전문가가 아니야. 당신은 아직 갈 길이 멀어.'

'경력 한 줄 더 쌓으려고 여기 들어온 것 같은데, 좀 더 경험이 있

는 사람이 오는 게 좋았을 텐데.'

'당신이 합류할 시점에 결과는 이미 나오고 있었어.'

'우리가 겸손을 얼마나 중요하게 생각하는지 이해하길 바랄게, 하르지트 씨. 내가 보기에 겸손은 다른 사람이 의견을 물을 때까지 기다리는 거라고 생각해.'

'그 사람들이 이 회사에 오래 다닌 데는 다 이유가 있어. 그러니 분수에 맞게 행동해.'

"어떤 의도로 이런 말을 하는지 금방 이해할 수 있었죠."라고 그녀가 말했다. "그건 바로 '잠자코 물러나 있어.'라는 소리였어요."

이러한 비판과 평가로 그녀는 자기 자신을 의심하게 됐다. 업무를 주도적으로 진행하고 마무리하는 데 불안감을 느꼈다. 그녀가 방에 들어서면, 조직에 오래 몸담은 사람들이 텃세를 부리며 그녀와 시선을 맞추려 하지 않았다.

그녀의 공포심이 극에 달했다. "안전하다고 느끼기 위해 신경이 극도로 곤두섰고, 한마디 한마디를 조심했어요. 말수도 줄어들었죠. 혼란스러운 감정과 함께 분한 마음이 들었고, 점점 신경질적으로 변했어요. 그곳은 뭔가 달랐어요. 저는 굉장히 부자연스럽고 무력하다고 느꼈어요. 제가 문제인 건지 알 수 없었어요. 그전에는 이런 경험을 한 적이 없었거든요. 저의 의견은 오직 침묵하는 것이라고 느껴졌어요."

"저는 동료들의 반응과 생각을 예측하기 시작했어요. 그들이 나를 이런 식으로 생각할지 모른다고 추측했죠. '그들은 날 싫어하는 걸까? 내가 너무 달라서? 나는 이 자리에 적합한 사람이 아닌지도 몰

라. 다른 곳으로 가야 할지도 모르겠어.'라고 스스로 의심하고 동료의 눈치를 봤죠."

하르지트는 비난받는 것에 대한 공포를 그려 나갔다. 그녀는 뭔가에 쫓기는 사람 같았다.

"저는 하찮아요. 사냥감이죠. 큰 갈대와 수풀 속에 숨어 사는 작고 연약한 동물이에요. 전 그들과 마주치지 않으려고 애쓰지만, 길을 잃고 어디를 가는지 또는 왜 가는지 알 수가 없어요. 거기에는 저를 노리는 포식자들의 커다란 발자국이 찍혀 있어요. 그들은 제 주위를 계속 어슬렁거리며 저를 덮칠 기회만 호시탐탐 노리고 있어요. 여기는 안전하지 않아요. 그래서 앞으로 나아가야 한다는 걸 알아요. 하지만 바닥에 납작 엎드려 숨고 싶어요. 다른 어딘가로 가고 싶어요."

자신의 공포가 어떻게 발동하는지를 보고 이해하자 하르지트는 앞으로 나아가는 데 무엇이 더 유용할지 찾을 수 있게 됐다.

하르지트는 평가받는 것에 대한 공포를 이미지화하여 제대로 이해하고 새로운 이야기를 써 내려가기로 결심했다. 그녀는 자신을 평범한 직원이 아닌, 회사에 임용된 조직 행동 강사라고 생각하기로 했다. 조직에 오래 머물고 있는 사람들에게 그들의 포식자 같은 언어와 행동이 업무 성과를 내는 데 얼마나 방해가 되는지 보여주는 전문가라고 생각했다. 물론 이미지에 맞춰서 행동하는 데는 상당한 용기와 자기연민이 필요했다. 목표 의식을 바꾸자 삶이 변화되는 기분에 잔뜩 고양되었고 자신감이 생겼다.

그녀는 가장 큰 위험을 주는 몇몇 사람과 일대일로 대화를 나눴다. 불안했지만, 마음을 열고 최대한 솔직하고 온화하게 행동하려고 노력했다. 마음을 단단히 먹고 그들의 눈을 똑바로 보며 침착하게 말을 이어나갔다. 한 사람, 한 사람에게 자신에 대한 평가를 들었을 때, 환영받지 못하는 느낌이었다고 말했다. 자신이 이 조직을 떠나고 싶게 만들거나 위축시켰고, 업무에도 영향을 줬다고 덧붙였다. 하지만 그녀는 그들과 회사를 위해 잘 해내고 싶다고 말했다.

사람들은 그녀의 솔직한 태도에 움찔했다. 하지만 하르지트는 똑 부러졌고 그들과의 대화를 신중하게 이끌었다. 그렇게 함으로써 그들을 위협하고 있다는 느낌을 주지 않았고, 몇몇은 그녀의 말을 이해하고 받아들였다.

한 사람은 단 한 번도 그런 식으로 생각한 적이 없다고 말했다. 또 다른 사람은 그녀를 엄하게 대하고 단련시키는 것이 조직 문화에 적응하는 데 도움이 될 것으로 생각했다고 말했다. 하지만 그는 자신의 말이 의도한 효과를 내지 못했다는 점을 인정했다.

그 용기 있는 대화는 그녀의 동료들을 교육시켰고, 그들이 더 의식적으로 행동하게 만들었다. 더불어 그녀가 잠시 머물다가 다른 회사로 가 버릴 것이라는 인식을 바꿔 놓았다. 이는 매우 효과적이었다. 하르지트는 용기를 내서 자신의 의견을 온화하고 열정적으로 개진했다. 그것은 자기 자신과 그들을 위한 행동이었다.

'이마에 멍청이란 단어가 새겨진 느낌이었죠'

"입을 다물고 있으면, 그 누구도 네가 멍청하다는 것을 모를 거야." 이것은 존이 어린 시절에 운동장에서, 저녁 식사 자리에서, 친구들과 축구를 하는 동안 귀에 딱지가 앉도록 들었던 말이다. 그렇게 그는 이 말을 사실로 받아들였다. 사람들이 굳이 그를 겨냥해서 이런 말을 한 건 아니었다. 적어도 대부분은 그랬다. 하지만 이 말은 존의 마음속 목소리가 가장 좋아하는 말이 됐다.

존은 학창 시절에 학급 친구들 앞에서 발표하는 것을 기를 쓰고 피했다. 이는 그에게 가장 큰 공포였다. 분명히 발표를 망칠 것이고, 그러면 친구들이 자기가 바보란 사실을 알게 되리라고 생각했기 때문이다. 그는 교실 뒤를 서성거리며 학창 시절을 보냈다. 그의 머릿속에서는 내면의 비판자가 끊임없이 그를 비난했다.

그는 굉장히 겸손하고 지적이며 호기심이 많은 사람으로 성장했다. 그리고 어느 조직에도 소속되지 않았지만 기발한 아이디어로 가득한 재능 있는 공예가가 됐다. 그에게는 가치 있다고 말할 수 있는 자질이 많았지만, 내면의 비판자는 그를 주눅 들고 불안하게 만들었다. 그는 바보 같은 말을 하지 않으려고 최대한 말과 행동을 아꼈다.

누군가가 자신의 직업을 소개하면, 존의 내면에 있는 비판자는 '그가 너보다 훨씬 더 중요한 사람이야.'라고 말했다.

성인이 된 존은 자신의 삶을 나름대로 충실하게 살았다. 그러다가 삼십 대 중반에 진보적인 예술가들로 구성된 지역 단체에 들어갈 기회가 생겼다. 그의 아내와 가족들은 그 단체에 합류하라고 그를 격려했다. 그 단체에 들어가면 존이 인정받을 것이라고 생각한 것이다. 하지만 존은 오히려 인정받는다는 생각에 몸서리를 쳤다.

결국 아내와 가족의 권유대로 그 단체에 들어갔다. 존은 긴장감으로 뒤틀리는 배를 부여잡고 공동 작업실로 갔다. 첫날 아침에 회원들은 모임을 가졌다. 그들은 작업실에 놓인 커다란 참나무 탁자에 둘러

앉아서 커피를 마시며 가볍게 이야기를 나눴다. 존은 자신의 이마에 검은 먹물로 열등한 존재란 단어가 새겨져 있는 것만 같았다. 그는 긴장 때문에 바짝 얼어서는 입을 꾹 다문 채 애먼 커피잔만 만지작거렸다. 그 누구도 자신에게 관심을 가지지 않기를 바랐다.

거기 모인 예술가 중에 조각가가 한 명 있었다. 그는 런던에서 공부했고 이탈리아에서 작업했다. 그는 탁자에 기대 존에게 말을 걸었다. "전 정말 당신의 작품이 좋아요. 순수한 질감이 정말 마음에 들어요."

내면의 비판자는 그 즉시 상대의 말을 마무리가 허술하고 일상적인 작품이라고 해석했다. "네, 굉장히 평범한 작품이죠."라고 존은 어깨를 으쓱거리고 어색한 미소를 지으며 더듬더듬 답했다. 내면의 비판자는 '입 다물어. 바보같이 들리잖아. 넌 완전 사기꾼이야. 독학으로 겨우 이 자리에 올라왔지만, 너는 초보에 지나지 않아. 넌 이 세계에 대해 아무것도 몰라.'라고 그를 다그쳤다.

존이 자신의 공포에 대해 탐구하기 시작했을 때, 그는 그늘 한 점 없이 타는 듯한 사막을 떠올렸다. 그는 자신보다 더 훌륭한 사람들과 있으면 입이 바싹 마르고 껍데기만 남은 느낌이라고 말했다. 누군가가 자신을 발견하지 못하도록 날카롭고 뾰족한 가시로 둘러싸인 선인장과 같은 겉모습을 하고, 아주 깊숙한 곳에 싱싱하고 영양가 있는 무언가를 숨겨 둔 것 같다고 했다.

존은 공포와 대면하고 내려놓는 데 오랜 시간이 걸렸다. 자기비판적 사고방식이 너무 깊이 박혀 있었다. 자기비판적 사고 때문에 자신이 무엇을 잃었는지를 깨닫는 데도 꽤 시간이 걸렸다. 처음에는 그런 사고방식이 자신에게만 해로울 것이라고 생각했다. 하지만 자기비판적 사고방식은 다른 사람들까지 움츠러들게 했고, 결국 다른 사람들에게도 영향을 미쳤다. 존은 자신이 이기적으로 행동하고 있다는 사실을 깨닫고 정신이 번쩍 들었다. 존은 숨고 싶은 욕구보다 관대한 사람으로 보이고 싶은 욕구가 더 크다는 사실을 알아차리고 한 걸음 내디딜 수 있었다.

이제 그는 스스로 변해야 할 이유를 찾게 됐다. 자신이 멍청하고 자기가 하는 말이 들을 가치가 없다는 생각에서 벗어나고 싶었다. 마땅히 공유해야 할 아이디어를 혼자만 알고 있기보다는 그 아이디어를 나누며 관대한 사람으로 평가받고 싶었다. 그는 사람들이 자기를 아이디어로 가득한 오아시스로 바라봐 주길 바랐다. 그러면서 존은 자신이 예술가 단체에 도움이 된다는 것을 깨닫기 시작했다. 그는 혼자만 (또는 자신만을 위해서) 아이디어를 갖는 것이 아니라 다른 사람들과 나누면서 그들을 도왔다.

자신의 머릿속에서 자기비판적인 목소리가 크게 들리고 지배적이라면, 그것이 다른 사람들을 돕는 데 방해되지 않는지 스스로 물어보길 바란다. 자신의 목소리가 이 세상에 도움이 될 만한 무언가를 제공할 수 있는지를 자문해 보라. 너그러움을 귀하게 여긴 존처럼 자신이 굉장히 가치 있다고 생각하는 무언가가 담겨 있는가? 처음부터 내면의 비판자를 몰아내기 위해서 자신에 대해 충분히 생각하지 않더라도, 시간이 지나면서 스스로 중요하게 여기는 가치가 자신을 돌아볼 힘이 되어 줄 것이다.

자기비판은 고단하다. 자기 자신에게 다정하라. 매일 조금씩 앞으로 나아가는 자신을 칭찬하라. 의견이 아닌 사실에만 주목하라.

'내 추하고 역겨운 몸은 그 누구도 봐서는 안 돼'

은밀한 대화를 나누는 동안, 열일곱 살 미샤는 남자친구인 조에게 자신의 나체 사진을 스냅챗으로 보냈다.

미샤는 그게 위험한 행동인 것을 알았지만 남자친구를 믿었고, 그 순간의 열기에 흠뻑 취해있었다. 미샤는 자신의 나체 사진이 인터넷의 블랙홀 속으로 사라져 다시는 볼 일이 없을 것이라고 생각했다. 조는 미샤에게 그 사진을 절대 저장하지 않을 거라고 맹세했지만, 실은 화면을 캡처해 뒀다.

조는 으스대며 미샤의 나체 사진을 가장 친한 친구에게 보여 줬다. 잠시 뒤 그의 친구는 몰래 조의 휴대전화를 가져갔고, 그 사진을 자기 휴대전화로 보냈다. 조는 자신의 잘못을 깨닫고 정신이 번쩍 들었다. 조는 친구의 행동에 화가 나 따져 물었고 그 자리에서 미샤의 사진을 삭제하게 했다.

조는 친구가 그 사진을 다른 사람에게 전달했거나 다른 곳에 저장했을까 봐 걱정됐다. 그리고 자신이 무슨 짓을 했는지 미샤가 알게 되면, 분명히 자신을 떠날 것이라고 생각했다. 조는 양심에 찔려서 참을 수가 없었고, 미샤에게 모든 것을 털어놓기로 했다.

미샤는 참담했고 상처를 받았다. 어딘가에서 누군가가 그 사진을 돌려보고 있을까 봐 무서웠다. 미샤는 얼굴을 붉히며, 다른 사람들이 자신과 남자친구가 외설적인 농담을 주고받았다는 사실을 알거나 자신의 나체 사진을 저장하는 것이 자신이 생각하는 최악의 상황이 아니었다고 말했다.

그녀가 가장 두려웠던 것은 바로 자신의 추하고 역겨운 몸을 누군가가 본다는 사실이었다.

조는 미샤가 나체 사진을 저장하고 친구에게 보여 줬다는 사실에 크게 신경쓰지 않는 데 안도했다. 그리고 미샤가 가장 걱정하는 것이 사람들이 그녀의 나체를 보는 것이란 사실에 놀랐다. 조는 "미샤, 자기는 매력적이야. 그 점은 전혀 걱정할 거 없어."라고 말했다. 잘못을 저지른 것은 자신인데, 미샤가 본인을 탓해서 오히려 당혹스러웠다.

미샤의 사진은 그 어디에서도 발견되지 않았다. 하지만 조의 친구는 다른 친구들에게 미샤의 사진이 어디엔가 존재한다고 말했다. 몇몇 친구는 미샤에게 농담으로 자기들한테도 스냅챗을 보내 달라고 했다. 미샤는 이 말에 자기비판을 하기 시작했고, 수치심을 느꼈다. 그녀 내면의 목소리는 '도대체 무슨 생각을 하는 거야, 이 걸레야! 넌 멍청해. 지금 당장 나체 사진을 온라인에 올려서 모두가 너의 축 늘어진 가슴과 비늘처럼 쩍쩍 갈라진 피부와 역겨운 셀룰라이트를 보게 해. 조는 너를 이용하고 있는 거야. 하지만 이게 네가 누군가를 곁에 둘 수 있는 유일한 방법이야. 그 누구도 너와의 관계를 진지하게 생각하지 않을 거야.'라고 비수를 꽂았다.

미샤는 자신의 공포와 수치심에 관해 이야기했다. 그녀는 "이런 느낌이 신체적으로 발현되는 것 같았어요. 피부가 확 달아올랐죠. 저의 붉어진 얼굴이 제 마음속에서 불타고 있는 열등감과 무능함을 모두에게 보여 주는 것 같았어요. 저의 당황스러운 모습과 공포가 붉은 반점으로 나타나요. 그걸 모두가 보고 있는 것 같아요. 그런 마음이 들 때마다 완전히 타 버려서 재가 되고 싶어요."라고 말했다.

미샤의 사진은 다시 등장하지 않았고 소수의 친구만 짓궂은 농담을 했지만, 그녀는 발가벗겨진 기분이었다고 말했다.

조와 그의 친구를 제외하고 자신의 나체 사진을 본 사람은 없었지만, 미샤는 고통받았으며, 미샤의 내면은 공포와 수치심에 불타고 있었다. 그녀는 자신의 공포가 악의적으로 변해 자신의 가슴에 비수를 꽂자 더 고통스러웠다. 그녀는 그것을 밖으로 내보내야 했다.

미샤는 시간을 가지고 새로운 이미지를 만들었다. 얼굴이 붉어질 때마다 자신의 피부를 통해 공포와 수치심 일부가 빠져나간다고 생각했다. 그럴 때마다 마음속에 자기연민과 사랑이 자리할 공간이 더 넓어진다고 상상했다. 결국 미샤는 얼굴이 붉어지는 것을 오히려 감사하게 됐다. 그녀는 문학에서 수치심에 대처하는 데 도움을 주는 멘토를 찾았다. 바로 마야 안젤루Maya Angelou였다. 미샤는 마야 안젤루가 말한 "더 잘 알 때, 더 잘한다."라는 말을 자신의 좌우명으로 삼았다.

'저 자신을 진짜 엄마로 인정할 수 없었어요'

세렌은 갓난쟁이 제임스에게 모유를 수유할 수 없을 것 같았다. 조산사와 친정어머니에게 도움을 구했으며, 자신보다 육아 경험이 많은 친구들에게도 도움을 구했다. 하지만 그들은 하나같이 '계속 시도하라.'라는 말만 했다.

세렌에게 제임스는 너무나 간절히 원했던 아이였다. 임신하는 데도 오랜 시간이 걸렸다. 그래서인지 임신한 동안 그녀는 모든 것이 올바르게 진행되어야 한다는 압박감을 느꼈다. 모든 단계를 완벽하게 해내야 했다.

세렌은 출산과 육아에 관한 모든 책을 읽었고, 모든 강연에 참여했으며, 녹황색 주스란 주스는 모두 마셨다. 그리고 임신 후기까지 매일 달리기를 했다. 자신이나 배 속 아기에 대한 요구 수준을 전혀 낮추지 않았다. 이후에 출산이 임박하자 압박감이 심해졌고, 일거수일투족을 통제하기 시작했다. 심지어 그녀는 마음속으로 출산 계획까지 세세하게 세웠다.

하지만 출산은 그녀의 계획대로 진행되지 않았고, 응급으로 제왕절개를 하게 됐다. 제임스는 건강하게 태어났지만, 세렌은 제대로 출산하지 못했다고 느꼈다. 자신이 진정한 여성이 되려면 거쳐야 하는 이 자연스러운 통과의례를 완벽하게 해내지 못했다고 자책했다. 하지만 그녀는 그 죄책감과 패배감을 남들이 보지 못하게 숨겼고, 자신의 품에 안긴 아이에게 집중하려고 애썼다.

나름대로 공부했던 세렌은 초보 엄마들이 자주 육아에 압도당한다는 것을 알고 있었다. 하지만 육아의 강도는 상상을 초월했고, 신체적·감정적으로 너무나 힘겨웠다. 그녀는 스스로 유능하고 성공한 여성이라 생각했지만, 육아는 자신이 생각했던 것보다 더 힘들었고 훨씬 더 강력한 관리와 통제가 필요하다고 생각했다.

제임스에게 육아의 가장 기본인 모유 수유를 할 수 없자, 그녀는 처음부터 좋은 엄마의 기준에 미달된 것 같았다. 그렇게 자신의 인생에서 가장 중요한 일에 실패했다고 스스로 비난했다.

세렌의 조산사는 모유 수유에 있어서 한 치의 양보도 없었다. 그녀는 모유를 대체할 수 있는 것은 아무것도 없고 모유를 먹지 못하면 제임스의 발달에 문제가 생길 수 있다고 말했다. 이런 말들이 자기비판의 연료가 됐다. 좋은 엄마가 될 수 없을지도 모른다는 공포가 마

나를 단단하게 만드는 심리학

음속에서 고개를 들기 시작했다. 심지어 자신의 아기도 훌륭한 사람이 될 수 없을지 모른다는 두려움마저 들었다.

세렌은 수치스럽기도 했다. 그녀는 '출산을 제대로 할 수 없었던 것처럼 다른 엄마들은 다 하는 이 간단하고 기본적인 임무(모유 수유)를 해내지 못한다면, 나에게 뭔가 문제가 있는 거야. 바로 잡아! 이것을 바로잡지 못하면, 넌 제대로 된 엄마가 아니야!'라고 생각하며 스스로 다그쳤다.

배를 충분히 채우지 못한 제임스는 배고픔에 계속 울어댔다. 세렌은 아들을 배불리 먹이지 못하거나 달래지 못하는 자신을 비난했다. 점점 모유를 수유하는 것이 두려워지기 시작했고, 자신의 몸에 너무나 화가 났으며, 자기비판적 사고에 깊이 빠져들었다. 그녀는 때때로 신체적인 이유로 모유 수유가 불가능할 수 있다는 사실을 받아들일 수 없었다.

마침내 몇 주가 흘렀고 제임스는 급격하게 살이 빠지기 시작했다. 그러자 조산사가 개입했다. 그녀는 제임스가 젖을 제대로 빨지 못한다는 사실을 확인했고, 그의 입과 혀에 문제가 있음을 발견했다.

세렌은 모유 수유에 관한 자신의 공포와 수치심에 관해 탐구하기 시작했다. 그녀는 자신이 얼굴과 가슴으로 달려드는 모기를 쫓으며 덥고 습하고 질퍽질퍽한 늪지대를 걷고 있다고 묘사했다. 마음을 차분히 가라앉힐 수 있는 시원한 은신처가 필요했지만, 발이 자꾸 빠져서 거기까지 갈 수가 없었다. 그녀는 발을 빼내기 위해서 천천히 다른 방향으로 발을 내디뎌야만 했다.

그녀는 필요하다면 발이 쑥쑥 빠지는 늪을 걸어서 건널 수 있는 사람이라는 긍정적인 이미지로 좋은 엄마가 아니라는 공포를 대체할 수 있었다. 사실 그녀는 무엇이든 끝까지 헤쳐나갈 수 있었다. 비록 그 과정이 고통스럽긴 하지만, 자신의 목표를 기어이 이뤄내는 법을 알았다. 그녀는 이런 일에 강했다. 대부분 발이 푹푹 빠질 테니 긴 장화를 항상 준비해 두라고 스스로 일러두었다. 세렌은 갈수록 자신이 모든 것을 통제하려 든다는 사실을 깨달았다. 세렌은 더는 삶을 통제하지 않고, '아름다움 사냥꾼'이 되기로 했다. 그녀는 자신과 아들의 삶에서 아름답고 좋은 것들을 의도적으로 찾으려는 노력을 이렇게 표현했다.

이것은 세렌이 좋은 엄마에 대한 자신의 이미지를 재해석하는 데 도움이 됐다. 그녀는 의도적으로 주변 환경, 일상 대화, 자신이 사용하는 언어, 집과 마음에서 아름다움을 찾고 추구했다. 그녀는 거의 모든 아름다움을 사냥했다. 해 질 무렵 집 밖으로 나가고, 밤하늘에 달을 바라보고, 잠시 멈춰서 새가 지저귀는 소리에 귀를 기울이고, 자신의 집에 다양한 색감과 질감을 추가했다. 그녀는 좋은 하루와 좋은 엄마에 관한 이야기도 다시 쓰기 시작했다. 이런 노력은 내면의 비판자를 침묵시키는 데 큰 도움이 됐다.

자신의 이야기를 들려준 다섯 명 중에서 그 누구도 자기비판이 필요할 정도로 자존감을 갉아먹는 행동을 하지 않았다. 하지만 그들이 의도적으로 관점을 바꾸기 전까지는 자기비판적 사고에 깊이 빠져서 헤어 나오지 못했다. 그들은 이를 극복하기 위해 공포를 이미지로 떠올렸고, 결국 거기서 빠져나올 수 있었다.

그들의 이야기를 들으면서 사람이 누군가의 평가를 받을 때 자기 비판과 공포에 얼마나 많이 노출되며, 그로 인해 얼마나 무력해지는지 알 수 있었다. 그들은 정신적 에너지뿐만 아니라 시간과 자신감, 자신에게 주어진 기회, 존엄성과, 더 나은 삶, 존재감을 상실했다.

지금까지 살펴본 이야기 중에 자신의 이야기처럼 느껴지는 것이 하나라도 있는가? 다른 사람이나 자기 자신을 부정적으로 평가하고 있지는 않은가? 자신에 대한 다른 사람들의 평가 때문에 본래의 목적과 방향을 잃어버리진 않았는가? 비판은 찍찍이처럼 달라붙는다. 사실이 아니란 것을 이성적으로 알더라도, 그 이면을 들여다보기가 쉽지 않다. 게다가 자기 자신이나 다른 사람에 대해 어떤 판단을 내리든지, 그 판단은 스스로 부족하다는 공포를 해소하기에 적절한 전략이 아니다. 다행히 이야기 속에 등장하는 이들은 자존감을 갉아먹는 자신의 공포를 더 넓은 시각으로 바라보는 것이 아주 중요하다는 사실을 깨달았다.

이야기라는 접근 방식을 통해 자신에게 무슨 일이 일어나고 있는지, 어떤 평가를 받고 있는지 등을 이미지로 떠올려 이해하는 것이 얼마나 효과적이고 강력한 전략인지 확인했다. 8장에 소개한 공포를 바라보고 대면하는 단계를 다시 읽어 보길 바란다. 그러면 자기 자신이나 다른 사람에 대한 판단이나 평가의 이면에 무엇이 자리하고 있는지 좀 더 쉽게 이해할 수 있을 것이다.

이 이야기들은 당신에게 무엇을 들려주는가?

지금까지 소개한 사례들이 당신의 공포를 보는 데 도움이 되기를

12. 왜곡된 공포 : 자기비판

바란다. 사람들은 진짜 고통을 느끼거나 정말 바닥을 칠 때 공포를 보게 된다. 자크는 사랑하는 딸과 소원해졌고, 캐롤라인은 직장을 잃었고, 제이크는 술집에서 자주 싸움에 휘말렸다. 공포가 올라올 때, 그 즉시 그것을 해결해야 한다. 이렇게 하는 것만으로도 공포로 인한 고통이 조금 줄어들 것이다.

공포와 대면하는 것이 자신과 주변 사람들에게 어떤 영향을 미치는지 이해하는 것은 쉽지 않다. 하지만 공포를 숨기거나 무섭지 않은 척 행동하는 것만큼 힘든 일은 아니다. 그렇게 사는 삶은 너무나 고되고 힘들다는 것을 우리는 이미 잘 알고 있다.

따라서 용기를 내야 한다. 바로 자신의 나약함을 인정하는 용기다. 예를 들면 '같은 실수를 반복하고 있는 것 같아.'라거나, '무서워서 이 기회를 피하려고 하는 것 같아.'라고 말할 수 있는 용기다. 특히 강인해야 한다고 지나치게 교육받은 남자들은 누구나 자신의 공포에 맹점을 갖고 있다. 공포를 인정하는 것은 나약함과 연관되기 때문이다. 하지만 공포를 무시하는 것보다 그것을 직시하는 것이 훨씬 더 많은 용기가 필요하고 감정적으로도 더 힘들다.

다음 장에서는 자신만의 공포를 직시하면서 경험하는 어려움을 살펴볼 것이다.

13

○

진흙탕으로
걸어 들어가라

●

지금까지 읽었던 이야기처럼 사람들은 자신의 공포와 대면할 때 그 공포를 똑바로 마주하기 위해 부단히 애쓴다. 그들은 형언할 수 없을 만큼 힘겨운 경험을 하게 된다. 하지만 그렇게 고군분투하는 경험도 성취와 성공만큼 고민하고 이야기할 가치가 있다.

공포와 대면하며 힘겨운 시간을 보내는 사람은 모든 것을 갖춘 듯한 사람과 자신을 비교하며 깊은 수렁에 빠지기도 한다. 다른 사람들과 자신을 비교하다 보면, 그들의 실패보다 성공이 더 눈에 들어오는 법이다. 하지만 대부분은 어떤 식으로든 인생에서 우여곡절을 경험하게 된다.

수치심도 그러한 우여곡절 중 하나다. 앞선 이야기에서 모는 팀원과 사이좋게 지내는 데 어려움이 있었다. 자신이 인종차별을 경험하고 조롱당하고 있을 때, 그들 중 누구도 모를 위해 나서지 않았기 때문이다. 팀원들이 힘겨워하는 모를 못 본 척하며 시선을 돌렸기 때문에, 모는 자신에게 문제가 있다고 생각했다. 그럴수록 그의 수치심은 깊어져만 갔다. 사실 그가 힘겨워하는 걸 알면서도 팀원들은 어렵고 민감한 이야기를 어떻게 꺼내야 할지 몰라서 가만히 있었는지도 모른다.

부정적인 무언가로부터 벗어나기 위해 고군분투하는 것은 자연스러운 일이다. 새는 스스로 알을 깨고 나오기 위해 분투하고, 어머니는 아이를 낳기 위해 씨름한다. 이것은 심리적인 성숙과 성장에 도움이 되는 일이다. 인간이라면 경험하게 되는 기본적인 경험이다.

무언가 때문에 애를 먹거나 고통받고 있다는 사실을 숨긴다면, 또는 아무 일도 아닌 듯 넘겨 버린다면, 치유와 성취를 경험할 귀중한 기회를 놓치는 셈이다. 사람은 눈앞의 고난을 극복하기 위해 고군분투하면서 해결책을 찾아간다. 따라서 난관을 묵묵히 헤쳐나가거나 무엇이 문제인지 더 확실히 파악할 때까지 잠시 물러서서 기다릴 수 있어야 한다.

물론 어느 순간에 포기하고 싶을 수 있다. 캐롤라인은 자신의 후배를 몰아내고 직장에서 해고된 뒤에 너무나 후회스럽고 수치스러웠다. 그래서 처음에는 업계를 완전히 떠날 생각이었다. 하르지트는 남성 지배적인 업계에서 경력을 차곡차곡 쌓았지만, 적대적인 문화를 지닌 기업에서 일하는 동안 공포에 사로잡혔다. 그녀는 그 공포가 느껴지자 곧바로 등을 돌렸다. 이것은 너무나 귀중한 기회를 버리는 것과 같았다.

그들 모두 끊임없이 고통스러웠고 그럼에도 고군분투했다. 그들

나를 단단하게 만드는 심리학

은 이러한 과정을 겪으며 공포와 대면하는 것이 자기 자신을 더 잘 알게 되고 자신을 억누르는 공포에서 벗어나 더 큰 성취감을 맛볼 기회임을 깨달았다.

여기에는 또 다른 장점이 있다. 공포 때문에 고군분투하고 자신이 무언가를 두려워하고 있음을 인정할 때, 당신의 뒤를 든든히 받쳐 주고 당신을 아끼는 사람들의 존재를 확인하게 될 것이다. 제이크가 커밍아웃했을 때 그의 부모님이 보여 줬던 애정 어린 반응처럼, 그들이 당신을 위해 선뜻 나서는 것을 보고 놀랄지도 모른다. 공포를 이해하고 극복하기 위해 고군분투할 때 사람들과의 유대감이 강화된다.

이러한 고군분투의 과정은 영혼을 살찌우고 성장하고 교훈을 얻는 데 필요한 과정이다.

시인 존 키츠John Keats는 이것을 다음과 같이 표현했다.[12]

그대는 고통과 역경이라는 세계가 지성을 키워 영혼으로 만드는 데 얼마나 필요한지 모르겠는가? 수천 가지에 이르는 다양한 방식으로 느끼고 고통받아야 하는 그런 세계가 필요하다네!

영혼에는 빛과 어둠이 있다. 우리 삶도 그러하다. 항상 행복하고 긍정적이고 안락할 것이라는 기대는 현실적이지 않거나 살아가는 데 도움이 되지 않는다. 반대로 삶이 역경과 고통으로만 가득할 것이라는 기대도 마찬가지다.

13. 진흙탕으로 걸어 들어가라

자신의 감정은 스스로 해결한다

어두운 면이라고는 전혀 없는 척하거나 자신의 삶을 통제할 수 있는 척하고 싶을 수 있다. 하지만 자신의 감정을 솔직히 인정하면, 엄청난 자유와 평화를 발견하게 될 것이다. 사람들이 누군가의 내면을 본다면, 그 사람이 가장 두려워하는 것들을 알게 될 것이다. 도대체 그 부정적인 에너지는 어디에 숨어 있는 것일까? 정답은 다음과 같다. 공포는 그 어디에도 숨어 있지 않다.

상황을 부정하고, 괜찮지 않은데 모든 것이 괜찮은 척 행동하면, 당신을 여기저기 질질 끌고 다니는 왜곡된 공포와 감정 쓰레기만 쌓일 뿐이다.

'감정 쓰레기'라는 꽤 유용한 개념이 있다. 이것은 쓸모없거나 파괴적이며 더는 유용하지 않거나 필요하지 않지만 끝까지 당사자를 괴롭히는 감정과 그런 감정으로 인한 행동을 의미한다.

불필요한 감정 드라마는 감정 쓰레기다. 욕하고, 뒷담화하고, 걱정하고, 비난하고, 분개하고, 싫어하는 것은 모두 감정 쓰레기다. '다르게 생각해야 한다.'거나 '그것을 통제할 수 없다.'거나 '그것을 할 수 없을 것이다.' 등과 같은 '뭔가를 해야 한다.'는 공허한 생각과 '뭔가를 할 수 없다.'는 무기력한 생각도 마찬가지다. 이러한 모든 생각은 에너지 낭비다. 이런 생각이 불편한 감정을 완화하는 건 아주 잠깐일 뿐이다.

공포를 무시하거나 억누르는 것도 감정 쓰레기를 낳는다. 어려운 감정을 피하고자 자신의 삶을 외면할 때, 당신은 공포를 무시하거나 억누르게 된다. 미리 앞서서 무언가에 집착하거나, 세세한 부분에 강

나를 단단하게 만드는 심리학

박적으로 매달리거나, 해결하지 못할 거라고 반복적으로 걱정하는 등 신경쇠약에 걸린 것처럼 행동할지도 모른다. 아무 감정을 못 느끼게 음식이나 술에 의존하거나, 쇼핑에 정신을 팔거나, 게임이라는 끊임없는 자극을 갈구할지도 모른다.

바다에 둥둥 떠다니는 플라스틱 쓰레기 더미가 거대한 섬을 이뤄 바다 생물을 질식시키듯, 감정 쓰레기도 처리하지 않으면 당신의 마음속에 쌓여서 문제가 될 수 있다. 마음속에 감정 쓰레기를 안고 있으면, 주변 사람들에게도 피해를 입힐 수 있다. 스스로 감정을 잘 정돈한다고 생각하더라도 마음에 쌓인 감정 쓰레기 더미는 반드시 어딘가로 배출된다. 사람들은 의도하든 의도하지 않든 비언어적 행동, 기분, 어조, 날카로운 말이나 거짓된 달콤한 말을 통해서 서로 에너지를 주고받는다.

감정 쓰레기를 분해하는 일은 거름이 만들어지는 과정과 유사하다. 뭔가 부족한 인간일지도 모른다는 공포와 달리 감정 쓰레기를 보고 대면하는 작업은 감정으로 거름을 만드는 과정이다. 그러나 이렇게 한다고 해서 감정 쓰레기가 깨끗하게 되거나 말끔하게 치워지지는 않는다. 오히려 악취가 날 수도 있다. 그렇다고 덮어놓기만 해서는 안 된다. 거름과 공포 모두 공기가 부족하면 악취가 더 심해진다. 자주 뚜껑을 열어 거름을 뒤집으며 자신의 공포를 주시하고 해결하려고 노력해야 더 빨리 분해된다.

감정 쓰레기를 분해하는 과정에서 그간 공포가 자신을 어떻게 방해했는지 인정하려고 애쓰는 동안 악취가 진동할지도 모른다(그래서 그 공포를 인정하기가 쉽지 않을 것이다). 또는 다른 사람들을 자신의 공포로 끌어들였다는 사실을 힘겹게 인정하는 동안에도 악취가 진동할 수 있다. 우리는 뭐가 잘못됐는지 완전히 설명하지도 못한 채 싸움을 시작하거나 배우자에게 부루퉁하게 행동했을지도 모른다. 자크의 경우를 생각해 보자. 에밀리와 사이가 완전히 소원해지기까지, 딸을 최고의 수영선수로 키워내겠다는 그의 강박은 계속 심해졌다. 자크가 뚜껑을 열 때까지 감정 쓰레기가 그들의 관계를 조금씩 파괴하고 있었다.

감정 쓰레기를 치우는 과정을 거름 만드는 과정에 비유하는 것은 적절하다. 왜냐하면 두 과정 모두 제대로 해내려면 시간이 걸리기 때문이다. 그러니 공포를 재빨리 해결하기 위해 자신의 모든 공포를 끄집어내서 대면하려고 애쓸 필요는 없다. 거름이 자양분이 되어 식물을 성장시키듯, 우리의 감정으로 만든 거름이 새롭고 더 좋은 행동, 이야기와 신념의 자양분이 될 것이다.

나를 단단하게 만드는 심리학

FEAR LESS

4부

부족함 공포를
대체하라

마지막 4부 내용은 우리를 통제하는 공포를 대체하는 데 도움이 될 것이다. 파괴적이고 낡은 것을 대체할 새롭고 유용한 행동과 신념을 키워낼 방법을 떠올리는 데도 도움이 될 것이다.

4부에서는 변화를 바라보는 7가지 관점을 소개할 것이다. 물론 모든 관점이 당신에게 적합하거나 당신의 상황과 관련 있다고 느껴지지는 않을 것이다. 하지만 당신이 활용할 수 있는 것인지 살펴볼 가치는 있다.

사실 대부분 자신을 위해 좀 더 목적의식이 담긴 이야기를 지어낼 인내심과 내성이 없다. 심리적인 안전지대에 머무르며 항상 하던 일을 계속하는 것이 훨씬 더 쉽게 느껴진다. 그럼에도 앞으로 읽게 될 이야기들이 자신의 이야기를 다시 쓸 영감과 동기를 부여할 수 있기를 바란다.

이 사람들의 이야기를 읽으면서, 그들의 이야기가 완벽하거나 멋진 결론이 아니란 사실을 알게 될 것이다. 완벽함은 이상일 뿐이기 때문이다. 그 누구도 처음부터 분명하고 변하지 않는 가치와 규칙을 갖고 있거나, 자신의 열정이나 목적을 완전히 이해하지 못했다. 그럴 필요도 없다.

이들의 이야기를 읽으면서 해야 할 일은 간단하다. '내가 이것을 할 수 있을까?'라고 자문하는 것이다.

14

공포를
새로운 이야기로
대체하라

당신은 당신 자신을 어떤 사람이라고 말하는가? 당신은 똑똑한 사람인가? 아니면 남다른 사람인가? 당신은 골칫덩어리인가? 아니면 믿음직한 사람인가?

이번에는 조금 다른 이야기를 해보자. 가능한 것과 불가능한 것에 대한 이야기다. 다음은 내가 들었던 몇 가지 이야기다. '이 집에서 그런 일은 없었어.', '시도할 가치가 없어.', '우린 항상 실패해.', '도움이 안 될 거야.', '여기서는 원래 그렇게 해.', '내가 사는 동안에 그런 일은 일어나지 않을 거야.'와 같은 말은 꽤 많은 사람이 자주 하는 말이다.

자신이 자신에게 하는 이야기는 매우 강력하다. 이번 장에서는 위와 같은 이야기를 대체하는 것이 공포를 줄이는 데 얼마나 효과적일지 살펴볼 것이다.

우리는 스스로 사실이라고 생각하는 이야기를 근거로 자신이 할 수 있는 것들을 정의하고 그것을 중심으로 나름의 정체성과 신념을 형성한다. 그 이야기는 우리 자신과 현재 상황에 관한 것이다.

하지만 이 모든 이야기가 정말로 고정된 진실일까? 시인 조지 더 포앳George the Poet으로 유명한 영국의 언어 예술가이자 래퍼이며 시인인 조지 음팡가George Mpanga는 정확하게 알고 있었다. 그는 "당신이 아는 모든 것은 이야기다. 취소선을 긋고 더 좋은 답으로 대체하는 날까지 그것은 당신이 인정한 아이디어일 뿐이다."라고 했다. [13]

새로운 이야기가 필요하다

그는 자신의 팟캐스트에서 "자신의 이야기를 하는 것은 생존 전략이다."라고 말했다. 이 말의 뜻은 펜이 (또는 그의 경우에는 마이크가) 당신의 손에 쥐어져 있다는 것이다. 그 펜으로 당신의 이야기를 다시 쓸 수 있다. 설령 당신이 처한 상황을 통제할 수는 없어도, 당신은 당신의 이야기를 통제할 수 있다.

자기 자신을 완벽주의자라거나, 신랄한 자기비판자라거나, 부족하다거나, 너무 질투심이 강하다고 말한다면, 그것은 진실이 될 것이다(또는 진실인 채로 유지될 것이다). 하지만 그 이야기는 그 말을 취소하고, 자신에게 더 많은 가능성을 제공할 더 좋은 이야기를 쓸 때까지만 진실이다. 이는 아주 중요한 점이다. 당신은 당신의 생각과 정체성 그리고 스스로 갖고 있다고 생각하는 자질에 관한 이야기를 다시 쓸 수 있다.

당신의 이야기는 우리의 정체성에 깊이 새겨진 오래된 신념과 생각으로 가득하다. 그러한 신념과 생각으로 살아왔고 그것을 반복해

나를 단단하게 만드는 심리학

서 되뇌었기 때문에, 더 깊이 당신의 뇌리에 박혀 있다. 그래서 그것을 진실이라고 믿게 된다. 하지만 그것은 진실이 아니다.

어떻게 다시 쓸까?

자신의 이야기가 어떻게 구성됐는지부터 생각해 보자. 당신이 생각했던 것과 달리 그 이야기는 그렇게 탄탄하지도 않고, 현실에 기반해 작성되지도 않았을 것이다.

정체성에 관한 이야기에는 인종, 성별, 국적, 가문, 종교적 신념 등 저절로 주어지는 이야기도 있다. 하지만 직업, 철학, 페르소나, 신념 등 우리가 직접 써 낸 이야기도 있다. 질병, 역경, 공포를 포함한 감정 등 우리의 계획과는 달리 저절로 쓰이는 이야기도 있다.

우리 삶은 다양한 이야기로 구성된다. 먼저 다음과 같이 긍정적인 메시지를 전달하는 이야기가 있다.

'가족 중에서 대학교에 간 첫 번째 여자야.'

'그는 피해자 사고방식에 도전한 유일한 래퍼야.'

'기후 현상을 받아들이지 않는 새로운 세대에 속해.'

'한 번도 만난 적 없지만, 너에겐 할아버지의 정신이 있어. 그는 절대 굴복하지 않았지.'

'너는 용감한 여성들의 후손이야.'

하지만 다음과 같이 부정적인 이야기도 있다.

'우리 가족 중에서 사무직 종사자는 아무도 없어.'

'학교 다닐 때 수학에는 형편없었지. 그러니 그 자리에 지원할 수 없어.'

'내가 사귀었던 사람들은 전부 바람을 피웠어.'

'나는 외부인이야.'

'우리 집 남자들은 생활 방식 때문에 일찍 죽어.'

공포는 이런 부정적인 이야기를 야기한다. 이런 이야기는 5장에서 언급했던 낮은 기대의 비극이다. 결론적으로 이렇게 부정적인 이야기를 사실로 믿고 살아가면, 이 이야기가 자기충족적 예언이 되어 현실이 된다.

하지만 정체성은 시멘트를 발라가며 한 장 한 장 쌓아 올린 벽돌처럼 고정된 것이 아니다. 항상 변하는 곳이 있다. 정체성은 항상 어딘가로 흐르고 움직인다.

덧붙이자면, 사람의 마음은 자신의 정체성을 다시 형성하는 데 적극적으로 개입한다. 18세기 의사 존 헤이가스 박사Dr. John Haygarth는 플라세보 효과가 존재한다는 사실을 보여 준 최초의 사람 중 하나였다. 헤이가스 박사는 당시에 질병을 없앨 수 있다고 홍보되어 팔려 나간 금속 포인터로 실험을 진행했다. 그는 그 효과를 나무로 만든 가짜 포인터와 비교했다. 그는 사람들이 자신이 치료받고 치유되고 있다고 믿으면, 두 포인터 모두 똑같이 효과가 있다는 사실을 확인했다.

이것이 우리가 자신에게 들려주는 이야기와 무슨 상관이 있을까? 그 이후로 플라세보 효과에 관한 연구가 더 많이 진행됐다. 연구 결과, 플라세보 효과는 강한 믿음이 새로운 경험을 만들어내는 것임을 증명했다. 여기서 요점은 믿음이 우리의 현실마저 창조할 수 있다는 사실이다. 이런 연구 결과를 보며 사람들은 스스로 믿음의 힘을 대단히 과소평가하고 있다는 사실을 깨닫기 시작했다. 요한 하리Johann Hari는 그 사례로 우울증을 들었다.

그는 저서 《물어봐줘서 고마워요Lost Connections》(쌤앤파커스, 2018)[14]에서 다음과 같이 말한다.

> 의사가 환자에게 처방할 때 실제로 의사는 환자에게 두 가지를 제시한다. 하나는 약물이다. 보통 약물은 어떤 식으로든 환자의 몸에 화학적인 영향을 미친다. 그후 의사는 환자에게 이야기를 들려준다. 치료를 시작하면 어떤 효과가 나타나는지 설명한다.
>
> 우리가 진실이라고 믿는 것은 자신의 현실을 인식하고 만들어가는 데 강력한 영향을 미친다. 그것은 무언가를 하는 척하거나 무언가를 믿는 척하는 것과 다르다. 우리는 항상 어떤 방식으로 현실을 만들고 있다. 태도, 예측, 신념 그리고 무엇보다 이야기를 통해서 자신의 현실을 창조한다.

우리는 자아를 더 나은 무언가로 대체할 수 있고, 인생도 자신의 이상에 가깝게 대체할 수 있다. 우리는 상상으로 이 일을 이룰 수 있다. 이것은 일회적인 사건이 아니다. 매번 새로운 원고를 쓰고, 취소선을 긋고, 종이를 찢어 버린 후 다른 이야기를 쓸 수 있다. 아니면 기존의 원고를 그대로 두고 필요할 때마다 특정 부분만 고칠 수도 있다. 예를 들면, 완벽주의나 자기비판을 극복하도록 해당 부분을 고쳐 쓰는 것이다.

우리는 새로운 정체성을 형성해 볼 수도 있다. 만약 새로운 정체성이 마음에 들면, 그것을 유지해야 한다. 더는 자신에게 이롭지 않은 이야기에 묶여 살아갈 필요가 없다. 이것은 개인뿐만 아니라 장소나 조직에도 해당한다.

1부에서 살펴본 진부한 조직과 팀은, 이제는 존재하지 않는 과거 이야기에 좌지우지될 필요가 없다. 당신은 공포를 인정할 용기를 내야 한다. 평가받는 것에 대한 공포, 쓸모없는 존재가 되거나 퇴출당하거나 거절당하는 것에 대한 공포, 훌륭하지 않은 것에 대한 공포에서 자유롭고 싶지 않은가?

어떤 장소로 걸어 들어갈 때 당신 머릿속에 떠오르는 이야기는 무엇이고, 그 이야기는 어떤 느낌인가? '현재의 CEO가 계속 있는 한 이 것은 결코 변하지 않을 거야.' 혹은 '이것은 그저 기업이 움직이는 방식일 뿐이야.'라고 생각할 수도 있다.

그 느낌과 함께 떠오르는 이미지는 무엇인가? 롤러코스터에 앉아 두려움에 안전바를 꽉 움켜쥐고 엄청난 바람을 가르며 비명을 질러 대는 이미지가 머릿속에 떠오르는가?

소속된 조직이나 팀에서 공포와 마주하고 있다면, 그로 인해 당신이 정말 잃고 있는 것은 무엇인지 생각해 봐야 한다. 당신의 건강하고 행복한 삶일까? 아니면 호기심이나 진정성일까? 그것도 아니면 더 나은 퍼포먼스일까? 이제 당신의 공포를 보고 그것과 대면했으니, 그것을 대체할 다른 이야기를 쓰고 싶지 않은가?

나를 단단하게 만드는 심리학

전직 가나 축구선수인 킹 오세이 기안King Osei Gyan은 아민 니마Amin Nima를 창립했다. 아민 니마는 오래된 이야기를 완전히 뒤집어 새로운 이야기를 만드는 것으로 유명한 사회적 기업이다. 킹 오세이 기안은 니마라는 가나의 수도 아크라에 있는 어느 지역에서 태어나고 자랐다. '니마'라는 단어는 이슬람 지역에서 사용하는 하우사어에서 나왔고, 축복받은 마을을 뜻한다. 하지만 니마는 이름과 다른 이야기를 지니고 있었다.

일반인들에게 니마는 다 허물어져 가는 판잣집이 즐비한 판자촌이었다. 주거 환경, 위생 환경과 배수 시설, 인프라와 공공 서비스가 취약했다. 교육의 기회는 제한되었고 실업률이 높았다. 니마 사람들은 강인하다고 알려져 있지만, 현실은 범죄율이 높고 깨끗하지 않았다. 거리에는 1미터에 이르는 쓰레기와 폐기물 더미가 즐비했고, 그 주변에는 소와 염소 그리고 닭이 어슬렁거렸다.

외부인들에게 니마는 가난을 피할 수 없고 기회도 가망도 없는 곳, 빈민가였다. 그 생지옥을 벗어나는 것이 그곳에서 생각할 수 있는 가장 좋은 일이었다. 니마 사람들에 대한 부정적인 추측도 있었는데, 그들이 무능하고 무기력하고 뭔가 수상하다는 것이었다. 그런 니마에 킹 오세이 기안과 젊은 기업가들이 남았다. 그들은 의도적으로 지역 공동체와 함께 자신들이 누구이고 무엇을 하는지에 관한 이야기를 다시 쓰고 있다.[15]

킹 오세이 기안은 다음과 같이 말한다.

저는 사람들이 기적에 기대야 그나마 살아갈 수 있는 곳에서 자랐

14. 공포를 새로운 이야기로 대체하라

죠. 그래서 저는 그곳의 패러다임을 바꾸고자 결심했습니다. 사람들이 꿈을 실현하고 현실에 발목 잡히지 않도록 시스템을 강화하고 구축하려고 합니다. 기회는 재능 있고 일하고자 하는 의지가 있는 사람들에게 마땅히 주어져야 합니다. 그들이 어디서 태어났고 어디서 자랐는지는 중요치 않아요. 우리는 각자 자기 삶의 주인이 되고 책임을 지고 통제할 수 있어야 합니다.

사실 니마Nima를 거꾸로 읽으면 아민Amin이 됩니다. 이것이 니마에 대한 인식을 바꾸려는 첫 시도였습니다. 상황을 다르게 보기 위한 첫 시도였죠. 아멘amen처럼 아민은 신념 그리고 결심과 깊은 관련이 있습니다. 예를 들어서 영어로 '내가 책임져.'라고 말할 때 '아민 차지AM IN charge'라고 하죠(정확한 표현은 "I'm in charge"다). 우리에겐 힘이 있습니다. 이 이름처럼 니마는 새로워질 것입니다.

표면적으로 드러난 것들만 받아들이지 않고 좀 더 깊이 들여다보면, 현지인과 이주민이 어우러진 다양하고 역동적인 공동체가 눈에 들어올 겁니다. 다양한 인종, 계급과 종교를 지닌 사람들이죠. 그들은 다양한 문화 속에서 함께 살아가며 일하고 있습니다. 이 세상에서 가장 부유하다는 지역 중에서도 이런 조화로움을 찾아볼 수 없는 곳이 많아요. 저는 자선과 구호에 기대지 않고 바로 이곳 아프리카 니마에서, 해결책을 찾아낼 놀라운 예술가들과, 대담하고 실용적인 기업가들을 만나죠. 그들에게는 그들의 잠재력과 기회를 제한하는 제3세계와 같은 꼬리표가 필요 없습니다. 그들은 그런 꼬리표를 받아들이지 않습니다. 저는 이곳에서 회복탄력성과 용기가 있는 사람들을 보죠. 그들은 부가 그저 꼬깃꼬깃 접힌 지폐만이 아니란 사실을

나를 단단하게 만드는 심리학

이해합니다. 부는 공동체 의식, 재능, 그리고 이곳 니마에 있는 것들로부터 나옵니다.

우리는 사람들을 좌절시키는 오래된 이야기에 반기를 들고 있습니다. 이를 위해서 예술, 음악, 스포츠와 패션을 이용해 지역 주민들에게 다양한 재능을 보여 주고 있습니다. 니마 킹스 FC라는 축구클럽도 만들었죠. 아민 니마는 두 명의 음악가와 협업해 라이브 공연을 하고 녹음도 하죠. 갤러리에서는 현지 예술가들의 작품을 전시할 계획입니다. 아민 니마 패션은 거리 패션을 다시 정의할 옷을 만들고 있어요.

그는 '고집스럽게 목표를 추구하라.'를 좌우명으로 삼고 이러한 프로젝트를 진행하고 있다. 자신이 목표한 바를 달성하려면 엄청난 에너지가 필요하다는 것을 잘 알기 때문이다. 그는 인스타그램 계정에 "나의 고집스러움을 예의 없음으로 오해하지 마십시오. 나의 자존감을 거만함으로, 내가 정처없이 떠돌아다니는 것을 노숙하는 기질로 오해하지 마십시오."라는 글을 올렸다.

그는 니마 사람들에게 더 좋은 인프라가 필요 없다고 말하는 것이 아니다. 다만 현실을 받아들이지 않고 무시하거나, 열악한 현실에 묶여 답답함만을 느끼는 것을 거부할 뿐이다. 그는 가능성과 자부심이 가득한 새로운 이야기를 쓰기 위해 현실을 있는 그대로 직시하고 있다.

킹 오세이 기안과 그의 동료들은 니마의 현실이 이렇게 열악하고, 그래서 어떻게 할 수 없는 불가능한 것이 많은 딱한 곳이라는 인식을

14. 공포를 새로운 이야기로 대체하라

부수고 있다. 그들은 니마에 관한 이야기를 고쳐 쓰고, 그 이야기를 니마 사람들과 전 세계에 들려주고 있다.

킹 오세이 기안은 북적이는 도시 외곽에 있는 이 작은 지역사회에 흘러넘치는 일상의 탁월함과 재능, 인류애를 보여 줌으로써 니마를 바라보는 세계의 시각을 바꾸고자 한다. 그는 "아민 니마는 마음가짐이죠. 당신이 이곳 니마에서 보는 것은 무엇입니까? 가난(poverty)입니까? 아니면 힘(power)입니까? 우리는 이곳에서 가난과 힘이 합쳐진 '파워티(powerty)'를 봅니다."라고 말한다.

환경을 바꾸기가 쉽지 않은 경우에도 우리는 자신의 마음가짐을 바꾸는 설계자가 될 수 있다. 이것은 우리의 미래와 그 미래 속에 공포가 자리 잡는 지점에 영향을 준다. 우리는 공포를 줄이고 희망과 힘을 키우도록 우리의 이야기를 다시 구성하고 다시 상상하고 다시 해석할 수 있다.

이야기를 바꿔라

'전에도 다 해 봤던 일이야.'라고 그는 속으로 말했다. "그래, 이전에도 해 봤던 일이야. 마음이 하는 말에 응답해. 그렇지 않으면 결코 이것을 넘어설 수 없을 거야!"

—파울로 코엘료Paulo Coelho, 《빛의 전사Warrior of the Light》 중에서

당신은 이전에도 당신의 이야기를 바꾸려고 시도했지만, 실패했을지도 모른다.

일단 하나의 이야기에 안주하면, 우리는 그것을 바꾸는 것을 극도로 꺼린다. 이야기를 바꾸는 데는 많은 의지와 노력이 필요하며, 우리 자아가 기존 이야기에 너무나 정이 들었기 때문이다.

다음의 질문을 곰곰이 생각해 보라. 의심을 내려놓고, 질문에 대한 답을 구해보자. 다음 질문에 대해 고민하지 않는다면, 불필요하게 공포를 재활용하고 재생하는 데 수천수만 시간을 허비하게 될지도 모른다.

'공포에 휩싸이면 나는 어떤 사람이 되는가?'

'공포에 휩싸이면 나는 어떻게 행동하는가?'

'나의 오랜 공포가 내게 아무런 영향을 주지 않는다면, 나는 내 시간과 재능으로 무엇을 할 수 있을까?'

'나는 내 잠재력을 어떻게 사용하고 싶은가? 그걸 이용해 무엇이 되기를 원하는 것일까? 지금까지 내가 보지 못하는 것은 무엇일까?'

'이제껏 공포에 떨며 거리를 두었던 이 세상에 나는 어떤 기여를 하고 싶은 것일까?'

'나의 잠재력과 가능성을 제한하는 틀에 박힌 일상에서 벗어나 다른 사람들에게 나를 보여 주는 방식을 어떻게 바꿀 수 있을까?'

최근에 내가 만든 작은 변화를 예로 들어 보겠다. 나는 공포심을 주는 남자들과 일할 때, 좀 더 밋밋하고 보수적으로 옷을 입는다는 사실을 알게 됐다. 되돌아보니 나는 여자로서 이목을 끌고 싶지 않아서 그렇게 옷을 입었던 것 같다. 내가 스포츠 팀 등 남성이 많은 곳에서 일을 했기에 더 의식하게 되었던 것이다.

이후 좀 더 자유롭고 내가 여자라는 사실이 장점으로 받아들여진다는 확신이 드는 환경에서 일을 시작하고 나서야 이 사실을 알아차렸다. 그곳은 여자에게 개방적이고 여성성이 강한 문화였다. 그동안 나 자신에게 '여자가 이런 역할을 맡는다는 사실이 아직 100퍼센트 용인되지 않았어. 그러니 내가 다르다는 사실이 덜 두드러지게 해야 해. 남자들이 우세한 이 환경에 제대로 적응해서 내가 적합한 사람임을 보여야 해. 여자라서 진지하게 받아들여지지 않을지도 모르고, 어떤 식으로든 거부될지도 몰라. 나의 행동은 이런 공포를 극복하기 위해 꼭 필요한 일이야.'라는 이야기를 들려주고 있었다.

이를 알아차린 후로는 의도적으로 그 공포에 대응하고 있다. 그래서 다음부터 남자들이 우세한 환경에서 일하게 되면, 나는 나를 있는 그대로 보여 주고 그들처럼 되려고 노력하지 않기로 다짐했다.

자신에게 도움이 되지 않는 신념이나 행동을 알고 있다면, 이는 좋은 일이다.

예를 들어, 당신의 직업이 당신을 불행하게 만든다고 생각해 보자. 1장에서 어린 시절부터 축구선수를 꿈꾸다가, 결국 축구선수가 된 폴의 이야기를 살펴봤다. 폴은 부상 후 뒤처질 거라는 생각에 두려워했다. 폴은 초창기부터 그 팀에서 최고의 축구선수라는 사실 때문에 거의 항상 불안감과 스트레스를 받았고, 이는 그에게 얕은 승리에 불과했다. 그가 자신의 이야기를 바꿀 방법은 매우 많았다. 이것은 곧 그의 상황을 바꿀 필요가 없다는 의미였다. 자신의 이야기를 바꾸면, 설령 여전히 힘겨운 상황에 있더라도 그곳에서 경험할 수 있는 것이 바뀐다.

그는 부상을 극복한 선수로서 자신의 모습을 그려낼 수 있었다.

나를 단단하게 만드는 심리학

또는 우승 트로피를 거머쥐었을 때 스스로 되뇌었던 이야기로 돌아가, 회복탄력성을 발휘하여 역경을 극복한 사람으로 이야기를 바꿀 수 있었다. 이것도 아니면 천지 분간 못 하는 애송이에서 고통을 견뎌내고 승리하는, 정말 강인한 남자로 성장한 자신에 관한 이야기를 다시 쓸 수도 있었다. 심지어 부상한 다른 선수들에게 자신의 이야기를 들려주며 그 어린 선수들을 격려하고 조언해 주는 이야기꾼으로 자신의 이야기를 쓸 수도 있었다. 폴은 동료들에게 등을 돌렸지만, 그럴 필요가 없었다는 사실을 깨달으며 자신을 동료에게 사랑받는 사람으로 그릴 수도 있었다. 왜냐하면 멍청한 사람은 그가 아니라 그를 비난했던 그 코치였기 때문이다. 이 모든 시나리오는 가능할 뿐만 아니라 더 강력한 이야기가 될 수 있었다.

환경을 바라보는 시각을 바꾸면 자신의 이야기를 다시 쓸 수 있다. 그리고 '나는 어떤 사람이 될 수 있을까?'라는 질문에 답하며 계속해서 자신의 이야기를 수정하고 더 좋은 이야기로 만들어 갈 수 있다.

14. 공포를 새로운 이야기로 대체하라

15

○

공포를
목적의식으로
대체하라

●

목적의식은 삶이 예측할 수 없는 방향으로 흘러갈 때 마음을 진정시킬 수 있는 최고의 수단이다. 우리는 목적의식을 이용하여 공포를 극복할 수 있다.

목적의식은 자신을 넘어 이 세상을 향하는 우리의 기여라고 할 수 있다. 우리에게 동기를 부여하는 핵심적인 요소이며, 앞으로 나아갈 동력이자, 행동하고자 하는 욕구다. 목적의식은 우리가 어디에 주목해야 하는지 방향을 잡아 주고, 우리의 결정에 영향을 미치며, 우리에게 의미를 만들어낸다.

개인적인 목표가 자기 자신과 성취에 관한 것이라면, 목적은 자신의 한계를 넘어서 스스로 해낼 수 있는 일을 의미한다.

칼리다 포팔자이Khalida Popalzai의 비범한 이야기는 단순하게 보면 아프가니스탄 여자 축구팀의 성장 이야기다. 하지만 조금 더 깊이 들

나를 단단하게 만드는 심리학

여다보면, 그녀의 목적이 명확하게 보인다. 그녀는 스스로 목소리를 낼 수 없는 여성들에게 목소리를 되찾아 주고 싶었다. 그녀는 축구를 하나의 스포츠로서 좋아했다. 하지만 더 나아가 여성들에게 힘을 실어 주고 아프가니스탄과 전 세계 여성의 권리를 신장하는 데 축구를 이용했다.[16]

> 저는 축구를 통해 움직임을 만들어내고 싶었어요. 모든 사람이 여성의 권리, 즉 국적에 상관없이 자신의 목소리를 낼 권리를 갖고 있어요. 저는 세상이 달라질 수 있다는 것을 사람들이 깨닫길 바랍니다. 이것이 제가 목소리를 높이는 이유입니다.
>
> 저는 모두가 어떤 이유 때문에 이 세상에 태어났다고 믿어요. 우리 모두 살면서 완수해야 하는 어떤 임무를 갖고 있죠. 우리는 모든 사람을 위해 이 세상을 더 좋은 곳으로 바꾸는 데 도움이 되는 자신만의 역할이 있어요.

칼리다 포팔자이는 이제 서른두 살이지만, 그녀는 우리의 상상을 초월하는 공포를 경험했다. 하지만 자신만의 목적을 가지면서, 그녀는 가장 어려운 도전 과제를 직시하고 해결해 나갈 수 있었다.

칼리다 포팔자이가 아홉 살이었을 때, 그녀는 카불에 살고 있었다. 당시 탈레반은 소녀들이 더는 학교에 다니지 못하게 했다. "탈레반 정권의 암흑 정치가 시작됐죠. 여자들은 권리가 없었어요. 일하는 것도 허락되지 않았죠. 그뿐만 아니라 학교에 다닐 수도 없고, 어떤 사회활동에도 참여할 수 없었어요. 여자들은 부르카로 몸 전체를 가

15. 공포를 목적의식으로 대체하라

리고 다녀야 했어요. 그리고 남자 없이 집 밖에 나가는 것도 불가능했죠."라고 그녀가 말했다.

칼리다 포팔자이는 교육 수준이 높고 여행 경험이 많은 가정에서 태어났다. 할머니와 어머니 모두 일을 했다. 그녀의 어머니는 체육 선생님이었기에 칼리다 포팔자이는 계속 교육을 받을 수 있었다. 고국을 떠난 그녀의 가족은 처음에 파키스탄에서 난민 생활을 했다.

5년 뒤에 칼리다 포팔자이가 열네 살이 됐을 때, 탈레반 정권이 무너졌고 그녀의 가족은 카불로 돌아왔다. 하지만 탈레반 정권의 영향력은 여전히 남아 있었다. "여성들과 소녀들은 여전히 공포 속에서 살았어요. 여자들은 학교에 갔다가 바로 집으로 오가는 정도의 제한적인 사회활동만 했죠."라고 그녀가 말했다.

칼리다 포팔자이는 방과 후에 남동생 셋과 축구하는 것이 몹시 즐거웠다. 하지만 그녀가 성장하고 여자로서의 자의식이 더 커지면서, 그녀에 대한 사회의 압박도 커졌다. 그녀는 더는 밖에서 뛰어놀 수 없었다. "사람들은 제가 집 안과 부엌에만 머물러야 한다고 했어요. 얌전히 남편을 기다려야 한다고 했죠."

그녀가 '세계를 누비는 페미니스트'라고 불렀던 할아버지는 칼리다 포팔자이에게 "어떤 남자가 너의 세상을 바꾸고 널 데려가기만을 기다리지 마. 두려움이 없는 용감한 여성이 되거라. 독립적인 사람이 되거라."라고 말했다.

사회는 그녀의 삶이 가족의 남자 구성원에게 속해 있다고 말했다. "사람들은 제가 좋은 소녀나 여자가 아니라고 생각했어요. 저는 이렇게 말하고 저렇게 행동해야 한다는 식의 제약을 받았죠. 제가 원하는 대로 자유롭게 말하거나 걸을 수조차 없었어요. 학교에서는 매일같이 남자아이들이 축구하는 제가 부정한 여자 같다고 제 남동생들에게 말했죠. 그 말에 남동생들은 너무나 화가 나서 그 아이들과 주먹다짐을 했어요.

'여자아이로서 당신은 가족의 명예입니다. 이런 일은 성인 여성이나 소녀에게 큰 공포를 안깁니다.' 저는 소녀와 여자를 억압하는 모든 것에 반기를 제기했어요. 도대체 누가 이런 규칙을 만들었는지 궁금했어요."라고 그녀가 말했다.

칼리다 포팔자이와 그녀의 어머니는 축구를 변화로 가는 통로로 봤다. "축구는 남자들의 스포츠로 여겨지죠. 그래서 여자가 축구를 하면 변화가 가능하다는 메시지를 세상에 퍼뜨릴 수 있다고 생각했어요."

그들은 학교에서 여자 축구팀을 구성했고, 더 많은 여자가 축구를 하도록 캠페인을 시작했다. 아프간 축구연맹에도 지원을 요청했다. 그러나 아프간 축구연맹은 여자들이 축구를 하면 국가의 수치가 될 것이라고 말했다.

하지만 칼리다 포팔자이와 어머니는 굴하지 않았고, 2007년 국제축구연맹FIFA이 여자 축구팀에 대한 재정 지원을 선언했을 때 비로소 소망을 실현할 수 있었다. 그해 아프가니스탄 역사상 최초의 여자 축구팀이 결성됐고 첫 번째 토너먼트를 치렀다. 칼리다 포팔자이는 주장으로 팀을 이끌었다. 하지만 여자가 축구를 하는 데 여전히 반대가 많았다. "어려웠어요. 그리고 위험했죠. 우리는 거리와 학교에서 공격을 받았어요. 남자들은 우리가 훈련을 중단할 때까지 훈련하는 내

15. 공포를 목적의식으로 대체하라

내 우리를 향해 돌을 던졌죠."

이러한 괴롭힘은 칼리다 포팔자이의 목적의식을 더욱 단단하게 만들 뿐이었다. "여자 축구팀의 주장이 되는 것만으로 충분하지 않았어요. 매일 밤 TV를 보면 돌팔매질 당하는 여자, 명예 살인을 당한 여자에 관한 뉴스가 쏟아졌어요. 보면서 속이 뒤틀렸어요. 뭔가 행동하지 않은 것에 죄책감마저 들었죠. 다른 여자들의 상황을 못 본 척 무시할 수 없었어요. 저는 저의 목소리를 높이는 수단으로 축구를 이용했어요. 제 고국의 다른 여성들의 목소리를 되찾아 주는 수단으로 축구를 선택했죠."

칼리다 포팔자이는 영향력을 행사해서 아프간 축구연맹에 취직했다. "바로 그곳이 변화를 이뤄낼 장소라고 생각했어요." 몇 달이 걸렸지만, 그녀는 스무 살에 아프간 축구연맹 최초의 여직원이 됐다.

인지도가 올라가자, 칼리다 포팔자이는 더 많은 시기와 분노를 이겨내야 했다. "이런 일을 하는 최초의 사람으로서 홀로 앞으로 나아가는 것은 정말 힘들었어요. 사람들은 그들의 딸이 제 목소리를 듣고 제가 하는 일에 동참할까 봐 두려워했죠. 제가 목소리를 내면서 제 삶뿐만 아니라 가족의 삶도 위험해졌어요. 우리는 살해 협박도 받았고, 공격을 당하기도 했죠."

2011년 상황이 고조됐다. 칼리다 포팔자이는 테러리스트로 기소됐고 카불에서 도망쳐야 했다. 그녀는 인도와 파키스탄에 머물렀다가 덴마크로 건너갔다. 지금도 그녀는 덴마크에 살고 있다. "난민 캠프에서 사는 게 얼마나 힘든 일인지 저는 잘 알아요. 그곳은 미래를 꿈꿀 수 없는 곳이죠." 그녀는 난민 캠프의 여성들을 도우면서 자선

나를 단단하게 만드는 심리학

단체인 걸파워Girl Power를 시작했다. 걸파워는 스포츠와 축구를 통해 여성들을 위한 캠페인을 하고, 그들에게 교육 기회를 제공한다.

칼리다 포팔자이가 아프가니스탄을 떠나면서 여자 축구팀은 해체 됐다. 2016년 아프가니스탄 여자 축구 위원회는 그녀에게 여자 축구 국가대표팀을 다시 결성할 수 있도록 도와달라고 했다. 칼리다 포팔 자이와 관리팀은 아프가니스탄 안팎에서 선수를 모집했고, 자금도 모았다. 그들은 아프가니스탄 밖에서 훈련 캠프를 열었고, 모든 선수 를 비행기로 데려왔다.

"여자들이 서로를 지지하고 응원하는 모습을 보여 주고 싶었어 요. 우리의 꿈은 여자 축구 국가대표팀이 월드컵에 출전하는 것이었 죠." 그들은 목표를 향해 나아갔다. 그러다가 2018년에 선수 중 일부 가 아프간 축구연맹 회장으로부터 성폭력과 강간을 당했다고 폭로했 다. 그중에는 열네 살밖에 안 된 어린 소녀들도 있었다. 그리고 아프 간 축구연맹의 직원들에게 성폭력과 신체 폭력을 당해 왔다는 추가 폭로가 이어졌다. 아프가니스탄에 살지 않았던 칼리다 포팔자이는 이런 일이 일어나고 있었는지 꿈에도 알지 못했다.

"아프간 축구연맹은 피의자들을 모두 해고하는 대신 피해 선수 아 홉 명을 퇴출하고 그들을 동성애자로 몰아갔어요. 이로 인해 선수들 의 삶이 위태로워졌죠. 아주 끔찍한 일이었어요. 우리는 운동을 중단 했어요. 저는 그 학대자들이 단 하루라도 더 여자들의 권리를 짓밟게 내버려 둘 수 없었어요."

그녀는 바로 이때가 인생이 바닥을 친 순간이었다고 말했다. "저 는 무너졌어요. 지쳤고 혼자라고 느꼈어요. 그 이야기를 듣는 것이

15. 공포를 목적의식으로 대체하라

너무나 끔찍했어요. 그들에 대해 말하는 것만으로도 속이 울렁거렸어요. 그렇게 끔찍한 학대를 당한 여자들을 위해 제가 무엇을 해야 했을까요?"

칼리다 포팔자이와 팀은 전 세계 축구연맹에 연락했고 도움을 요청했다. 하지만 상황은 더디게 흘러갔다. 그들은 소셜미디어에서 '#Voice4voiceless' 캠페인을 시작했다. 당시에 그녀는 덴마크 수페르리가 축구 구단인 FC 노르셀란FC Nordsjælland에서 일을 시작했다. 하지만 그 캠페인 때문에 해고당할 것으로 확신했다. 하지만 오히려 구단은 그녀를 도와주겠다고 했다. 이런 반응이 공포를 극복할 수 있도록 자신을 도왔다고 칼리다 포팔자이는 말했다. "남녀 할 것 없이 우리를 믿고 신뢰했죠. 앞다퉈서 우리가 하는 말을 들어줬어요. 그런 모든 사람의 지지가 제게 정말 중요했어요."

마침내 2019년 FIFA는 아프간 축구연맹의 전직 회장 케라무딘 카림Keramuudin Karim을 영구 제명했다. 이듬해 아프가니스탄에서 여자 축구 리그가 시작됐고, 3,000명이 넘는 여성이 경기장을 누볐다. "이제 여자 축구는 여자들이 이끕니다. 여자들은 학대당하거나 성희롱을 당할까 봐 두려워하지 않고 마음껏 축구를 할 수 있어요."라고 칼리다 포팔자이가 말했다.

"저는 제가 이 지구상에서 가장 운이 좋고 가장 큰 영광을 누린 사람이라고 생각해요. 저는 어린 나이에 제 인생의 목적을 발견했어요. 사실 그 목적의식은 이 세상이 변하지 않고 계속 똑같으면 어쩌나 하는 공포에서 비롯됐죠. 아이러니하게도 공포가 저를 일어서게 만들었어요."

칼리다 포팔자이는 태어나자마자 무언가를 포기하는 것부터 배우거나, 변할 수 있다는 사실을 알지 못하는 전 세계 모든 여성을 위해 계속 일할 것이라고 한다. "그 소녀들을 어떻게 내버려 둘 수가 있겠어요?"

목적의식은 우리가 수호하는 것, 사랑하고 깊이 아끼는 것이나 사람, 또는 절대로 외면할 수 없는 행동일지도 모른다. 목적이 항상 직업과 관련된 것은 아니다. 가장 많은 에너지를 쏟고 싶은 것이나 애정을 아낌없이 쏟고 싶은 것과 관련된다. 하지만 목적의식은 삶의 대부분을 바쳐도 이상하지 않을 만큼 설득력 있는 것이어야 한다.

목적이 거창하거나 극적일 필요는 없다. 자선단체 설립이 목적이 아니라면, 모두가 자선단체를 시작하지 않아도 된다. 하지만 자선단체 설립이 목적이라면, 끝까지 밀어붙여라! 예를 들어서 다른 사람들을 웃게 만드는 것이 목적일 수 있다. 또는 지역사회 사람들이 서로 협업하게 만드는 것이 목적일 수도 있다. 우리 어머니의 목적은 조건 없는 사랑이다. 다시 말해서 우리 가족과 친구들이 모두 사랑받고 있다고 느끼게 하는 것이 우리 어머니의 삶의 목적이다.

칼리다 포팔자이와 달리, 목적의식이 명확하지 않을지도 모른다. 여섯 살이나 열여섯 살에 자신의 목적을 명확하게 깨닫고 그것을 실현하기 위해 평생을 매달릴 필요는 없다. 목적은 시간이 흐르고 경험이나 역경을 극복한 뒤에 저절로 분명해지고 진화한다.

나는 공포에 휘둘리는 사람들이 삶의 목적을 찾을 수 있도록 돕는다. 그들이 어떻게 오늘에 이르게 되었는지 이해하도록 돕는다. 그 과정의 하나로 다음과 같은 질문을 던진다.

15. 공포를 목적의식으로 대체하라

'어떤 이유로 무엇을 혹은 누구를 가장 아끼고 소중히 여기겠다고 결심했나요?'

'어떤 경험과 신념이 당신의 삶과 가치를 형성하는 데 영향을 줬나요?'

'당신의 삶에서 절대 양보할 수 없는 것은 무엇인가요? 협상의 여지가 없거나 주기적으로 관심을 두는 것은 무엇인가요?'

'가족이나 학교에서 배운 교훈 중 당신이 흔들리지 않도록 붙들어주는 닻은 무엇이었나요?'

'어떤 도전이 당신에게 중요했나요? 그리고 그 도전이 생각만큼 중요하지 않다는 사실을 알게 된 이유는 무엇인가요?'

이렇게 자신이 지금에 이르게 된 과정을 곰곰이 생각하다 보면, 마지막 질문에 이르게 된다.

'당신이 살면서 하고자 하는 일과 지금의 정체성은 어떻게 연결되나요?'

때때로 목적의식을 느끼는 일과 하고 있는 일 사이에 차이가 있을 수 있다. 목적의식을 느끼는 일은 현재 하는 일에 더 헌신하거나 변화의 영감을 얻게 할 수 있다.

전반부에 등장했던 프리다이버 윌리엄 트루브리지는 심해 잠수 훈련을 하면서 해안 하이킹도 한다. 그는 해안 하이킹을 하면서 근육에 쌓인 젖산을 없애고, 머리를 식힌다. 이를 두고 그는 바다의 에너지를 흡수하는 과정이라고 말한다.

그는 주머니에서 진동을 느꼈고 핸드폰을 꺼냈다. 그것은 '바다 생명체가 지금 당신을 따르고 있다.'라는 트위터 알람이었다. 그 메시지가 그의 마음을 깊이 울렸다.

바다 생명체는 겨우 바다 표면 언저리를 왔다 갔다 하는 제게 아무 관심도 없을 거예요. 하지만 저에게 바다 생명체는 중요해요. 프리 다이빙에서 제가 이룬 모든 성공으로 제가 관심을 갖는 이슈에 영향력을 행사할 수 있죠. '바다 생명체를 위해서 하라.'라는 말은 저에게 가장 큰 동기를 부여합니다. 바다 생명체가 저의 노력을 알아차리고 관심을 줄지도 모른다는 일시적인 생각이 그 동기를 더 단단하게 만들죠.

칼리다 포팔자이의 경우처럼 목적의식을 강하게 인식하면 공포와 순응에서 벗어날 수 있다. 공포가 엄습하는 순간에 우리는 목적의식을 떠올릴 수 있다. 목적의식은 공포를 잠재우고픈 충동보다 더 설득력 있고 강력한 동기를 부여한다. 그것은 두려움의 대상과 대면하게 하고, 너무 무서워서 그 자리에 얼어붙을지언정 앞으로 나아갈 힘을 준다.

16

공포를
항복으로
대체하라

●

혹시 행운의 부적을 갖고 있는가? 면접이나 데이트, 큰 시합에 나갈 때 반드시 몸에 지니는 것이 있는가? 시험 칠 때 책상 위에 두는 것이 있는가? 목걸이나 마스코트, 신발 같은 행운의 부적을 갖고 다니지는 않는가?

겁을 먹거나 긴장할 때, 마치 자신이 거대한 운명 앞에 선 작고 보잘것없는 존재로 느껴지곤 한다. 우리는 누군가가 지지해 주거나 자기편에 서 주기를 간절히 바란다. 어떤 거대한 힘이 어깨에 놓인 부담감을 잠시나마 덜어 주길 바란다. 나는 이것을 '도움이 되는 항복'useful surrender이라고 부른다. 항복은 공포에 맞서는 데 도움이 된다.

주먹을 꽉 쥐고 눈을 꼭 감은 채 응원하는 선수가 득점하기를 바라거나, 시험 결과가 잘 나오기를 바라거나, 방금 받은 편지가 원하던 소식을 전해 주길 바라는 등 무언가를 간절히 바라는 방법도 있다.

모든 것을 포기하고 자신보다 거대한 무언가에 호소하거나 그 존재를 믿는 행위는 심리적으로 가치 있는 행위다. 참고로 그 존재는 신이나 창의력이나 집단 에너지가 될 수도 있다. 어쨌든 이런 행위는 긴장감을 풀어 준다. 그리고 우리 삶에 다른 힘이 존재한다는 사실을 인정하거나 자신 이외의 다른 힘이 존재하기를 바라는 것은 공포에 맞서는 데 도움이 된다. 그 힘은 자연이거나 어떤 뜻일 것이다. 지금까지 일어난 모든 일이 전부 자기 때문에 일어난 것이 아니라는 사실을 인정하는 것도 공포에 대응하는 데 도움이 된다.

항복이 효과적인 이유

항복은 당신의 문화와 신념에서 자연스러울 수도 있고, 부자연스러울 수도 있다. 하지만 모든 사람에게 알려지지 않는 무언가가 존재한다는 생각은 공포와 대면하는 데 굉장히 도움이 된다.

이런 식의 항복은 자신의 행동에 대한 책임을 회피하거나 핑계를 대는 것이 아니다. 단지 그런 일이 전적으로 자신 때문에 일어난 것이 아닐 수 있다는 가능성을 받아들이는 행위다. 믿든 안 믿든 신비로운 힘과 신적인 힘이 개입할 수 있는 약간의 여지를 남겨 두는 것이다. 그리고 인간의 감정이 인간의 이성보다 훨씬 더 강력하다고 깨닫게 되면, 이 신비로운 힘에 굴복하는 것이 오히려 합리적인 행동으로 느껴지기 시작할 것이다.

아르헨티나의 리오넬 메시Lionel Messi는 축구선수로 포지션은 포워드다. 그는 열심히 노력하는 선수이자, 축구 역사상 최고의 선수다.

16. 공포를 항복으로 대체하라

리오넬 메시는 다른 누군가의 도움이 필요 없는 명실상부 최고의 축구선수로 보인다. 하지만 그도 중요한 순간에 항복을 의미하는 행동을 한다. 2018년 월드컵에서 1 대 1 동점 상황에 페널티 킥을 놓친 뒤에, 라마 판타로토Rama Pantarotto 기자는 자기 어머니에게서 받은 행운의 붉은 리본을 리오넬 메시에게 줬다.

아르헨티나와 나이지리아 경기 뒤에 열린 기자 회견에서 라마 판타로토는 리오넬 메시에게 그 리본을 달았는지 물었다. 리오넬 메시는 양말을 아래로 내렸고, 라마 판타로토가 준 빨간 리본이 그의 왼쪽 발목에 묶여 있었다.[17] "농담이죠? 세상에, 심장마비가 올 거 같아요. 잠깐만요. 왼발로 득점했나요? 아니지, 오른발로 득점했죠."라고 라마 판타로토가 말했다. 그러자 리오넬 메시는 "그건 중요하지 않아요. 어쨌든 이 리본이 도움이 됐어요."라고 말했다.

이것이 핵심이다. '효과적이었다.'가 아니라 '도움이 됐다.'는 것이 중요하다. 그것이 무엇이었는지 또는 그것이 마법을 부렸는지는 중요하지 않다. 리오넬 메시의 마음속에서 그 리본은 큰 힘이 됐다. 과장해서 말하면, 그의 왼쪽 발목에 묶인 리본 덕분에 그는 더 자신 있게 경기에 임할 수 있었을 것이다.

제2차 세계대전에서 랭커스터 폭격 연대에 소속된 공군 대원들도 이러한 항복을 이용했다. 그들은 비행할 때마다 어마어마한 공포를 일으키는 상황과 마주했다. 무선 통신병이자 기상 사수인 존 진저 스티븐스John 'Ginger' Stevens는 다큐멘터리 〈즉시 대기: 랭커스터 공습-타깃 독일Battle Stations: Lancaster Bomber-Target Germany〉에서 자신의 경험을 이야기했다. "알 수 없는 모험이 시작됐죠. 뭔가 위험한 일의 초반부

나를 단단하게 만드는 심리학

였어요. 공포가 시작됐고, 두려웠어요. 두렵지 않다고 말하는 사람은 거짓말하고 있거나 정신 나간 멍청이가 분명했죠⋯."

대원들은 나름대로 이 압박감에 적응하고 감당할 방법을 찾아냈다. 일부는 상상력과 신비로운 힘에 의지했다. 리오넬 메시의 붉은 리본 같은 행운의 부적에 기대기도 했다. 폭탄 조준병 스탬퍼 멧캐프 Stamper Metcalf는 "저는 작전 사흘 전에 결혼했어요. 아내에게서 받은 실크 스타킹을 지니고 있었는데, 그걸 목에 매고 작전이 끝날 때까지 풀지 않았어요. 스타킹을 목에 맨 채로 공습이 시작됐고, 바로 그 실크 스타킹이 제 행운의 부적이었죠."라고 말했다. 후방 사수 밥 피어슨Bob Pearson은 "대원 한두 명이 어린 소녀에게서 인형을 받았어요. 그 소녀는 부대 마스코트 인형을 만들었죠. 저는 그 인형을 지니고 작전에 나갔어요. 그 마스코트가 제게 행운을 가져다줄 것이라고 확신했어요."라고 말했다.

존 진저 스티븐스도 작전이 임박한 순간에 관해 이야기했다. 그의 항복은 비행기 자체를 힘과 마법, 어떤 뜻을 지닌 행운의 부적으로 만드는 것이었다.

되돌아갈 수 없는 강을 건너는 순간이죠. 이미 결정은 내려졌어요. 이제 비행기가 이끄는 세계에 들어온 거죠. 그러고는 일어날 일들이 일어났어요. 대원들은 비행기에 탑승했고 연료도 가득 채웠죠. 비행기가 그냥 하늘을 날아올랐어요. 정말 믿을 수 없는 순간이었죠! 활주로가 내려다보이고, 들리는 소리라곤 비행기 굉음뿐이었어요. 하지만 아름다운 소음이었죠. 약 6,350킬로그램짜리 비행기가 1킬로미터 상공으로 날아올랐어요. 왠지 갑자기 중력에 못 이겨 다시 땅으로 곤두박질칠 것 같았죠. 활주로의 절반 정도를 지나자 부드러운 반동이 느껴졌어요. 뒤이어서 그 부드러운 반동이 한 번 더 느껴졌고, 갑자기 무중력 상태가 되더니 공중으로 떠올랐죠. 비행기의 존재감이 확연히 느껴지는 순간이었어요. 그녀는 참으로 멋져요. 그저 황홀하죠. 그녀는 정말 멋져요. 바로 그녀 말입니다.

스스로 목숨을 통제할 수 없는 지경에 이르자, 그들은 상상력과 신비로운 힘 속에서 안정감을 발견했다. 자신보다 더 거대한 무언가에 항복할 필요가 있다고 느껴지면, 그 느낌이 논리적이지 않더라도 걱정할 필요 없다. 왜냐하면 논리적이지 않다고 해서 공포에 맞서는 데 유용하지 않은 것은 아니기 때문이다.

내려놓음

이처럼 자신보다 거대한 무언가를 믿는 것도 도움이 되는 항복이다. 하지만 공포에 맞서는 데 유용한 다른 종류의 항복이 있다. 바로 통제권을 내려놓는 것이다.

5장에서 보았듯이, 공포를 조장하는 환경에 있으면 자신이 통제할 수 있는 것들을 더 철저하게 통제하게 된다. 그 대상이 자기 자신이든 다른 사람이든 상관없다. 우리는 자연스럽게 안정을 원하며, 다음에 어떤 일이 일어날지 알고 싶어 한다. 그래서 겁을 먹으면 통제력을 강화한다. 하지만 현실적으로 스스로 통제할 수 있다고 믿는 모든 것을 철저히 더 옥죄는 것은 의미가 없다. 우리는 삶을 완전하게 통제할 수 없다. 왜냐하면 삶은 계속 변하기 때문이다.

당신 삶의 좌우명이 '절대 항복하지 않는다.'일지도 모른다. 그리고 그 무엇에도 굴복하지 않았다는 사실이 자랑스러울 수도 있다. 이러한 마음가짐을 열정적이고 결단력 있는 것으로 여길 수도 있다. 물론, 그럴 수 있다. 그러나 이런 경우 '모든 노력이나 결과를 통제하려고 애쓰고 있는가?'라는 질문에 스스로 답해 봐야 한다. 그렇지 않다고 대답한다면, 자신이 헌신적이고 열정적인 마음가짐을 지니고 있다는 단서이지만, 그렇다고 대답한다면, 자신의 사고방식이 유연하지 못하다는 뜻이다.

내려놓지 못하고 통제하려는 사람은 '내가 옳고 네가 틀렸어.'라거나, '이것이 내가 원하는 거야. 그 무엇도 이것을 대신할 수 없어.'라거나, 혹은 '내 길이 유일한 길이야.'라는 말을 자주 한다. 자기 자신에게 이런 말을 하고 있다면, 당신의 마음에는 무언가를 할 수 있는 가능성이 없다. 완벽하게 모든 것을 통제해야 한다면, 삶이 통제할 수 없이 흘러갈 때 스트레스를 받고 불안감을 느끼거나 실망하고 좌절하게 될 것이다. 예를 들어서 당신의 딸이 반드시 의사가 되어야 한다고 믿는다면, 딸이 회계사가 되기 위해 공부할 때 당신은 무너져 내릴 것이다.

통제와 편안함은 삶을 단단히 받쳐 주는 바위가 아니다. 그 위에 세워진 삶은 위태롭다. 당신에게는 적응력과 회복탄력성이 필요하다. 이 두 가지 능력이 실패할 위험을 무릅쓰고 시도하게 하며, 잘못된 것에서도 무언가를 배울 수 있는 용기를 만들어 내기 때문이다. 그렇게 얻은 교훈을 바탕으로 당신은 새로운 시도를 할 수 있다. 이

16. 공포를 항복으로 대체하라

러한 항복은 모든 현실을 통제하고 모든 고통으로부터 스스로 보호할 수 있다고 생각하는 자아를 달래어 편안히 쉬게 한다.

어렵게 들리겠지만, 이런 이유로 항상 무언가를 하려고 애쓰지 말고 내려놓을 줄도 알아야 한다.

내가 중요한 경기가 진행되고 있는 경기장 가장자리에 서 있었을 때의 일이다. 위기의 순간에 오른쪽을 흘깃 봤더니 동료가 손가락 관절이 하얗게 되도록 주먹을 꽉 쥐고 있었다. 그는 입을 앙다물고 숨을 참고 있었다. 매우 고통스러워 보였다. 무슨 일이 일어나기도 전에 그 일이 잘못될 것이라고 결론을 내린 듯 보였다.

그런 다음 왼쪽에 서 있는 다른 동료를 봤다. 그는 앞에 있는 난간을 손으로 짚고 부드러운 눈길로 경기장을 응시했다. 그는 침착하게 숨을 내쉬고 있었다. 눈앞에서 무슨 일이 일어나고 있는지 이해하고 있다는 듯 입가에 옅은 미소를 띠고 있었다. 그가 선수들을 믿고 그들과 공감하고 있다는 사실이 분명히 보였다.

이런 차이가 나타난 이유는 무엇일까? 왼쪽에 있던 동료는 자신이 그 상황을 통제할 수 없다는 사실을 인정했다. 그는 자신의 행동이 그 순간에 영향을 미치지 못한다는 사실에 오히려 안도했다. 그는 뭔가 통제하려는 대신, 항복하고 그 상황을 받아들였다.

우리는 경쟁 사회에서 성공하기 위해 쉼 없이 노력하고 뼈 빠지게 일해야 한다고 생각한다. 성공에 필요한 연습과 훈련에도 많은 노력이 필요하겠지만, 성공하기 위해서는 뭔가를 놓아줄 필요도 있다.

좀 건방지게 들릴지도 모르겠지만, 자기 자신을 제다이라고 생각해야 한다. 요다는 〈스타워즈 에피소드 3: 시스의 복수Star Wars III

Revenge of the Sith〉에서 "하거나, 안 하거나 둘 중 하나야. 그러니 선택해."라고 말한다. 그의 말처럼 항복하라! 항복하면 긴장감이 낮아지고, 저항감이 덜하고, 두려움이 사라지기 때문이다.

트럼펫 연주자인 젊은 음악가가 2018년 월드컵 이후 나에게 연락했다. 그녀는 자신의 무대 공포증에 관해 이야기하고 싶어 했다. 그녀가 속한 오케스트라는 공연의 완성도를 높이고자 혹독하게 연습하는 곳이었다. 그녀는 떠오르는 샛별이었는데, 큰 공연을 앞두고 실수할까 봐 두려워서 자신감을 잃곤 했다. 우리는 그녀의 감정을 조절하는 기본적인 방법과 공연을 앞두고 일상적으로 하는 루틴에 관해 이야기했다. 대화 방식은 8장에 등장한 것과 유사했다. 우리는 공연 시작 전 마음을 진정시키는 법도 이야기했다. 하지만 뭔가 앞뒤가 맞지 않는 것이 있었다.

나는 그녀에게 음악이 어떤 느낌으로 다가오는지 물었다.

"어떤 느낌이냐고요? 글쎄요. 전 음악을 느끼기보다는 들어요. 하지만 제 입안에서 음악이 느껴지기도 해요. 트럼펫 마우스피스 안에서 제 입술이 떨리는 느낌이 있거든요. 제 손가락도 음악을 느끼네요. 손가락 끝과 밸브 사이 압력이요. 사실 저는 귀로도 음악을 느껴요. 좋거나 나쁜 음의 피치와 톤을 느끼죠. 음악이 어떤 느낌이냐고 물어보셔서 하는 말인데, 제 몸 전체가 음악을 느끼고 있었네요. 갈비뼈에 공간이 있어요. 숨을 쉴 때마다 복부가 오르락내리락하죠. 다리와 팔이 긴장해요. 바닥을 딛고 있는 발을 통해 오케스트라의 다른 악기들이 내는 소리의 울림도 느낄 수 있어요."

"음악은 어떻게 만들어지나요?"라고 내가 물었다. "당신이 음악을 만드나요? 아니면 당신의 트럼펫이 만드나요?"

그녀는 잠시 아무 말 없이 내 질문에 대해 생각했다. "우리 둘이 함께 음악을 만들어요. 음악은 저를 통해서 나오지만, 이미 존재하죠. 음악은 제가 불어넣는 숨을 통해 생명을 얻어요."

"그러면 마음을 열면 열수록 그 음악이 트럼펫을 통해 밖으로 나오기가 훨씬 쉬워지겠네요?"라고 나는 다시 물었다. "그렇게 당신이 함께 음악을 만드는 것이군요?"

"네, 맞아요. 제가 몸과 마음을 열면 음악은 자연스럽게 저를 통해 밖으로 흘러나가요. 지금까지 음악을 함께 만든다고 생각하지 않았던 것 같네요."

"그러면 완벽해야 할 책임은 순전히 당신의 어깨 위에만 있는 게 아니네요. 음악을 연주하는 당신의 능력만으로는 완벽한 음악을 만들 수 없겠어요. 당신의 일은 함께 음악을 만들기 위해서 몸과 마음을 열어 두는 것이군요."

"네, 정말 그러네요."

"청중이 당신의 음악을 들을 때, 그들이 무엇을 느꼈으면 하나요?"

"저희 음악을 통해서 기쁨과 에너지를 느꼈으면 해요. 감정으로 충만해지면 좋겠어요."

"정말 멋진 재능이네요. 그들 역시 음악을 만드는 과정에 참여할 수 있나요?"

"청중이요?" 그녀는 잠시 말을 중단했다. "음, 그래요. 청중이 감정을 느끼지 못한다면, 그들과 저희 연주자들의 감정적 연결고리가 끊어질 테니까요. 제가 음악에 완전히 연결되면, 청중도 그 연결고리를

나를 단단하게 만드는 심리학

느낄 거예요."

"이런 식으로 연주를 생각하면, 당신이 공포를 바라보는 시각이 바뀌지 않을까요?"

"공포가 제 마음에서 너무나 많은 자리를 차지하고 있는 것 같아요. 음악이 흘러 들어갈 공간을 더 많이 남겨 두는 것이 좋을 것 같네요. 음악이 흐를 수 있는 마음의 공간을 만드는 데 집중해야겠어요. 머릿속에서 무슨 일이 벌어지고 있는지에는 신경을 좀 덜 써야겠고요. 이렇게 하면 음악이 제 마음속을 더 자유로이 흐르게 할 수 있을 것 같아요."

작은 항복이 큰 차이를 만들어냈다. 작은 항복이 그녀가 음악에 더 몰입하고 더 큰 성취를 느낄 수 있게 했다.

그녀는 정확하고 완벽하게 연주하기 위해서 늘 철저하게 연습해야 했다. 과도하게 엄격하고 통제적인 방식이 긴장과 불안을 낳았다. 그녀는 대화 이후, 통제하려는 태도를 어느 정도 포기하고 마음을 열었고, 그 덕분에 긴장이 완화되고 안정을 되찾을 수 있었다.

감정을 허락하라

마지막으로 항복의 세 번째 유형은 감정을 허락하는 유형이다. 감정 자체가 마음속을 자연스럽게 흐르도록 내버려 두는 것이다.

공포와 마주하는 많은 사람이 공포가 가슴을 억누르거나 목을 옥죄는 것 같다고 말한다. 사람들은 대개 아무도 그것을 보지 못하도록 공포를 꾸역꾸역 넘겨 버린다.

이렇게 감정을 억누르는 행위는 문화적으로 학습된 행동이다. 우리는 감정을 억눌러야 한다고 배웠다. 특히 소년과 남성은 두려움을 남에게 보여 주는 것을 자신이 약하다는 증거라고 배운다. 하지만 여기에는 큰 대가가 따른다. 주기적으로 감정을 억누르면, 공포는 당신의 마음속에 똬리를 튼다. 안타깝게도 당신을 아끼는 사람들은 당신이 왜 그렇게 행동하는지 이해하지 못한다.

복싱링에서 상대 선수와 마주하는 순간에 감정을 억누르는 것과는 다르다. 경계심을 늦춰야 하는 시간과 장소가 있다. 실컷 울고 나면 속이 얼마나 후련해지는가? 마지막으로 목 놓아 울어 본 적이 언제인가? 까마득한 옛날이라면, 지금 당장 목 놓아 울어 보라! 장담하는데, 강인하기로 소문난 사람들도 울고 나면 속이 후련해지는 경험을 하게 될 것이다. 많은 사람들이 약한 사람만 공포를 겉으로 드러낸다는 문화적 제약 때문에 잘 울지 못한다. 하지만 우는 것은 공포를 해소하는 데 너무나 유용한 방법이다.

목 놓아 우는 대신 소리를 지르거나, 머리를 흔들거나, 발을 쿵쿵 구르거나, 큰소리로 노래를 불러도 좋다. 감정을 마음속에 가둬 두지 말고 밖으로 표출할 수 있는 행동을 해 보라. 아이들의 경우 감정을 밖으로 표출하는 행동이 즉흥적으로 나타난다. 하지만 어른인 우리는 멍청하거나 약하게 보이고 싶지 않아 감정에 휘둘리지 않도록 노력한다. 어떤 감정을 느끼는지 다른 사람들과 공유할지 말지는 전적으로 당신의 선택에 달렸다.

감정 에너지는 유동적이다. 그것은 당신을 통해 밖으로 흘러나와야 한다. 그렇게 할 수 있도록 도와주라.

17

○

공포를
꿈과 욕구로
대체하라

●

'꿈을 좇으라'고 해서 곰 인형처럼 폭신폭신하거나 로맨틱한 제안을 하려는 것이 아니다. 들리는 것보다 훨씬 더 현실적인 제안이다. 꿈을 꾸는 사람들은 그들만의 특별한 마음가짐이 있다. 그런 마음은 공포에 맞서는 데 도움이 된다. 그들은 꿈에 도달하기 위해 삶에 놓인 장애물을 옮기는 능력이 있다. 실패와 재시도, 실망과 좌절에 유연하며, 성공을 위해 필요한 일을 한다.

꿈은 마땅히 누려야 할 지위를 못 누리고 있다. 우리는 산만하게 이런 생각 저런 생각을 하는 공상가에 관해 이야기하며 꿈은 로맨티스트와 몽상가의 것이라고 말한다. 구체적이고 탄탄하다고 여겨지는 계획과 비교하면, 꿈은 허점투성이고 애매모호한 것으로 평가된다.

하지만 계획보다 앞서 오는 것이 무엇인가? 거의 모든 경우에 꿈이 먼저 생기고, 그다음에 계획을 세운다. 꿈은 차단해야 할 대상이 아니다. 꿈은 우리의 발전에 방해가 되지 않는다. 사실 그 반대다. 꿈을 꾸는 사람들은 완고하지 않다. 그들의 꿈은 삶에 대한 갈망에서 나온 것이다. 꿈은 삶을 충실하게 사는 데 필요한 기본 요건이다.

꿈이 삶에 어떤 영향을 미치는지 알려면, 잉글랜드 축구선수 해리 케인Harry Kane을 보면 된다. 그는 열여섯 살에 토트넘 홋스퍼 청소년 아카데미에 들어가면서 축구를 시작했고, 성인 축구팀에 입단했다. 그러면서 그는 "토트넘 홋스퍼의 주장인 것이 너무 좋습니다. 희망하건대 잉글랜드 대표팀의 주장도 될 수 있으면 좋겠어요."라고 말했다. 그 당시를 회상하며 해리 케인은 "웸블리 스타디움에서 경기하고 득점하는 것은 어린 시절부터 제가 꿈꿔 온 일이죠."라고 말했다.

몇 년 동안 그 꿈이 현실이 되는 것은 불가능한 듯 보였다. 해리 케인은 초창기에 2,3군 구단에서 경기를 뛰었다. 그로부터 5년이 흐른 뒤, 토트넘 홋스퍼에서 뛸 기회가 찾아왔다. 성인 무대에 데뷔하면서 그는 무려 31점을 득점했다. 하지만 그에게는 한 시즌에만 반짝 빛날 선수라는 말이 따라다녔다. 왼발을 사용하지 못하는 축구선수는 오직 골문 가까이에서만 득점할 수 있고, 세계적인 선수가 될 만한 자질이 없다는 이야기였다.

해리 케인은 악착같이 자신의 꿈을 향해 나아갔다. 결과는 어땠을까? 그는 축구선수로서 최고의 영예가 될 월드컵에 출전했다. 2018년 월드컵에서 그는 그해 가장 많은 득점을 한 선수에게 주는 골든부츠를 수상했다. 그리고 2019년 토트넘 홋스퍼 역사상 세 번째로 가장 많은 득점을 한 선수가 됐다. 꿈을 꾸는 것은 그에게 길을 잃지 않도록 길잡이가 되어 주는 북극성과 같았다.

공포를 꿈으로 대체하는 방식은 욕구로 대체하는 방식과 함께 사용할 때 효과가 극대화된다. 그렇다면 왜 공포를 욕구로 대체해야 할까? 욕구의 강도는 공포의 강도와 맞먹는다. 그래서 욕구는 이 공식에 없어서는 안 될 조건이다.

욕구는 한 개인이 가능할 것이라고 제멋대로 상상하는 삶의 청사진이라고 할 수 있다. 《욕구를 받아들여라Open to Desire》의 저자이자 심리 치료사인 마크 엡스타인Mark Epstein 박사는 개인의 기질에서 욕구가 얼마나 중요한지 설득력 있게 설명했다. "욕구는 농축액이다. 자신이 누구인지 그리고 자신이 무엇으로 구성됐는지를 발견하는 핵심적인 것이다."[18]

욕구는 저항과 장애뿐만 아니라 현상을 유지하려는 본능을 극복하라고 자극한다. 대부분은 무언가를 얻는다는 희망보다 무언가를 잃는다는 공포에 더 많이 좌우된다. 일반적으로 사람들은 원하는 무언가를 얻기 위한 위험을 감수하기보다 이미 가진 것을 보호하려는 성향이 크다.

이것은 우리의 오래된 뇌 회로에 깊이 박혀 있다. 우리는 대비했거나 헌신했던 것을 쉽게 놓지 못하고, 그것을 잃을까 봐 두려워한다. 예를 들어 보자. 당신은 변호사다. 변호사가 되기 위해 공부하고 훈련하고 현장에서 활동하는 데 8년이란 시간과 노력을 투자했다. 어느 순간 당신은 스키 강사가 되고 싶어졌다. 하지만 그동안 투자한 시간과 노력과 돈이 아까워서 직업을 바꾸기가 쉽지 않다. 하고 싶은 일을 하지 못해 불행하더라도 말이다.

우리는 실패의 조건뿐만 아니라 성공의 조건을 움켜쥐고 놓지 않는다. 알고 있는 것을 포기하지 않으려는 성향을 이겨내려면 욕구와 같은 설득력 있고 강력한 무언가가 필요하다.

욕구는 어떻게 작동하는가?

우리는 하루 중에 공포나 욕구와 관련된 생각을 6만 가지나 한다. 공포와 욕구 모두 우리에게 동기 부여로 작용한다. 공포는 원하지 않는 것에서 벗어나고 싶게 만들어 동기를 부여하고, 욕구는 하고 싶은 일을 하도록 밀어붙인다.

예를 들어 공포가 주도권을 잡으면 '살찌면 안 되니까 샐러드를 먹는 게 좋겠어.'라고 생각하게 된다. 반면에 욕구가 주도권을 잡으면 '저 맛있어 보이는 샐러드를 주문해야지.'라고 생각한다. 이 둘 사이에 큰 차이는 없어 보인다. 두 경우 모두 샐러드를 먹게 된다. 하지만 생각의 분위기에 차이가 있고, 이 차이가 개인의 세계관을 결정한다.

어쩌면 당신은 욕구도 조심스럽게 조정하고 싶을 것이다. 그렇지 않으면 어떤 일을 완수하고 나서 얻게 되는 성취감이 떨어질 수 있기 때문이다. 욕구는 혼이 담긴 꿈과 완전히 다른 될 대로 되라는 식의 야망을 부채질할 수도 있다. 이런 종류의 야망은 우리를 무자비하게 만들 수 있으며, 부자가 되거나 권력을 쥐거나 개인적인 명예를 추구하는 탐욕적인 욕구로 이어질 수도 있다. 이러한 욕구는 얕은 승리의 본질이다.

야망에도 꿈처럼 좋은 부분이 있다. 하지만 야망으로 인해 편협해지고 무언가를 놓치고 있다는 공포에 휩싸일 수 있다. 이것이 욕구가 꿈과 결합했을 때 가장 효과적인 이유다. 꿈을 꾸는 사람들은 단 하나의 성과만을 기대하지 않는다. 그리고 아무것도 남김없이 꿈에 쏟아붓는다.

영국 왕립해병대 소속이었던 리 스펜서의 사례를 다시 살펴보자. 그는 대서양을 배로 두 번이나 횡단했다. 그의 좌우명은 '꿈은 과감하게 꿔라. 실패하지 않는다면, 그 꿈은 과감하지 않은 것이다.'였다.

꿈을 꾼다는 의미가 아직도 모호하거나 명확하지 않다면, 리 스펜서가 당신에게 확신을 심어줄 수 있을 것이다. 그는 다음과 같이 말한다.

첫 시도에서 실패할 것이 확실하다면 당신은 제대로 된 꿈을 꾸고 있는 것입니다. 실패는 성공에 없어서는 안 될 요건이죠. 실패하지 않고 이뤄낸다면, 그것이 진짜 성공일까요? 성공은 수많은 실패 끝에 얻을 때만 가치가 있습니다. 그렇지 않으면 값싼 성공에 지나지 않아요.

저는 가능한 한 오래도록 해병대에 남고 싶었어요. 열세 살 때 채용박람회에 갔는데, 곧장 해병대 부스로 가서 담당자에게 해병이 되고 싶다고 말했죠. 그는 저한테 축구팀 주장인지 물었어요. 저는 "아뇨. 저는 후보 선수예요."라고 답했고요. 그러자 럭비팀의 주장인지 물었고, 저는 학교에 럭비팀이 없다고 대답했어요.

그는 "우리가 찾는 사람은 운동부 주장과 스포츠맨입니다. 당신은 우리가 찾고 있는 사람이 아니에요."라고 말하더군요. 저는 홍보물이라도 달라고 했어요. 하지만 그는 "남은 홍보물이 없어요."라고 말했어요. 그 사람 뒤에 홍보물이 산더미처럼 쌓여 있는데 말이죠.

17. 공포를 꿈과 욕구로 대체하라

열여덟 살이 되었을 때, 저는 해병대 부스를 다시 찾아갔어요. 담당자는 "아직 우리가 찾고 있는 사람의 자질을 갖추지 못했군요. 예비 훈련과정을 통과하지 못할 거예요."라고 말했어요. 그의 말이 사실일지도 모른다고 생각했어요. 저는 영국 왕립해병대를 슈퍼맨만 들어갈 수 있는 곳이라고 생각했어요. 하지만 저는 슈퍼맨이 아니었죠. 그렇다고 꿈을 포기할 순 없었어요.

3년 뒤 정식 해병대가 되는 데 가장 큰 걸림돌인 해병 선발을 위한 예비 훈련소에 참가하게 됐어요. 입소 전날 밤에 삼촌이 "넌 통과하지 못할 거야. 다른 사람들이 네가 해야 할 일을 지시하는데, 넌 그런 엄격한 기강을 견뎌내지 못할 걸." 하고 말하더군요.

저는 저를 주눅 들게 만드는 요소를 에너지로 사용했어요. 하지만 그 에너지를 긍정적으로 쓰게 만든 것은 다름 아닌 해병대가 되겠다는 꿈이었죠. 그 꿈은 눈이 먼 야망을 가능성으로 바꿨습니다.

나머지는 우리 모두 아는 이야기다. 그는 아프가니스탄에 세 차례 파견되었고, 24년 동안 해병대에 복무했다. 보다시피 리 스펜서의 꿈이 미래에 대한 비전을 놓지 않고 끝까지 추구할 수 있게 했다.

꿈에는 상상력이 가미된다. 지식은 강력하다. 하지만 끝없는 가능성이 수반되는 상상력이 훨씬 더 강력하다.

리 스펜서는 자동차 사고를 당한 사람들을 돕다가 끔찍한 사고를 당했다. 그로 인해 다리에서 무릎 아래 부분을 잃었다. 달려오던 다른 차가 그가 돕고 있던 사고 차와 충돌했고, 그는 엔진 파편에 맞았다. 그 충격으로 왼쪽 무릎이 완전히 탈골됐고, 오른쪽 무릎은 아래가 거의 절단됐다.

사고당한 후 도롯가에 혼자 있을 때, 아내에게 전화를 걸어서 작별 인사를 하지 않기로 했어요. 그 전화를 하면 이게 끝이라는 사실을 인정하는 것만 같았거든요. 그때 전화했다면, 지금 이 자리에 없겠죠. 다리를 잃거나 죽는 것은 아프가니스탄 해병에게 심각한 직업 재해예요. 그렇게 생각하고 상황을 이해한 뒤에는 그것에 대해 더는 생각하지 않았죠.

이 시점에서 리 스펜서는 공포에 휩싸이는 대신에 살기로 결심했다. "쇼크 상태는 아니었어요. 그냥 다리가 사라진 것 같았고, 우선 출혈을 멈춰야 했어요. 물론 이게 정상적인 반응이라고 생각하진 않아요."

프랭크라는 남자와 그의 딸 제넬리가 돕기 위해 다가왔다. 리 스펜서는 피를 너무 많이 흘렸고, 생과 사의 기로에 놓여 있었다. 그 역시 이 사실을 알고 있었다. "깊은 쇼크 상태의 모든 증상이 나타났죠. 몇 분 안에 뭔가를 해야 한다는 걸 알았어요. 하지만 그 순간에 저는 전혀 두렵지 않았어요."

"저는 제넬리에게 사타구니의 넙다리동맥 위에 올라서게 했어요. 무게 중심을 뒤로 실어서 출혈을 막게 한 거죠. 다행히 효과가 있었어요."

그가 그 끔찍한 사고에서 살아남았다는 사실이 매우 놀랍다. 하지만 그의 회복 과정과 그 사고 이후 그가 해낸 일들은 훨씬 더 놀라웠다.

17. 공포를 꿈과 욕구로 대체하라

저는 오로지 회복하고 걷는 데만 집중했어요. 매일 눈에 띄는 진전이 있었죠. 사고가 나고 처음으로 병원에 있는 매점에 갔던 날을 아직도 생생하게 기억해요. 그때 기분이 얼마나 좋았던지. 병원 밖에 나서던 순간을 기억해요. 그리고 휠체어에서 일어나 걷기 시작한 날도 기억하죠. 갈수록 걷는 것이 수월해졌어요. 여전히 병원에 있었지만, 1년 안에 마라톤을 뛰겠다고 결심했어요. 저만의 도전이었죠. 의사들은 불가능할 거라고 말했어요. 저의 왼쪽 다리가 그 사고로 심각하게 훼손됐거든요.

저는 첫 번째 자선행사에서 1만 파운드(약 1,600만 원)를 모으는 등 소소한 도전을 했어요. 런던에서 1마일(약 1.6킬로미터) 걷기에도 참여했어요. 그런 다음에는 지브롤터 바위산을 걸었죠. 저의 목표는 점점 나아지는 거였어요. 이 일은 그 끔찍한 상황에서 뭔가 좋은 일을 할 기회였죠. 공적인 목표를 설정하는 것은 저 자신에게 스스로 마법을 거는 것과 같았어요. 저는 그 목표 때문에 포기할 수 없었어요.

이후 그는 신체 일부가 절단된 전역 군인 세 명과 함께 대서양을 배로 횡단했고, 이어서 홀로 배를 타고 대서양을 횡단했다.

자선 활동을 위한 모금을 할 수 있어서 기뻐요. 하지만 모금이 목적은 아니었어요. 저는 저의 정체성이 제게 일어난 사건이나 다리가 하나만 있다는 사실만으로 정의되길 바라지 않았어요. 거만한 소리지만 '나는 이것을 할 수 있어. 왜 못 하겠어?'라고 되뇌었죠. 저는 장애가 있는 사람들에게 영감을 주거나 그들을 판단하려는 것도 아니

나를 단단하게 만드는 심리학

에요. 저에겐 저만의 장점이 있어요. 인맥도 있죠. 많은 기회를 선물받았고, 그래서 그런 일을 해내는 것이 훨씬 더 쉬웠어요. 그 누구도 다른 사람이 붙인 꼬리표를 받아들일 필요가 없습니다.

리 스펜서가 평생 해 왔듯이 꿈과 뭔가를 강력하게 끌어당기는 욕구를 연결할 수 있다면, 목표를 세우고 선택하고 행동하는 데 도움이 될 것이다. 그렇게 행동한다면 자신이 완전히 살아 있다고 느끼게 될 것이다. 처음에는 무서울 수 있다. 꿈을 좇는 떨림은 공포와 비슷할지도 모른다. 하지만 거기에는 부정적인 감정이 없다. 꿈을 좇으며 느끼게 되는 것은 두려움보다 꿈을 좇고 있다는 스릴과 흥분이다.

꿈에서 영감을 받으면, 그 꿈을 좇는 과정에 걸림돌이 되는 모든 공포와 모든 장애물을 넘어서는 데 주저하지 않을 것이다. 현재 상황을 거부하고, 소심하게 생각하고, 모두에게 충분히 돌아갈 성공의 기회 따위는 없다고 믿는 것은 꿈을 실현하는 데 방해된다. 무언가를 간절히 원할 때 설령 정신 나간 사람처럼 보이더라도 꿈을 실현하기 위해 무슨 일이든 할 준비가 되어 있다면, 욕구가 에너지와 직업의식, 꿈을 실현코자 하는 의지를 제공할 것이다. 이것이 공포와 무게가 같아지면, 공포는 무너져 내린다. 꿈을 좇는 과정에 거듭 실패하더라도 결국 꿈과 욕구가 공포를 굴복시킨다.

전설적인 환경보호 활동가이자 영장류 동물학자인 제인 구달Jane Goodall 여사는 2015년 연설에서 우리가 가진 불굴의 인간 정신에 대해 다음과 같이 말했다.[19]

여러분은 모두 똑같은 불굴의 정신을 갖고 있습니다. 그 정신을 자유롭게 풀어 주고, 그 정신을 따르며, 그 정신을 믿고, 그 정신이 우리를 데려다주는 곳으로 따라가는 법을 배우기만 하면 됩니다. 공포를 극복하고 밖으로 나가 그 불굴의 정신이 이끄는 대로 하세요. 우리 모두 할 수 있는 일입니다. 그것이 이 세상을 더 살기 좋은 곳으로 만드는 방법입니다.

꿈을 따르기 위해 위인이 될 필요는 없다. 우리 모두 꿈을 실현하는 데 필요한 것을 이미 갖고 있다.

나를 단단하게 만드는 심리학

18

○

공포를
진정한 유대감으로
대체하라

●

당신과 함께하는 사람들은 누구인가? 당신이 기댈 수 있는 사람들은
누구인가? 당신을 잘 알고 당신을 있는 그대로 받아들이는 사람들은
누구인가?

여기서 중요한 점은 자신이 어딘가에 소속되어 있다는 사실을 알
고 소속감을 느끼는 것이 그저 있으면 좋은 것 정도가 아니라 충족
되어야 할 인간의 기본적인 욕구라는 사실이다. 삶에서 '당신이 누구
인가?'만 중요한 것은 아니다. '당신이 누구와 함께하는가?'도 중요하
다. 이 작은 세상에서 필요한 것은 자급자족할 수 있는 자립적인 존
재가 아니다. 우리는 사회적 동물이다. 혼자서는 번창할 수 없고, 인
간관계 없이는 생존할 수 없다.

사실상 소속감은 사람이 갖는 가장 강력한 심리적 가치인지도 모
른다. 이번 장에서는 공포를 포함해 굉장히 고통스러운 감정들을 다

루는 데에 소속감이 가장 중요한 요인이 되는 이유를 설명할 것이다. 우리는 사람들과 어울리는 척하거나 어떤 집단에 받아들여지기 위해 그 집단에 속한 사람들과 비슷하게 행동한다. 때로는 다른 사람들의 가치관이나 관점을 받아들이기 위해 자신의 가치관이나 관점에 대해 침묵하기도 한다.

소속감은 우리 주변에 안전망을 엮어 준다. 위안과 자신감과 행복을 가져다준다. 힘들 때, 슬프거나 화가 날 때, 또는 두려울 때 우리에게는 기댈 수 있는 누군가가 필요하다. 소속감은 공포에 맞서는 데 효과적인 수단이 된다. 소속감은 바라던 일에 도전할 용기를 주고, 원하는 결과를 얻게 하기도 한다. 실패하더라도 사랑받을 것을 알기에 위험을 감수하고 도전할 수 있다.

시상식에서 수상자들은 거의 예외 없이 자신들을 빛나게 만들고, 그 자리에 있도록 도와주고, 불완전하고 결점이 있는 자신을 있는 그대로 받아 준 사람들에게 감사를 표한다. 그들은 설비 담당자, 팀 의사, 교사, 최고의 멘토나 팀 동료일 것이다. 그들이 누구든지, 두려움에서 벗어나 눈부신 퍼포먼스를 하게 만드는 핵심 요소는 대체로 소속감에서 오는 강렬한 친밀감이다.

친밀감을 억누르는 사람들

우리는 관계를 맺으며 살아간다. 우리에게는 깊은 사회적 직관이 있다. 말하지 않고도 서로의 마음과 생각을 읽을 수 있고, 사회에서 무슨 일이 벌어지고 있는지 이해할 수 있다. 사람들이 한마디 안 해도 그들의 에너지나 기분을 느낄 수 있다. 그리고 사람들이 무엇을 바라고 무서워하는지도 예측할 수 있다. 왜냐하면 우리는 서로의 바람과 두려움에 대해 자주 이야기하기 때문이다. 신경과학은 인간의 공감 능력을 이제 막 이해하기 시작했다.

그런데 왜 사람들은 인간관계를 피하는 것일까? 왜 우리는 눈을 마주치지 않고 인간미 없는 상호작용을 하는 것일까? 왜 애달아 보이거나 관심 있어 보이지 않도록 시간을 재 가면서 문자 메시지를 보내는 것일까? 왜 우리는 감정을 억누르는 것일까? 지나치게 감정적인 사람으로 보이거나 감정을 마구 쏟아내고 싶지 않은 이유는 무엇인가?

마지막으로, 동료와 껄끄러운 대화를 할 때 상대에게 공감하면서 눈을 똑바로 바라보고 당신이 어떤 기분인지 보여 주며 당신답게 행동하는가? 보통 그렇지 않다. 하지만 친밀감을 추구하려는 마음을 억누르면, 스스로 괜찮다는 생각은 사라지고, 혼자 인 것 같고, 자신이 누구인지 모르게 된다.

개인은 자립해야 하고, 독립적이어야 하며, 궁색해서는 안 된다고 배운다. 이것이 개인에 대한 문화적 믿음이다. 그래서 우리는 침묵한다. 하지만 이것은 우리에게 필요한 정서적인 연결을 차단한다. 인간이 진화해 온 방법인 공동체의 일원이 되는 대신, 지지와 애정을 얻기 위해 배우자나 친구 등 한두 명에게 상당히 의지하게 된다. 여기서 더 나아가 굉장히 개인적인 사람이 되기도 한다. 작가 요한 하리에 따르면, 그 결과로 우리는 다른 사람들에게 둘러싸여 있을 때도 고립감과 외로움, 두려움을 느낀다. 이런 현상은 특히 남자들에게서 나타난다. 그는 "외로움은 자욱한 안개처럼 오늘날 우리의 문화 위에

드리워져 있다."라고 썼다.[20]

소속감은 어떻게 작동하는가?

소속감으로 이어지는 세 가지 요소는 우정, 친절함, 친밀감이다. 이 세 가지는 '나는 여기에 속해 있어.'라고 말하며 한 개인의 정체성을 형성한다.

대부분 우정과 친절함은 중요하다고 인정하지만, 친밀감은 열외로 취급한다. 하지만 친밀감은 공포를 대면하고 이를 다른 무언가로 대체하는 데 최고의 조력자가 되어 주는 깊은 정서적인 연결고리 중 하나다.

친밀감은 서로가 무엇을 진정 좋아하는지 알게 될 때 형성된다. 자신을 통제하는 사람들은 다른 사람과 무언가를 공유하는 것을 훨씬 더 위험하다고 생각해 본모습을 숨긴다. 그래서 겉치레에 대부분의 시간을 쓴다.

나는 남성 스포츠 업계에서 일하면서, 친밀감이 공포를 극복하는 방법이라는 말에 사람들이 눈살 찌푸리는 것을 많이 봤다. 팀워크와 유대감이라면 문제없다. 한 팀이 되기 위해 결속을 다지는 것도 문제가 되지 않는다. 하지만 진정 서로를 알아가는 것은 다른 이야기다. 그건 문제가 된다.

함께 일했던 많은 운동선수처럼 당신도 팀원들 사이의 먹고 먹히는 경쟁이 친밀감을 형성하지 못하게 만든다고 생각할지도 모른다. 어쩌면 친밀감은 사람을 너무 감정적이고 흐트러지게 만든다고 생각할지도 모른다. 하지만 둘 다 근거 없는 생각일 뿐이다. 일대일로 친밀감을 형성할 수도 있지만, 팀, 직장, 가족과 같은 집단과도 친밀감을 형성할 수 있다. 잠깐 반짝 했다가 사라지는 팀워크나 단순한 공존이 아닌, 지속적이고 진정한 친밀감을 형성하는 것이 핵심이다.

친밀감은 어떻게 형성되는가?

친밀감은 서서히 형성된다. 우리는 서로의 말에 귀를 기울이고 자신이 누구인지 보여 주면서 서로에게 친밀감을 갖는다. 친밀감을 형성하려면, 그 누구도 듣거나 본 적 없는 자신만의 생각, 자신이 처한 환경과 경험의 일부를 상대방에게 보여 줘야 한다. 그리고 자신과 마찬가지로 그 누구에게도 보여 주거나 들려준 적 없는 생각이나 경험을 공유하는 상대방에게 오롯이 집중해야 한다.

가장 좋은 사례는 내가 일했던 호주식 풋볼 구단인 리치먼드 타이거스다. 리더들은 내가 떠난 뒤에도 선수들과 친밀감을 형성하는 데 훨씬 더 많은 시간과 에너지를 쏟기로 했다. 이전에는 심리적인 도구와 분석법을 사용했지만, 친밀감을 형성하는 데 매진한 이후 그들에게 의미 있는 큰 변화가 생겼다.

대부분 구단처럼 리치먼드 타이거스의 구성원은 모두 대단한 사람들이다. 그들은 조직적이고 순종적이며 헌신적이다. 하지만 이전에 보여준 이들의 순종은 사랑보다 공포와 존경에서 비롯되었고, 헌신 또한 서로에 대한 헌신보다는 어떤 생각에 대한 헌신이었다. 콘라트 마셜Konrad Marshall은《흑과 황Yellow and Black》에서 기념비적인 반전, 다시 말해서 자신들이 어떻게 37년간의 우승 가뭄을 끝내고 2017 프리미어 리그에서 우승했는지 말했다. 리치먼드 타이거스 사례는 내

18. 공포를 진정한 유대감으로 대체하라

가 좋아하는 반전이 있는 이야기 중 하나다. 그들이 반전을 이뤄내기 위해 얼마나 많은 마음과 영혼을 쏟아부었는지 알기 때문이다.

데이미언 하드윅Damien Hardwick 감독은 나약함을 드러내고 유대감을 강화하는 프로그램인 트리플H를 소개했다. 그는 하버드대학교 경영대학원의 진정성 리더십 과정에서 이 프로그램을 가져왔다. 트리플H는 NFL 코치 존 고든Jon Gordon의 《라커룸 리더십You Win in the Locker Room》(리얼부커스, 2016)에서 비롯됐다. [21]

성공적인 호주식 풋볼 구단을 결성하는 것이 당신의 삶과 직접적인 관련이 없는 것처럼 보일 수 있다. 하지만 44명의 거친 운동선수가 서로 친밀감을 형성할 수 있다면, 당신 역시 어디서든 친밀감을 형성할 수 있을 것이다.

트리플H에서는 사람들 앞에서 자신이 생각하는 가장 멋진 영웅과, 자신이 경험한 역경이나 어려움, 인생에서 가장 눈부셨던 순간 등 개인적인 이야기 세 가지를 나눈다. 감독이 제일 먼저 이야기하고, 그 뒤에 트렌트 코친Trent Cotchin 주장이 자신의 이야기를 나눈다. 44명 선수 모두가 트리플H에서 자신의 이야기를 들려줘야 한다.

선수들은 친척을 잃은 이야기, 장애를 지닌 사랑하는 사람을 돌본 이야기, 가난이나 인종차별을 극복한 이야기, 사랑과 부성애처럼 기쁜 감정을 느낀 경험 등을 이야기했다. 실제로 이 모든 것은 인간의 삶을 구성하는 요소다.

콘라트 마셜은 "근육질 사내 50여 명 앞에서 솔직하게 자기 이야기를 하다 보면 자연스럽게 눈물이 흐른다. 선수들은 서로 박수를 보내고 포옹하며 격려한다. 이 시간은 섞이지 않는 두 액체를 잘 섞이도록 하는 유화제 역할을 하고 프리미어 리그까지 팀의 결속을 다진 다."라고 보고했다.

수비수인 브랜던 엘리스Brandon Ellis는 동료들에게 주택 위원회의 공공 주택에서 살면서 쇼핑몰에서 옷을 훔쳐 입고 다녔던 어린 시절을 이야기하면서 그 당시 자신이 인간쓰레기처럼 느껴졌고 너무나 수치스러웠다며 눈물을 흘렸다. 베테랑 수비수인 바차르 호울리Bachar Houli는 사랑하는 딸이 태어나던 감격스러운 출산의 순간과 그 감동 때문에 부모님을 만날 때마다 두 분에게 입맞춤하게 된 경험을 상냥하게 이야기했다.

닉 발라스튄Nick Vlastuin은 동료들 앞에서 무슨 이야기를 할지 '몇 주 동안 고민했다.'고 말했다. 그는 제2차 세계대전에 참전해 4개월 동안 싱가포르 창이 감옥에 감금됐다가 버마 철도 공사 현장으로 보내졌던 할아버지에 관해 이야기했다.

이렇게 자신의 나약함을 드러내고 유대감을 강화하는 프로그램은 스포츠 세계에서 소위 운동 능력을 향상시키는 합법적인 물질로 불린다. 공포를 극복하고 자신의 나약함을 동료들에게 보여 줌으로써 선수들 사이에는 진정한 유대감이 형성된다. 그렇다고 트리플H를 그대로 가져다가 시도할 필요는 없다. 친밀감을 형성하는 것을 목표로 하는 프로그램이라면 그것이 무엇이든 효과적일 것이다.

그렇다면 친밀감은 어떻게 유대감으로 이어질까? 벤 레넌Ben Lennon은 《흑과 황Yellow and Black》에서 친밀감이 유대감으로 변하는 과정을 설명했다. "주장이 2년 차 또는 3년 차 선수와 같은 생각을 한다는 사실을 아는 것만으로 큰 힘이 된다. 그들은 '우리가 여기 당신과 함께 있고, 당신이 앞에 서서 그런 이야기를 하는 것이 힘들다는 것을 우리는 안다. 하지만 우리는 당신을 응원한다.'라는 메시지를 주고받는다."[22]

진정한 친밀감은 특별하다. 방어적이고 경계하는 태도를 누그러뜨려 집단에 녹아들게 만든다. 친밀감은 자신의 나약한 모습이 다른 사람들에게 노출되는 두려움을 극복하게 만들고, 소위 쿨한 사람이 되어야 한다는 압박과 자신과 다른 사람 사이를 갈라놓는 장애물을 제거한다.

그리고 친밀감은 지나친 복종과 순응을 저지한다. 사람들 앞에 나섰다가 눈에 띄거나 뭔가 바보 같은 소리를 해서 주목받을까 봐 두려워 맹목적으로 리더를 따르고 그의 뜻에 이의를 제기하지 않는 상황을 막는다. 자기 생각을 당당하게 밝혀도 여전히 그 집단에 소속될 수 있다는 것을 알게 되면, 냉철하게 판단하고 현명하게 위험을 감수할 여유와 용기가 더 생긴다.

무엇보다 친밀감은 배려와 사랑을 낳는다. 사람들은 자기가 사랑하는 사람들로부터 배운다. 그리고 사랑하는 사람들이 곁에 있으면 실패할 위험도 기꺼이 감수한다. 브랜던 엘리스는 트리플H가 없었다면 경기에서 그렇게 좋은 결과를 낼 수 없었을 것이라고 말했다. 트리플H에서 선수들은 자신이 누구이고 왜 그런 사람이 되었는지를 서로에게 솔직하게 털어놨다. 브랜던 엘리스는 "제 이야기를 거짓으로 꾸미고 싶지 않았어요."라고 말했다. "우리는 서로가 누구인지 알고 싶었어요. 이게 바로 나라는 사람이에요. 우리는 이 경험 덕분에 이전보다 서로를 더욱 아끼게 되었어요. 선수들 사이에 유대감이 생겼죠."[23]

리치먼드 타이거스가 단합할 수 있도록 도왔던 다른 변화들도 있었다. 의사 결정 방식은 이전보다 민주적으로 바뀌었다. 모든 선수의 의견을 수렴하고 고려한 뒤에 구단의 결정이 내려졌다. 리더들의 리더십 방식도 개선됐다. 마음챙김 프로그램이 도입되었고, 감독과 주장이 선수들의 멘토가 되었다.

자신의 공포와 대면했던 리더들도 이러한 변화에 크게 기여했다. 트렌트 코친 주장은 동료들 앞에서 이례적인 연설을 하며 2017년 시즌을 시작했다. AFL(호주식 풋볼 리그)에서 가장 존경받고 높이 평가받는 리더 중 하나인 그는 새로운 무언가를 시도하기로 했다. 그는 2016년 시즌 후에 자신의 나약함을 뼈저리게 느꼈다. 절망적이었으며 실패가 두려웠다고 말했다. 자신에게 좋은 주장이 될 능력이 있다고 느꼈지만, 구단이 더 좋은 선택을 하려면 주장 자리를 내려놓아야 한다고 생각했다.

2016년 시즌 내내 검은 먹구름이 내 머리 위에 있었어요. 특히 시즌 후반부로 갈수록 심해졌죠. 하지만 저의 나약한 모습을 동료들에게 절대 보여 주지 않았어요. 저는 주장이었기 때문이죠. 2017년 44명의 팀원, 친구들 그리고 또래들 앞에 섰던 그 결정적인 순간에 자유를 얻었어요. 제 마음속에 있는 감정과 이야기를 모두 쏟아냈죠. 사실 그것은 제가 두려워하던 일이었어요. 하지만 제 인생에서 가장 보람된 경험이었죠.[24]

18. 공포를 진정한 유대감으로 대체하라

그의 연설 말미에 모든 선수가 그를 안아 줬다. 그의 진정성이 친밀감을 형성하는 기회가 된 것이다. 나머지 선수들도 그와 같은 경험을 했다.

리더들은 구단과 선수들이 안고 있는 정체성 문제인 인종차별 부분을 해결하고자 했다. 선수들 사이에 인종차별로 인한 사건 사고는 줄었지만, 인종차별은 다른 스포츠 분야와 사회 전반과 마찬가지로 AFL에서도 문제였다. AFL 클럽은 팬들의 시각을 바꾸기 위해 원주민과의 조화를 추구하고 그들의 권리를 지지했다.

매년 AFL 시즌이 열리는 동안 주말이 되면 드림타임 경기가 열린다. 그해는 원주민들이 1967년에 투표권을 획득한 지 50주년이 되는 해였다. 그래서 특별히 그해의 드림타임 경기는 의미가 있었다. 보통은 경기가 끝나면 데이미언 하드윅 감독이 모든 선수를 다독이며 격려했다. 대신 특정한 선수를 콕 집어서 이야기하진 않았다. 하지만 이번에는 셰인 에드워즈Shane Edwards에게 존경을 표했다. 그날 셰인 에드워즈의 등 번호는 67번이었다.

콘라트 마셜은 그 일을 다음과 같이 회상했다.

그(감독)는 동료들에게 풋볼 구단에 대한 에드워즈의 기여에 감사한다고 말했어요. 에드워즈는 11년 동안 구단 소속이었는데요. 감독은 드림타임 경기를 포함해 에드워즈가 리치먼드 구단을 위해 192경기를 뛰었다고 언급했어요. 에드워즈가 원주민 선수 중에서 가장 많은 경기를 뛴 선수가 되는 셈이었죠.

데이미언 하드윅 감독은 "저는 셰인 에드워즈를 사랑합니다."라고 말한 뒤 잠시 말을 멈췄다. 그리고 체구가 작은 미드필더 셰인 에드워즈를 가리켰다. "저는 오늘 밤 셰인 에드워즈에게 사랑을 보여 주고 싶습니다. 그는 우리 가족의 일원이니까요. 바차르, 로이디, 잭처럼 말입니다. 우리는 가족을 위해서 무언가를 합니다. 그들을 위해서 싸우죠. 우리는 그들을 지지합니다. 오늘 밤 셰인 에드워즈와 함께합시다."라고 말을 이었다.[25] 그는 원주민 선수와 비원주민 선수 사이의 친밀감, 소속감과 형제애를 강조했다.

당신은 자신의 본모습을 다른 누군가에게 기꺼이 보여 줄 것인가? 대부분은 무의식적으로 집단, 팀 그리고 부부 사이에서도 표면적으로 행동한다. 거절과 고통으로부터 자신을 보호하기 위해서다. 하지만 이런 피상적인 모습은 더 큰 공포와 외로움으로 이어질 수 있다. 친밀감이 없이 느슨하게 묶인 연인이나 단체는 설령 공공의 목적이나 대의로 연결되어 있더라도 그 압박감에 못 이겨 무너진다.

그렇다면 어떻게 친밀감 수준을 높일 수 있을까? 나는 소심하고 내성적이기 때문에, 큰 사회 집단에 소속되는 것을 꺼리고 많은 사람이 보는 앞에서 감정을 그대로 드러내는 것을 선호하지 않는다. 하지만 나는 진정한 친밀감의 장점을 알고 있다. 마음을 열고 진심을 말하면 잘 알지 못하는 사람들과도 좀 더 친밀한 관계를 형성할 수 있다. 다른 사람들과 소원해지지 않고 그들과 관계를 맺을 수 있도록 대화를 이끌어 가는 것이 중요하다(특히 이름 앞에 무슨 '박사'처럼 상대방을 위축할 수 있는 직함을 가진 사람이라면 더더욱 중요하다).

잘 듣는 것도 중요하다. 어디 급하게 가야 하는 사람처럼 상대방에게 불안감을 주기보다 당신이 그의 말에 귀를 기울이고 있다는 메시지를 전달하는 것이 중요하다. 배려를 보여 주면, 친밀감이 형성된다. 상대방에게 필요한 것이 무엇인지 알아차리고 진심 어린 피드백을 제공하는 것도 마찬가지다. 하지만 무엇보다도 중요한 것은 단순히 말을 들어주는 역할을 하는 것이 아니라, 대화 상대가 누구든 진짜 자신으로서 그 사람의 이야기를 들어주는 것이다.

더불어 이미지 관리를 얼마나 잘하고 있는지도 생각해 볼 수 있다. 당신은 친한 친구나 연인에게조차 그들의 눈치를 보며 할 말을 하지 않고 참고 있지는 않은가? 누군가가 칭찬할 때 그 사람과 눈을 마주치는 것이 불편한가? 긍정적인 인상을 주려고 누군가와의 상호작용을 지나치게 조심하고 있지는 않은가? 아이러니하게도 사람들은 저 멀리서도 당신이 마음을 얼마나 열었는지 아니면 자신을 얼마나 숨기고 있는지 알 수 있다. 누군가와 관계를 맺고 친밀감을 형성하고 싶다는 작은 몸짓은 사회적인 상호작용에서 큰 변화를 만들어낼 수 있다. 스스로 괜찮은 사람이라고 생각한다면, 그렇게 많은 것을 숨길 필요가 없다. 당신은 친밀한 관계를 맺으려면 상대방과의 관계가 좀 더 안전해야 한다고 생각할지도 모른다. 하지만 역설적이게도 친밀한 관계를 맺기로 용기를 낼 때 그 친밀한 관계나 파트너십이나 팀이 안전한 느낌을 가져다준다. 게다가 그 느낌은 말할 수 없이 경이로울 것이다. 대부분의 경우 친밀감과 배려는 공포를 없애고 회복탄력성을 키우는 좋은 재료다.

19

○

고통을
열정으로 대체하라

●

우리는 살면서 각자 나름대로 고난과 역경을 겪는다. 모두가 상실을 경험하고, 주체할 수 없는 비탄에 빠지고, 골칫거리를 안고, 슬픔을 견디면서 산다. 고통은 정서적인 고통과 정신적인 고통 두 가지 형태로 나타나는데, 모두 우리 존재에 불가피한 부분이다.

때때로 우리는 고통으로 인해 무너진다. 저항하거나, 좌절하거나, 버럭 화를 내거나, 깊은 분노에 휩싸인다. 고통이 공포에 더해지면 그 고통은 자신과 다른 사람과의 관계를 파괴하는 힘이 된다.

하지만 고통을 다른 방식으로 풀어 나갈 수 있다. 이번 장에서 몇몇 사례를 살펴볼 것이다. 고통을 변화시키고 공포를 극복하는 일종의 연금술이 있다. 바로 고통을 열정으로 바꿔 놓는 것이다.

조엘리 브리얼리Joeli Brearley는 영국의 자선단체인 '임신해서 망했어요Pregnant Then Screwed'를 운영한다. 이 단체는 임신한 여성과 자녀를

19. 고통을 열정으로 대체하라

양육하는 여성이 차별에서 벗어날 수 있도록 돕고 그들을 위해서 법을 개정한다. 그녀는 고용주에게 임신 4개월이라고 말한 뒤 음성 메시지로 해고 통보를 받았고, 그 후 이 단체를 설립했다. 그녀는 다음과 같이 말한다.

적어도 2주 동안, 저는 감정의 롤러코스터를 탔어요. 화를 냈다가 상처받았다가 공포에 휩싸이기를 반복했죠. 제가 가장 나약한 순간에 내동댕이쳐진 듯한 기분이었어요. 이것이 저의 경력에서 어떤 의미인지 잘 알았기에 너무나 두려웠어요. 입에 풀칠이나 하며 살 수 있을지 막막했죠. 누가 봐도 임산부인 제가 다른 곳에 취업할 수 있을지 알 수 없었어요.

친구와 가족들이 저를 안아 주고 지지해 줬어요. 제가 울고 소리치고 악을 써도 그냥 지켜봐 줬어요. 이게 도움이 됐던 것 같아요. 남편은 얼마간 제가 감정에 휘둘려 마음대로 행동하도록 내버려 뒀죠. 그리고는 이제 뭔가 할 때라고 말했어요. 그는 다른 직장에 지원하도록 저를 격려해 줬어요. 그리고 운 좋게 저한테 딱 맞는 직장에 다시 취직하게 됐죠.

테오를 출산한 뒤에 심각한 산후 우울증에 시달렸어요. 임신했다는 이유로 해고당한 경험 때문이었던 것 같아요. 초기 몇 달 동안은 너무 억울해서 복수를 계획했어요. 이제 막 아이를 출산한 엄마를 만날 때마다, 직장에서 어떤 차별을 당하지 않았는지 물었어요. 임신 기간에 차별 대우하는 것은 불법이었지만, 제가 생각했던 것보다 훨씬 흔했어요. 괴롭힘을 당하거나 정리 해고를 당하는 여성이 많았죠. 어떤 식으로든 그들이 일하지 못하게 만들었어요.

한 동료가 제게 "그 분노를 해소해야 해요."라고 말했어요. 저는 이 분노를 해소할 완벽한 방법은 그것을 다른 여성들을 돕는 데 쓰는 것임을 깨달았죠. 이를 깨닫고 나니, 흥분됐어요. '임신해서 망했어요'는 5년 된 자선단체예요. 도움이 필요한 많은 여성을 도왔죠. 유산하거나 길거리에서 생활하는 여성들도 돕고 있어요. 이제는 제게 일어났던 일에 대해 더는 분노하지 않아요. 그 모든 과정이 믿기 어려울 정도로 카타르시스가 되어 주고 있어요. 뭔가 긍정적인 일을 하고 있다는 사실에 깊은 안도감을 느껴요.

우리는 공포에 휩쓸리는 대신 고통의 원천인 무언가를 바꾸거나 극복하거나 해소하는 데 집중하기로 선택할 수 있다. 고통을 무엇인가로 바꾸려는 열정과, 두려움에도 불구하고 침묵하거나 멈추기를 거부하는 의지로 바꿀 수 있다.

다음은 2019년 9월 유엔 기후행동정상회의에 초청된 그레타 툰베리Greta Thunberg의 연설 '어떻게 그럴 수가 있어요'의 일부분이다.

이 모든 것은 잘못됐습니다. … 어떻게 눈길을 돌리고 여기 와서 충분히 해야 할 일을 하고 있다고 말할 수가 있나요! 필요한 정치와 해결책이 아직 확실하지 않은 이 상황에서 말이에요.

그녀가 들었던 이야기와 그녀가 직접 경험한 사실의 간격은 엄청났다. 그래서 그레타 툰베리는 '공포에 휩싸이느냐, 분노를 표출하느냐.' 하는 선택의 기로에 섰고, 자신의 분노를 표출하기로 결정했다.

열정을 어떻게 사용할 것인가?

열정은 뭔가를 강렬하게 느끼고 끌리게 만든다. 열정은 이성과 사고를 뛰어넘는 강렬한 에너지로, 사랑이나 욕망에 빠지는 것이 전부가 아니다. 항상 선을 위한 것도 아니다. 열정도 분노, 증오, 공격성, 증명해야 할 무언가와 함께 존재한다.

열정을 활활 타오르게 만드는 고통을 안고 있는 사람들은 범접할수 없는 뭔가가 있다. 그들은 행동가다. 그들은 무관심하게 지나가는 행인이나 순응자가 되기를 거부한다. 자신의 공포를 길들이고, 다들 피하려고 하는 문화적 공포나 개인적 공포를 대면함으로써 그저 침묵하기를 거부한다.

앤서니는 페니피센트 출판사의 공동 창립자다. 이 단체는 만화와 워크숍을 통해 젊은이들이 직면한 사회 문제를 해결하고자 한다. 그의 열정은 예술과 도심 지역의 아이들에게 세계가 어떻게 돌아가는지 가르쳐서 자신이 하지 못했던 좋은 선택을 하도록 돕는 것에 있다. 그는 다음과 같이 말했다.

페니피센트 출판사는 아이들에게 만화로 인생을 사는 법칙과 인생을 살면서 경험할 수 있는 다양한 문제를 보여 줘요. 제가 그린 그림은 생생하죠. 왜냐면 제가 그런 삶을 살았으니까요. 제 그림은 아이들에게 가닿아요. 왜냐하면 그들도 그런 삶을 살고 있으니까요. 저는 저와 같은 아이들의 롤모델이 축구선수나 래퍼나 마약상이란 것을 알았어요. 그게 전부죠. 제 과거를 되돌아보면, 그 누구도 저를 도와주지 않았어요. 저에게 "이런 짓 하지 마, 인마."라고 말해 주는, 좋은 형은 없었어요. 그 누구도 가르쳐 주지 않았고, 정보를 얻을 데도 없었어요. 그렇게 이곳의 아이들은 실패자가 될 준비를 해요. 저는 아이들이 제가 겪은 일을 그대로 겪는 걸 원하지 않아요.

앤서니는 싸움을 하고, 물건을 훔쳐 학교에서 퇴학당하고 감옥에 갔다. 그가 경험한 폭력은 그의 정신 건강에 영향을 줬다. "이 지역 사람들은 미친 사람과 통제할 수 없는 폭력에 그대로 노출돼요. 그 경험은 그들을 완전히 망쳐 버려요. 외상 후 스트레스 장애PTSD를 겪게 만들죠." 그는 10대였을 때 오직 생존에만 집중했다고 했다. 열다섯 살에 그는 칼에 찔렸다.

진짜 공포와 분노를 느꼈던 순간이었어요. 아드레날린이 솟구쳤고 칼에 찔리고 있는데도 싸우려고 했죠. 정말 무서웠어요. 죽어 가는데 머릿속은 분노로 가득하다고 생각해 보세요. 저는 초주검이 됐고, 사람들이 저를 응급 의료 헬기에 태워서 병원으로 이송했어요. 너무나 화가 나서 당장 병원에서 뛰쳐나와 복수하고 싶었지만, 곧장 쓰러졌어요.

그는 정신적으로 고통받고 있었지만 주위에 속내를 솔직하게 털어놓을 사람이 없었다. 흑인과 아프리카 문화에서는 정신 건강 문제를 지닌 사람을 문제아로 낙인찍었기 때문이다.

절대 다른 사람들에게는 말할 수 없었어요. 그게 얼마나 화 나는 일인지 아세요? 모든 것을 속으로 삭여야 했어요. 유일한 분출구는 폭력이었죠. '알 게 뭐야! 누가 날 건드리면, 그대로 갚아 주면 그만이야. 총을 맞더라도 상관없어. 죽더라도 상관없어.'라고 생각했죠. 전 정말 바닥이었어요. 자기 파괴적이었고 우울증을 앓았죠. 매일 죽는 꿈을 꿨어요.

열여섯 살에 앤서니는 범죄 집단에 연루되어 구속됐다. 범죄에 가담하진 않았지만, 그가 강도 현장에 있었다는 이유였다.

저는 판사에게 "내가 범죄 집단을 어떻게 알아요?"라고 말했어요. 법이 뭐라고 하든 상관없어요. 그건 불공평했어요. 그해에 저는 칼에 찔리고 감옥에 갔어요. 사람들이 왜 들어오게 됐냐고 물었죠. 저는 잘 모르겠다고 했어요. 전혀 알 수 없다고 했죠. 어쩌다 보니 여기 있게 됐다고 했어요. 이 생각이 저를 계속 괴롭혔어요.

앤서니는 열여덟 살에 다시 감옥에 수감됐다. 거기서 그는 〈뮤턴트 X Mutant X〉라는 그래픽 노블을 읽었다.

만화는 괴짜들이나 읽는 거라고 생각했어요. 그런데 〈뮤턴트 X〉가 마틴 루서 킹 Martin Luther King과 맬컴 엑스 Malcolm X에 관한 이야기라는 사실을 깨달았죠. 그들의 이야기가 그 만화 속에 담겨 있었어요. 저도 영국을 위해 이야기를 쓰고 싶어요. 흑인 캐릭터가 주인공이 되는 이야기 말이에요. 〈뮤턴트X〉는 자기편이 누구인지 항상 관심을 가지라는 등 삶에 관한 실용적인 교훈을 줬어요. 그 만화를 읽으면서 애써 참는 것도 괜찮다는 사실을 배웠죠. 정신 건강에 관해 이야기하는 것도 좋다는 사실을 알게 됐고요. 더불어 폭력을 보는 것만으로도 PTSD를 겪을 수 있다는 것도 알게 됐죠.

출소한 뒤에 앤서니는 디지털 미디어, 예술, 디자인 강의를 듣기 시작했다. 거기서 그는 비즈니스 파트너인 페니피센트 출판사를 만나게 됐다.

저의 첫 작품은 〈평화와 전쟁Peace and War〉인데요. 인간을 노예로 삼는 기계에 관한 이야기예요. 기계가 정부고, 인간은 노동계급이죠. 하지만 가만히 앉아서 곰곰이 생각하지 않으면 그 사실을 인지하지 못해요. 제 만화가 아이들이 평소와는 다른 생각을 하도록 돕는다는 사실을 알고 보람을 느꼈어요. 그 작품은 더는 저를 위한 것이 아니었어요. 제게는 과거일 뿐이죠. 이제는 새로운 세대를 위한 거예요. 우리 아이도 제가 하는 일에 참여하고 있어요. 저는 아들이 저처럼 자라길 원하지 않아요. 아이들이 악몽에서 깨어나 이것이 자신들을 위한 삶이 아니라는 것을 아는 것은 매우 중요해요. 더 많은 사람에게 닿는다면, 더 좋은 거죠.

앤서니는 어린 시절에 힘든 감정을 무시하고 고통에 대해 침묵해야 자신이 더 강해진다고 배웠을 것이다. 하지만 현실은 그 반대다.

고통을 억누르면 공포가 고개를 든다. 위협받고 있다는 두려움을 안고 살게 되고, 언제 또 나쁜 일이 일어날지 항상 두려워하게 된다.

고통을 억누르고 두려워하는 대신 자신의 고통에서 어떤 가치를 발견할 수 있는지 고민해야 한다. 그동안 몰랐지만 자신 안에 내재해 있던 회복탄력성이나 의지, 지혜를 높이는 데 도움이 됐는지도 고민해야 한다. 그 고통이 자신이 아끼는 무언가를 발견하는 데 도움이 됐는지도 생각해야 한다. 앤서니는 이런 일들을 경험했다. 그는 자신이 겪었던 고통을 아이들이 그대로 경험하길 바라지 않았다. 당신의 경우는 어떤가? 고통을 겪고 나서, 다른 사람들도 당신과 비슷한 경험을 하고 있고 그들에게 뭔가 긍정적인 도움을 주고자 하는 생각이 들었는가?

고통과 그로 인한 에너지를 경험하고 있다면, 고통을 밖으로 표출할 환경과 기회를 만들도록 노력해야 한다.

고통은 마음속에 오랫동안 자리 잡으며, 희미해지거나 변하지 않는다. 고통을 속에 담아 두기만 하면 결국 그 고통으로 인해 좌절하게 된다. 하지만 고통에 관해 이야기하면, 그것을 밖으로 표출시킬 수 있다. 예술, 춤, 스포츠나 다른 신체적인 활동으로도 고통을 표출할 수 있다. 심지어 심호흡하는 것도 도움이 된다. 12장에 나온 미샤의 수치심 때문에 붉게 달아오르는 얼굴처럼, 고통은 고이지 않고 밖으로 표출될 분출구가 필요하다. 고통이 밖으로 빠져나가지 못하도록 가두어 두고 있는 것은 아닌지 생각해 보라. 혹 그렇다면 어떻게 자연스럽게 표출시킬지도 고민해 보라.

고통이 있다 해도 앤서니처럼 그 고통을 열정으로 바꿀 수 있다면,

나를 단단하게 만드는 심리학

우리는 얼마든지 고통을 긍정적인 힘으로 바꿀 수 있다. 이를 위해 제2의 그레타 툰베리가 되거나 세상을 바꿀 필요는 없다. 하지만 열정을 이용해 자신에게 뭔가 의미 있는 변화를 만들어 낼 수 있다.

20

○

공포를
웃음으로 대체하라

●

'나에게는 공포 엘리베이터가 있다. 하지만 그 엘리베이터에 탑승하는 대신 한 계단씩 오르기 시작했다.'

공포 에너지가 부정적인 생각과 두려움으로 당신을 끌고 간다면, 웃음 에너지는 그와 정반대로 움직인다. 웃음 에너지는 모순과 비논리로 구성된다. 유머는 설령 일시적이라 하더라도 우리의 시각을 바꿔 좀 더 낙관하게 만든다. 하지만 역경과 마주하면, 눈앞의 역경이 전부가 된다.

마흔여덟 살인 에마 캠벨Emma Campbell의 인생에서 지난 10년은 한 편의 영화 같았다. 첫째가 여섯 살이고 세쌍둥이가 겨우 6개월이었을 때, 그녀는 유방암 진단을 받았다. 남편과 헤어지고 몇 주가 흐른 뒤였다. 그로부터 5년 뒤에 그녀는 지금의 남편 데이브를 만났다. 그를 만난 날은 유방암이 재발했다는 소식을 들은 다음 날이었다. 그로부터 5년 뒤 그녀의 반대쪽 유방에서 멍울이 발견됐고 폐에서는 2차 종양이 확인됐다.

6개월 전에 에마 캠벨은 폐의 절반을 제거했고, 유방 절제술과 재건술을 받았다. "하지만 이 모든 불행에도 불구하고 저는 이전보다 더 많이 웃어요. 이상하지 않아요?"라고 그녀가 말했다.

저는 걱정을 안고 태어났어요. 그리고 죽음을 두려워했죠. 이십 대와 삼십 대에 불안감과 두려움의 무게가 저를 무겁게 짓눌렀어요. 뒤로 넘어갈 듯 박장대소하는 사람들을 보면 그들을 이해할 수 없었어요. 아이들이 엄마는 웃지 않는다고 말하곤 했죠.

그러던 어느 날 최악의 상황이 벌어졌어요. 그런 일들이 계속 반복됐죠. 그래도 전 이제 웃어요. 설령 제가 지쳐서 나가떨어져도 웃죠. 아이 넷을 기르는 것은 쉬운 일이 아니에요. 하지만 저는 진정한 기쁨을 누리며 살고 있어요. 제게 유머는 자존감과 연결돼요. 자존감이 강해지면, 유머 감각이 자연스럽게 진화하죠.

이제 저는 자연스럽게 가벼운 것들에 끌려요. 진단서에는 제가 난치병에 걸렸다고 적혀 있지만, 저는 그 어느 때보다 행복해요. 제게 일어난 모든 일이 제게 주는 선물이죠.

에마 캠벨이 새롭게 찾은 유머 감각은 친밀감과 인간관계에서 비롯됐다.

저는 농담 따먹기가 재밌다고 생각하는 사람이 아니에요. 하지만 가까운 친구들이랑 데이브랑 주고받는 정감 어린 농담은 무지 좋아해요.

데이브를 만난 해에 저는 새로운 사람을 만나는 것에 회의적이었어요. 그래도 만나고 싶은 사람의 조건을 적어 봤죠. 한눈팔지 않고 열정적인 사람 같은 거요. 자주 정감 어린 농담을 주고받을 수 있는 사람이라고 적었죠. 저는 농담을 주고받을 정도로 편안한 관계를 원했어요. 잘 아는 사람에게만 내어 주는 그런 결을 갖고 싶었어요. 눈살을 찌푸리게 되는 부분에서도 미소를 지을 수 있는 관계요. 지금 우린 정확하게 그런 관계를 맺고 있어요.

물론 때로는 어렵죠. 사실 저는 죽을 날을 받아놓은 채 암울하디 암울한 삶을 살고 있거든요. 최근에는 새삼 아직 살아 있다는 안도감과 제게 일어난 모든 일의 감당할 수 없는 무게를 동시에 느꼈죠. 친구 브리요니와 달리기를 하면, 우리는 마지막에 꼭 미친 듯이 웃거나 울어요. 두 가지 모두 감정을 분출하는 좋은 배출구죠.

제가 웃기다고 생각하는 것 중 몇몇은, 실제로는 매우 암울한 거예요. 지난 5년 동안 암 치료에 많은 시간을 쓰다 보니 병원에 관한 농담을 많이 했어요. 예를 들어서 데이브는 수술 뒤에 압박 스타킹을 신은 환자 중에서 제가 제일 섹시하다는 농담을 항상 했죠.

저는 대단히 운이 좋아요. 2019년에 기적이 일어났거든요. 폐 수술을 받고 4개월 뒤에 종양이 악성이 아닌 양성으로 확인된 거예요. 심지어 의사는 유방암도 2차 종양이 아니라 처음 발생한 종양일 거라고 생각했죠.

지금 이 삶에 너무나 감사해요. 저는 좋은 일에 집중해요. 그리고 온

나를 단단하게 만드는 심리학

종일 '감사합니다.'를 조용히 되뇌죠. 목욕할 때나 차를 마실 때도 이 말을 해요. 웃고 감사하는 건 제게 일어난 일들로부터 얻은 교훈이 죠. 이건 성숙한 사람이 되는 저만의 방법이에요.

심리학자들은 유머가 공포와 불안감과 스트레스에 대한 대응기제가 되는 이유를 이해하고자 노력하고 있다. 캐나다 웨스턴온타리오대학교의 로드 마틴Rod Martin 교수는 유머에 관한 연구를 진행했고, 유머가 작동하는 방식을 크게 세 가지로 정리했다.

첫 번째, 에마 캠벨이 말했듯이 유머는 사람 사이에 유대감을 형성한다. 예를 들어 암 진단이나 병원 생활처럼 자신을 위협한다고 생각하는 그 무언가가 사람과 사람을 이어주기도 한다. 유머는 가장 필요한 순간에 동료가 뒤에서 든든하게 받쳐 주고 있다는 사실을 알려 준다. 그렇게 유머는 사람과 사람을 끈끈하게 이어 주는 연결 고리가 된다.

두 번째, 유머는 덜 복잡하다. 유머는 불편하거나 걱정스럽거나 불안하거나 두렵게 만드는 대상을 회피하는 데 도움이 된다. 가장 불안한 순간에 키득거리거나 웃은 적이 있다면, 그 순간의 불편함을 잠시나마 회피하기 위한 행동이라 할 수 있다. 당신도 그 순간 자신이 왜 웃었는지 이해할 수 없을 것이다. 특별한 이유가 없다. 그저 공포로 인해 조성된 긴장감을 해소하기 위해 자기도 모르게 나온 웃음일 뿐이다.

마지막으로, 두려울 때 통제력을 잃지 않기 위해서 공포를 통제하는 수단으로 유머를 사용할 수도 있다. 공포가 엄습하는 순간에 의도적으로 시원하게 웃는 것이다. 유머로 인지 과정을 바꾸면, 부정적인 상황을 대처할 정신적 여유가 생긴다. 이것은 의식적으로 웃어서 공포가 파고들 여지를 없애 버리려는 의도적인 노력이다. 유머를 사용하거나 웃으면 감정이 변하고 완전히 새로운 기분이 든다. 공포가 어두운 그림자를 드리우면, 유머가 씩 웃으며 움직이기 시작한다. 우리의 생각은 우리의 감정에 영향을 미치기 때문에, 웃는 것은 공포를 극복하는 데 효과적인 전략이 된다.

이러한 유머는 영국 해군의 특전사 부대인 영국 왕립해병대에서 사용된다. 영국 왕립해병대는 네 가지 핵심 가치를 추구한다. 용기, 결단력, 이타심, 그리고 역경이 있어도 쾌활함을 잃지 않으려는 노력이다. 나라를 지키는 중대한 임무를 수행하는 사람들이 유머를 하나의 가치로 추구하는 것이 좀 지나친 듯싶기도 하다. 하지만 유머는 동료애 형성뿐만 아니라 압박감 해소에도 도움이 된다.

퇴역한 스코티 밀스Scotty Mills 소령은 "영국 왕립해병대의 효과적인 작전 수행에 유머는 극도로 중요한 요소예요."라고 말했다. "강력한 유머 감각은 영국 왕립해병대가 눈앞의 공포를 받아들이는 데 확실히 도움이 됩니다."

스코티 밀스는 유머가 작용하는 방식을 다음과 같이 설명한다.

저는 빙하와 산악 지대로 이루어진 노르웨이 북부에서 고된 훈련을 받았어요. 훈련 내용만으로도 충분히 힘들었죠. 방한 장화를 신고서 트레킹을 하고, 생존 기술을 익히고, 은신처와 눈구멍을 만들고, 얼음에 빠졌을 때 탈출하는 법을 배웠어요. 하지만 영하 30도에 달

나를 단단하게 만드는 심리학

하는 추위에 노출되면, 매 순간이 팀워크뿐만 아니라 정신력도 요구하는 생존을 위협하는 순간이 되어 버려요.

어느 날 밤에는 정찰 훈련을 받았는데요. 우리는 적을 공격하기 위해 20킬로미터를 스키로 이동해야 했어요. 본거지로 되돌아오는 길에는 얼어붙은 호수를 건너야 했고요. 밤이 되자, 기온이 빠르게 떨어졌어요. 호수를 절반쯤 건넜을 때, 우리는 방향을 확인하기 위해서 멈췄어요. 부사령관이 기온과 풍속을 동시에 잴 수 있는 풍속계로 온도를 측정하더니 기온이 영하 45도, 풍속은 약 80km/h라고 말했어요. 체감 온도는 영하 76도였죠.

이것은 제가 경험해 본 최악의 추위였어요. 다시는 그런 추위를 경험하고 싶지 않아요. 그 기온이면 온몸을 덮어야 해요. 침이 얼어붙고 눈이 동상에 걸리는 것을 막기 위해 마스크를 써야 하죠. 이런 상황에서 영국 왕립해병대가 흔히 사용하는 구절이 있어요. '네가 누구인지 기억하라.' 이 말은 우리가 특공대고 그 어떤 역경이 있더라도 우리에게 불가능한 것이 없음을 상기시켰죠.

그날 밤 얼음 위에서 우리는 육즙이 잘잘 흐르는 스테이크와 피자를 시원한 맥주와 함께 먹는 이야기를 하면서 두려움을 웃음으로 이겨 냈어요. 서로 형편없는 피자를 선택했다는 둥 가벼운 농담을 많이 주고받았죠. 자신의 나약함을 드러내기를 두려워하는 대원은 단 한 명도 없었어요. 그렇게라도 하지 않으면, 공포가 우리의 힘을 잠식하고 팀으로서 강인함과 효율성을 떨어트릴 것을 잘 알았거든요.

스코티 밀스는 가장 힘든 상황에서 고통과 공포를 낮추는 데 블랙 유머가 도움이 되었다고 말한다. 1980년대 후반 아일랜드 공화국군 IRA, Irish Republican Army이 감행한 악명 높은 공격 일화가 그가 말하는 바를 여실히 보여 준다.

실시간으로 진행되는 전투였어요. 어느 해병에게 총알 다섯 발이 연속으로 날아왔죠. 놀랍게도 그는 다치지 않았지만, 총알 한 발이 그의 틀니로 날아들었고 그의 입속에서 틀니가 돌아가 버렸죠. 가까스로 죽음을 모면했지만, 그는 자신을 본 동료들에게 웃음을 주기 위해 틀니를 거꾸로 낀 채로 땅에 엎드려 '사람이 총에 맞았다.'를 연신 외쳤죠.

틀니를 거꾸로 낀 그의 강한 억양 때문에 무전을 듣고 있던 사람들은 그가 무슨 말을 하는지 전혀 이해할 수 없었어요. 현지인들이 그를 보호하기 위해 에워쌌죠. 몇 분 뒤에 그 해병은 일어섰고 그들을 지나쳐 내달렸어요. 그러자 아이 하나가 "그러다가 죽을지도 몰라요!"라고 소리쳤어요. 그는 여전히 틀니를 거꾸로 낀 채로 달리면서 "해병은 결코 죽지 않는다!"라고 대답했어요. 그의 유머는 우리 동료가 거의 총에 맞아서 죽을 뻔했다는 불편한 진실을 다시금 일깨웠죠. 하지만 역경 앞에서도 이처럼 흔들리지 않는 유쾌함은 우리 해병대의 DNA예요.

우리는 블랙 유머에 웃으면서도 때때로 움찔한다. 블랙 코미디나 교수대 유머라 불리는 블랙 유머는 소름 끼치고, 생생하고, 신랄하고, 심지어 살짝 불쾌하기도 하다. 유머의 대상은 대체로 민감하고,

나를 단단하게 만드는 심리학

금기시되는 무언가인 경우가 많다. 예상하지 못한 부분에 유머 감각을 발휘하는 것이다. 예를 들어 장례식장이나 비극적인 사건을 마주하는 순간에 유머를 던지는 거다. '자식을 잃다니, 얼마나 슬플까. 부모 마음이 어떨지 상상이 안 가(Wow, how awful to lose a child. I wonder what the parents are going through).'라는 말에 '관 홍보 책자를 살펴보고 있겠지(Coffin brochures, probably).'라고 답하는 거다(영어 표현 'go through'에는 '경험하다'와 '살펴보다'라는 두 가지 의미가 있다—역주).

그렇다고 블랙 유머가 공포와 스트레스에 대처하는 데 효과적이지 않은 것은 아니다. 설령 모두가 블랙 유머를 싫어하더라도 효과가 있다.

트레버 노아Trevor Noah는 남아프리카공화국 출신의 코미디언, 작가, 프로듀서, 정치 논평가, 배우이자 미국 풍자 뉴스 프로그램 〈더 데일리 쇼The Daily Show〉의 호스트다. 그는 민감한 문제를 이런 종류의 유머로 접근하는 데 매우 능통하다.

그는 남아프리카공화국에서 인종차별 정책을 펼치던 시기에 혼혈로 태어났다. 그는 첫 번째 쇼에서 호스트로서 이러한 자신의 출생 배경을 가지고 농담을 던졌다. "거짓말하지 않겠어요. 남아프리카공화국의 먼지 날리는 거리에서 자라면서, 제가 이 두 가지를 갖게 되는 날은 오지 않을 거라고 생각했죠. 하나는 실내 화장실이고, 다른 하나는 〈더 데일리 쇼〉의 호스트랍니다."

이런 종류의 유머는 우리로 하여금 한걸음 뒤로 물러나, 아마도 무시하거나 회피하거나 감정을 억눌렀을지도 모르는 상황을 가벼운 마음으로 살펴보게 만든다. 단, 블랙 유머는 적대적이지 않도록 조심해야 한다. 적대적인 유머는 부정적이고, 공격적이며, 자기비하를 한다. 그것은 공포에 대처하는 데 유용하지 않다. 때로 적대적인 유머는 공포를 더 조장하기도 한다. 다른 누군가를 희생시켜서 농담을 던지면 그 대상에게 상처를 줄 수 있다. 이런 유머의 에너지는 마음에 거슬리고, 괴롭힘이나 학대로까지 이어질 수 있다.

어린 시절에 유머는 우리 가족에게 가장 중요한 대응기제 중 하나였다. 나의 어린 시절이 동화책에 나오는 그런 이상적인 모습은 아니었음을 이 책의 초반에 눈치챘을 것이다. 나는 편모 가정에서 자랐고, 가난했고, 약물과 술, 폭력에 노출됐다. 하지만 이러한 혼란스러운 상황에서도 우리 가족은 항상 유머를 잃지 않았다.

나는 어느 날 밤에 갑자기 아버지를 처음 만났다. 그때 내 나이 열네 살이었다. 새벽 2시에 엄마는 나를 깨웠고 "네가 만났으면 하는 사람이 아래층에 와 있어."라고 말했다. 이상하게도 그 말을 듣자마자 만날 사람이 누구인지 금방 알아챘다. 잠옷 차림으로 아래층으로 내려가는 동안 두려움과 흥분에 휩싸였다. 방으로 걸어 들어가며 아버지와 눈이 마주쳤다. 그 순간, 나는 정색하며 "지금까지 제게 용돈 1만 2,000파운드를 빚졌어요."라고 말했다. 이 재치 있는 농담 덕분에 우리 두 사람은 웃었고, 긴장을 풀었으며, 좀 더 쉽게 유대감을 형성했다.

남동생 게브의 장례식에서 추도 연설을 했던 것은 내 인생에서 가장 힘들고 괴로운 시간이었다. 그는 오랫동안 정신 질환과 중독에 시달리다가 서른 살에 스스로 목숨을 끊었다.

나는 용감해지고 싶지 않았다. 게브를 사랑했던 수많은 사람 앞에

나를 단단하게 만드는 심리학

나서고 싶지도 않았다. 그냥 무너지고 싶었다. 구멍을 파고 그 속에 들어가 다시는 밖으로 나오고 싶지 않았다.

그 순간에 유머가 나를 살렸다. 사랑하는 형제를 잃은 슬픔에 관해 이야기하는 대신, 나는 게브의 기이한 행동에 관한 이야기를 이어 나갔다. 게브가 어느 이웃집 담벼락에 그래피티가 없을 거라고 확신 했던 일화를 들려줬다. 하지만 사실 담벼락에는 "게브가 여기 살았 음."이라는 그래피티가 그려져 있었다.

게브가 열 살이었을 때, 옆집 아주머니에게 엄마가 일하는 동안 잔디를 정리하도록 잔디 깎는 기계를 빌려줄 수 있냐고 물었다. 아주 머니는 참 착한 소년이라고 생각하며, 게브에게 기계를 빌려줬다. 게 브는 잔디 깎는 기계를 수레로 만들어서 길거리 경주를 했다. 땡전 한 푼도 없던 엄마는 옆집 아주머니에게 기계값을 변상해야만 했다.

가정폭력이 빈번했던 시기가 있었다. 어느 끔찍한 밤에 제정신이 아니었던 엄마의 남자친구가 엄마의 침실 창문으로 수류탄을 던졌 다. 그 당시 나는 심리적으로 불안했던 엄마를 위해 엄마 침실에서 같이 자고 있었다. 수류탄이 창문을 깨고 방으로 날아들었고, 그 소 리에 우리는 잠에서 깼다. 수류탄을 본 나는 말 그대로 엄마와 동생 들의 목덜미를 손에 잡히는 대로 질질 끌면서 미친 듯이 정원으로 뛰 어나왔다.

다행히 수류탄은 터지지 않았다. 제대로 작동하지 않는 고장 난 수류탄이었다. 추위에 몇 분 동안 벌벌 떨다가 엄마는 나를 보고 말 했다. "좋아, 스티븐 시걸. 이제 침실로 들어가도 괜찮지?" 우리는 그 말에 바닥을 구르면서 웃었다. 이 말도 안 되는 기이하고 이해할 수 없는 상황에서 유머는 긴장을 푸는 최고의 방법이었다.

심리 연구에 따르면 긍정적인 유머는 사실 블랙 유머보다 상황을 재해석하는 데 훨씬 더 도움이 된다. 내가 과민하게 반응했던 순간에 우리 엄마처럼 그 심각한 상황을 웃음으로 승화시킬 수 있다면 더 좋다.

삶의 모순점과 어려움을 재구성할 방법을 찾는다면, 그 방법은 공포에 맞서는 환상적인 전략이 된다. 특별한 재치가 없다면, 조금 실없이 행동해 보는 것은 어떤가? 실없는 행동이 공포를 누그러뜨리는 특효약이 될 수 있다.

자기 자신이나 다른 사람들을 즐겁게 해 주라. 인상을 관리하거나, 미성숙하고 바보 같다고 자신을 책망하거나, 찌질하게 보일까 봐 걱정하지 말라. 어린아이는 흥에 겨워서 온몸으로 웃는다. 하지만 어른이 된 우리는 더 어른스럽게 행동해야 한다고 느끼고는 그런 기쁨을 차단해 버린다. 숨이 넘어갈 듯 웃어 보자. 목이 컥컥 막혀서 도대체 무슨 일 때문에 그렇게 웃는지 설명할 수조차 없을 정도로 크게 한바탕 웃어 보자.

장난스럽게 농담을 던질 수 있다면, 자신의 행복뿐만 아니라 자신의 관점을 재설정하고, 공포에서 오는 중압감을 해소하는 데도 도움이 될 것이다. 분위기를 빨리 전환하고 싶다면, 즉흥적인 말과 상황에서 오는 진정한 재미에 흠뻑 빠져 보길 권한다. 웃어라.

결론

공포라는 허물을 벗는 시간

지금까지 살펴본 아이디어들은 부정적인 생각과 공포로부터 벗어나는 데 가장 효과적인 방법을 찾는 일에 도움이 될 것이다. 자신이 무엇에서 성취감을 느끼는지 그리고 어떤 잠재력을 지니고 있는지 탐구하고 실험하게 될 것이다.

사람마다 공포에 맞서는 데 유용한 방법은 각기 다를 것이다. 만약 목적이 명확하지 않다고 느끼는 순간이 온다면 그 목적을 찾는 데 집중해야 한다. 자신에게만 나쁜 일이 일어난다는 생각을 그만두는 것이 좋을 수 있다. 조금 내려놓거나 이 세상을 조금 신뢰하는 것이 옳을 수도 있다. 아니면 더 깊은 관계를 맺기 위해 나약한 모습을 다른 사람들에게 좀 더 보여 주는 것이 좋을 수도 있다.

지금까지 자신의 공포를 다른 무언가로 대체한 사람들의 이야기를 살펴봤다. 그들에게는 공통적인 뭔가가 있다. 그것은 바로 그들의 이야기가 다른 사람들과의 관계와 관련되어 있다는 점이다.

1부에서는 공포 문화가 사람과 사람을 어떻게 갈라놓는지 살펴봤다. 공포 문화는 우리로 하여금 삶이 적자생존의 치열한 투쟁에 놓여 있다고 생각하게 만든다. 그리고 모두가 승리할 수는 없기에 성공하기 위해 다른 사람들과 경쟁하게 만든다. 자신이 부족하다고 느끼는 두려움과 거기서 파생된 행동은 이런 문화의 결과다. 3부에서는 다른 사람을 평가하게 만들고, 통제하려 하고, 시기하고, 본모습을 감추게 해 사람과 사람을 갈라놓는 공포를 살펴봤다.

마지막에는 버려질지도 모른다는 근본적인 두려움을 극복한 사람들의 이야기를 살펴봤다. 그들은 솔직함과 관대함으로 인간관계에 다가갔다. 다른 사람을 돕고 자신의 한계를 넘어 세상으로 나아가는 법을 찾았으며, 사랑, 연결, 웃음과 목적을 찾고자 했다. 이 이야기가 앞으로 나아가는 당신에게 새로운 힘이 되기를 바란다.

바라건대, 지금까지 내가 당신의 공포를 되돌아보는 데 도움이 되었기를 바란다.

공포는 주기적으로 당신의 삶에 고개를 들이밀 것이다. 공포가 고개를 들면, 그것에 대처해야 한다. 왜냐하면 공포가 저절로 사라지는 법은 거의 없기 때문이다.

헤어진 관계의 슬픔은 시간이 지나면 사라질 수 있고, 실패의 실망은 누그러질 수 있다. 하지만 공포는 끈질기게 달라붙는다. 공포를 무시하고자 아무리 애써도 기껏해야 조금 줄어들 뿐, 결국 만족감과 성취감을 앗아간다. 최악에는 당신의 삶이 당신 것이 아닌 것처럼 느껴지게 만든다. 공포는 당신의 관심과 에너지, 자원을 탐욕스럽게 갈구한다. 이 책을 집어 들었다면, 당신 안에 있는 모든 힘과 재능, 잠재력과 가능성이 공포에 의해 가로막히지 않도록 노력하고 있다는 방증이다. 앞으로 살아갈 날이 많이 남아 있고, 자신의 한계를 더 넓힐 수 있고, 더 거침없이 나아갈 수 있으리라고 느껴질 것이다. 당신이 깊은 승리를 달성할 준비가 되어 있다는 뜻이다.

공포는 정신적 자유를 누리는 데 방해가 된다. 그런 만큼 공포를 무시해서는 안 된다. 공포로 인해 얼마나 많은 손해를 봤는지를 살펴봤으니, 당신 자신을 더 강하게 만드는 일에 집중하자. 그 과정에서 당신이 귀한 정신적인 에너지와 감정적인 에너지를 더 많이 지니고 있다는 사실을 깨닫게 될 것이다.

공포에 삶의 고삐를 넘겨줘서는 안 된다. 당신은 생각보다 더 자주 공포로부터 벗어나 정신적 자유를 누리겠다고 선택할 수 있다.

공포 아래에서 고통의 무게에 짓눌려 있다가, 그 무게에서 벗어나 안도감을 맛보게 될 것이다. 그 고통은 얕은 승리로 인한 고통이다. 아무리 당신 삶이 성공적인 것처럼 보여도, 얕은 승리만 하는 당신은 항상 누군가와 비교하고, 누군가를 짓밟고, 실패할까 봐 두려워하고, 거절당하지 않으려고 외면하며 성취감을 느끼지 못할 것이다.

이 같은 얕은 승리에서 벗어나는 방법은 공포를 바라보고, 대면하고, 대체하는 것이다. 공포에서 벗어나는 일을 뱀이 허물을 벗는 행위와 비교하면 이해하기 쉬울 것이다. 뱀이 성장하면, 피부가 늘어나고 더는 몸에 맞지 않게 된다. 당신의 오래된 아이디어와 행동이 항상 당신과 함께 성장하는 것은 아니다.

오래된 피부는 불편하고 몸을 꽉 조인다. 그러나 새로운 피부가 오래된 피부 아래에서 자라고 있다. 이와 유사하게 자신이 부족할지도 모른다는 공포가 더는 이롭지 않다고 판단되는 즉시, 마음 깊은 곳에서 새로운 관점이 자라날 것이다. 그것은 더 활기차고 오늘의 당신에게 더 적합한 생각이다.

뱀은 허물을 벗기 위해 노력한다. 우리도 이러한 노력을 해야 한다. 오래된 피부를 벗을 준비가 되면, 뱀은 통나무나 바위처럼 거칠고 단단한 무언가에 몸을 비벼 오래된 피부를 찢는다. 이 책에서 읽은 모든 이야기가 당신의 공포가 만들어 내는 낡은 논리나 변화를 거부하는 오래된 평계를 찢어 버리는 데 도움이 되기를 바란다.

이러한 과정은 일회적이지 않다. 뱀은 살면서 몇 번이고 반복해서 허물을 벗는다. 뱀이 허물을 벗고, 새로워지듯 평생 정신적 성장을 추구하고, 때때로 스스로 부족할지도 모른다는 공포에 대처해야 한다.

어린 뱀처럼 처음에는 더 자주 공포라는 허물을 벗어내야 할지도 모른다. 그리고 계속해서 공포라는 허물을 벗어야 한다. 공포가 갑자기 고개를 들거나 마음속에 쌓일 때마다 그것을 차단하는 대신 벗겨내고 다른 무언가로 대체할 수 있다면, 시간이 지날수록 그 여정은 덜 고통스러울 것이다. 그렇게 깊은 승리를 할 준비를 하게 될 것이다.

공포에서 벗어나는 법

나는 지금까지 개인이 공포에 어떻게 대처하는지에 관해 논했다.

나를 단단하게 만드는 심리학

실제로 대부분의 퍼포먼스 심리학은 개인이나 친밀한 관계에 집중한다.

이제 알겠지만, 공포는 그저 우리의 머릿속에만 존재하는 것이 아니다. 우리는 공포를 만들어내고 끊임없이 재활용한다. 하지만 혼자서 그렇게 하는 것은 아니다.

자아에 대한 집중은 지난 세기 동안 우리가 발전시킨 개인적인 문화와 관련되어 있다. 개인적인 문화는 삶의 여정이 대체로 개인적인 것이고, 우리가 사는 세상을 바라보는 관점이 우리 내면에서 형성된다는 생각이 팽배한 문화다. 이런 개인적인 문화가 감정에 압도당하면 수치심을 느끼고 자책하게 만들어서 개인적으로 자신에게 뭔가 문제가 있다고 생각하게 만든다. 무언가에 대한 두려움에 대처할 책임을 오롯이 개인에게 지운다. 당신을 향해 바뀌어야 한다거나 제정신이 아니라고 말한다.

하지만 오래된 청바지 뒷주머니에 있는 10파운드짜리 지폐처럼 당신은 자기 자신을 잃어버리지 않았다. 당신은 진짜고, 복잡하다. 우리 모두 그렇다. 그러므로 공포는 단순히 당신의 문제가 아니라, 우리의 문제다. 당신의 공포는 우리의 집단적인 공포이기도 하다.

문제는 두려움을 느낄 때 도움을 구하기 위해 옆에 있는 사람을 바라보며 도와달라고 손 내밀기를 주저하게 된다는 것이다. 오히려 그들과의 관계를 차단해 버린다. 하지만 당신이 만든 동굴 속에 머무르는 대신, 서로를 바라보고 도움의 손길을 내미는 것이 외부의 공포에서 벗어나는 방법이다. 공포에서 벗어나는 주된 방법은 누군가와 친밀한 관계를 맺거나 관계를 막는 장애물을 부숴 버리는 것이다.

이런 이유로 이 같은 주제는 변화와 관련된 이야기 속에 자주 등장한다. 사랑하는 딸 에밀리와의 관계 회복을 원했던 자크, 노를 저어 대서양을 횡단하다가 최악의 순간을 만났을 때 동료인 스코티에게 전화했던 리 스펜서, 자신의 축구팀과 다른 여자 축구팀에 대한 지지와 응원이 자신에게 큰 의미가 되었다고 말한 칼리다 포팔자이가 그러했다. 왜냐하면 우리는 다른 사람들에게서 진짜 힘을 얻고, 인간관계는 공포를 없애는 궁극적인 도구이기 때문이다. 그들은 모든 역경이나 변화는 물론이고, 공포를 깊이 들여다볼 힘이 되어 준다.

수치심은 삶으로부터 숨고 싶은 욕구나 자신을 가차 없이 증명해야 한다는 욕구로 나타난다. 우리는 모두 이러한 수치심에 시달린다. 수치심에서 벗어날 가장 효과적인 방법은 그것의 존재를 인정하는 것이다. 자신을 있는 그대로 보여 주고, 사람들이 자신을 있는 그대로 바라보고 받아들여 줄 수 있음을 아는 것이다.

에마 캠벨과 남편 데이브, 제이크와 그의 부모님, 그리고 리치먼드 축구단 선수들에게서 이런 일이 일어났다. 우리가 동굴에서 나올 수 있을 때, 그리고 사랑과 친밀감으로 이어지는 문이 있을 때, 우리는 수치심을 인정하게 된다.

이 책은 당신과의 열정적인 대화이자, 힘들 때 다른 사람들에게 기댈 줄 알아야 한다는 도전이다. 모든 것이 당신 때문에 혹은 당신 안에서 일어나지는 않는다. 그러니 모든 일을 해결하려고 혼자 애쓰지 말자. 우리는 모두 같은 사람이고, 모두 비슷하다.

나를 단단하게 만드는 심리학

당신에게 전달하고 싶은 마지막 메시지가 있다. 바로 사랑이 공포보다 더 강하다는 것이다. 삶이라는 여정을 용감하게 헤쳐나갈 용기를 사랑 안에서 구하길 바란다. 그렇게 할 수 있다면, 삶이 덜 무서울 것이고 깊은 승리를 이룰 수 있을 것이다.

대담 성명서

이 책은 당신의 삶에서 공포를 극복하는 여정을 보여 주는 로드맵이 아니라, 공포에 대처하는 데 유용한 아이디어를 한데 모은 것이다. 아이디어 모음일 뿐만 아니라 존재의 방식이다.

이 책은 완벽한 삶에 관해 논하지 않는다. 완벽함은 쓰레기 같은 쓸데없는 개념이라는 데 모두 합의하길 바란다. 끊임없이 우리의 에너지를 소모시키는 부정적인 생각으로부터 스스로 자유로워져야 한다. 이것이 이 책의 핵심이다. 그렇게 하면 성취감을 느끼게 하는 일과 자신의 진정한 잠재력을 좀 더 탐구하고 실험할 수 있게 된다.

공포가 명백하면 당신은 공포를 인정할 것이다. 예를 들어 위기에 처하거나, 비극적인 사건과 마주하거나, 위협을 받고 있을 때 공포가 엄습한다. 하지만 공포가 명백하지 않은 모습으로 찾아오기도 한다는 사실 역시 알아야 한다. 일어날지도 모르는 일이나 일어났던 일을 근

나를 단단하게 만드는 심리학

거로 존재하는 이 숨은 공포는 삶에서 느끼는 감정적인 고통의 근원이다. 그것들은 매일매일 당신에게서 성취감과 평화를 빼앗아 간다.

이제 알겠지만, 어려운 감정들, 특히 공포에 대처하는 최고의 방법은 그것을 억누르는 것이 아니다. 용기 있게 그 존재를 인정하는 것이다. 불편한 감정을 피하거나 그것 때문에 당황해하는 대신에 솔직하게 그 감정을 인정하고 자신에게 정직해져야 한다. 그 감정을 이해함으로써 압도되지 않아야 한다.

그렇다고 공포가 무찔러야 하는 적이라는 말은 아니다. 공포는 그저 삶의 일부다. 우리가 슬픔이나 분노, 비통을 경험하는 것과 같다.

기억하라. 공포는 곳곳에서 생길 수 있다. 우리의 마음은 언제든지 공포를 만들어 낼 준비가 되어 있다. 그리고 공포는 우리의 믿음과 문화에서도 태어난다. 우리는 항상 공포를 재활용한다. 당신의 주변이나 집이나 직장에서 무슨 일이 일어나고 있는지 보라. 팀이나 단체나 친구 관계에서 무슨 일이 일어나고 있는지 살펴보라. 사람들이 어떻게 말하고 서로 어떻게 관계를 맺는지 주의를 기울여라. 얼마나 자주 공포가 삶의 주도권을 빼앗는지 파악하라.

고개를 든 공포를 바라보기 시작하면, 그것에 맞설 수 있다.

순간의 공포에 대처하라

•

공포의 고삐를 잡고 곧장 행동에 돌입해야 한다. 공포를 오랫동안 방치하면, 그 공포는 우리 마음을 더 많이 비집고 들어와서 나중에는 그것과 맞서기 어려워진다. 여기서 핵심은 곰곰이 생각하는 것이 아니라, 공포를 느끼는 즉시 행동하는 것이다. 이제 이 책에서 얻은 기법을 활용할 때다. 순간의 공포에 대처하는 세 가지 행동 기법이 있다. 자신에게 가장 효과적인 조합으로 적절히 섞어 상황에 맞게 활용하길 바란다.

1. 공포를 즉시 처리하라

신체적으로나 정서적으로 안정시키기 위해 심호흡하는 것도 좋다. 긍정적인 결과를 머릿속에 그려 보거나, 확신하는 말을 외치거나, 기도를 할 수도 있다. 근육의 긴장을 풀어 주는 것도 좋다.

2. 공포가 아닌 다른 곳으로 주의를 돌려라

다시 한번, 자신에게 효과적인 방법을 찾으라. 음악을 듣거나 TV를 보라. 라디오나 팟캐스트를 들을 수도 있다. 다른 사람들과 관계를 맺고 게임 등 다른 곳에서 상상력을 발휘하고 스도쿠처럼 다른 무언가에 집중할 수도 있다.

3. 공포를 합리화하라

재난이나 다름없는 상황 때문에 고개를 든 공포심을 진정시켜라. 당신에게 의미 있는 이야기를 되뇌거나 글로 쓰라. 예를 들면, 다음과 같다.

'넌 마치 어제 했던 일처럼 이 일을 할 준비가 됐어.'

'넌 이 일을 1,000번이나 했잖아. 이 일을 할 준비가 되려면 이제

200번만 더 하면 돼.'

'통계에 따르면 일이 잘못될 가능성은 매우 낮아.'

'누군가가 집에 침입했을 가능성은 낮아. 경보기도 켜 놨잖아.'

'여기에 뱀은 없어. 그저 다람쥐가 바스락거린 소리일 거야.'

'운전대를 잡고 있는 저 아저씨는 훈련을 받았고, 유능하고 자신이 무엇을 하고 있는지 알고 있어.'

'아주 많은 사람이 앞서 이 일을 잘 해냈어.'

부족함 공포에 대처하라

•

공포를 바라보라

당신의 공포를 그려라.

스스로 질문하라. 누가 혹은 무엇이 공포심을 조장하는가? 언제, 어디서 공포심이 생기는가? 어떤 상황에서 두려움을 느끼는가? 다른 사람들이 절대 알아서는 안 되는 최악의 비밀은 무엇인가?

공포는 완벽주의로 나타날 수 있다. 자신의 어떤 모습을 숨기거나, 다른 사람과 거리를 두거나, 스스로 과소평가하며 자신과 타인을 비판한다. 이 모든 공포의 기저에는 자신이 부족하다는 공포와 그래서 내쫓기고 버려질 수 있다는 공포가 존재한다.

공포를 인정하고 나약한 모습을 보이는 데는 용기가 필요하다.

'두려워서 내가 이렇게 행동하고 있다고 생각한다.'거나 '두려워서 이러한 행동을 계속하고 있다.'라고 말하라. 또는 '두려워서 이 실수를 반복하고 있다.'거나 '두려워서 이 기회를 피하고 있다.'라고 말하라. 공포가 약점이라고 생각하겠지만, 공포에도 분명히 약점이 존재한다. 맹목적으로 공포를 밀어붙이고 무시하는 것보다 공포를 극복하는 것이 더 중요하다.

공포는 숨바꼭질을 좋아한다.

동료나 상사 앞에서 프레젠테이션을 망치고 바보처럼 보일까 봐 걱정할 수 있다. 하지만 그 걱정의 기저에는 공포가 존재할지도 모른다. 자신이 부족해서 그 일에 적합하지 않다는 사실을 다른 사람들이 깨닫게 될까 봐 두려운 것이다. 어쩌면 선택한 학문이 성공적인 커리어를 쌓는 데 도움이 되지 않을까 봐 두려워하는지도 모른다. 그 두려움의 기저에는 사회나 부모의 기대에 부합하지 못할지도 모른다는 공포가 존재한다.

당신은 공포를 바라보고 그것의 의미를 이해하는 데 도움이 될 비밀 무기를 갖고 있다. 그것은 바로 당신의 상상력이다.

우리는 과학, 논리, 이성에 신과 같은 지위를 부여했다. 그래서 정보와 지혜의 또 다른 원천인 깊은 상상력을 무시해 왔다. 공포는 무엇이라고 명확하게 이름표를 붙이거나 논리로 이해할 수 없다. 상상력을 이용하면, 공포를 보다 명확하게 표현할 수 있고, 생생하게 표현된 공포의 이미지는 우리가 공포를 어떻게 느끼는지 객관적으로 바라볼 수 있게 한다. 이로써 우리는 공포의 실체에 좀 더 가까이 다

나를 단단하게 만드는 심리학

가갈 수 있게 된다.

자신이 공포를 어떻게 재활용하는지도 살펴야 한다.

우리는 문화가 하는 역할을 이해하지 못한 채 공포를 내부의 소행으로 생각하는 경향이 있다. 암묵적으로 공포가 성공에 필수적이라는 문화를 깊이 신뢰한다. 하지만 우리에게는 언제든지 발동할 준비가 된 생물학적·신경학적 공포 반응이 내장되어 있다. 그러니 공포가 성공에 필수적인 요소라는 허울을 한 겹 더 추가할 필요는 없다. 승자의 조건에 대한 생각을 변화시키는 것이 출발점이 될 것이다. 경쟁하거나, 애쓰거나, 다른 사람들을 쓰러트려 짓밟거나, 더 잘하거나, 더 많은 것을 가져야 한다는 생각에 이의를 제기할 수 있어야 한다. 기존의 생각과 믿음이 정말 진정한 승리에 도움이 된다고 생각하는지 살펴봐야 한다.

공포와 대면하라

자신의 공포를 깊이 들여다보면, 그것으로 인해 살면서 얼마나 많은 손해를 봤는지 계산할 수 있다.

공포가 당신이 경험한 성공의 분위기를 해치고, 질을 떨어뜨리고 있지는 않은가?

매사 부족하다거나, 만족스럽지 않다거나, 즐겁지 않다고 느낄지도 모른다. 끝없이 다음 단계로 넘어가려고 애쓰고 있는지도 모른다. 그리고 이미 손에 넣은 성공을 잃을까 봐 두려워하고 있을지도 모른다. 불안과 불만족을 느끼면, 감사하거나 만족할 마음의 여유가 사라진다.

공포 때문에 시도하거나 도전하기를 꺼리는 것은 무엇인가?

당신은 여러모로 좋은 리더지만 문제인 줄 알면서도 좋은 평가를 받는 동료에게 이의 제기하기를 꺼리고 있지 않은가? 자신에 대해 공개적으로 이야기하는 것이 이상하리만치 꺼려지지는 않는가? 공포가 당신의 인간관계에 어떤 영향을 미치는가? 공포가 당신의 에너지와 동기에 어떤 영향을 미치는가? 그리고 당신의 삶에는 어떤 영향을 미치는가? 혹시 공포 때문에 무언가를 시도조차 하지 않고 있지는 않은가? 당신은 실패자로 낙인찍히기보다 그냥 포기해 버리는 편이 낫다고 생각하고 있을지도 모른다. 또는 비판을 받기보다는 직장을 관두는 편이 낫다고 생각하는지도 모른다. 어쩌면 비판이 두려워서 이미 퇴사했을지도 모른다. 아니면 상대방에게 퇴짜를 맞기 전에 당신이 먼저 관계를 끝냈을지도 모른다.

공포가 당신의 인간관계에 무슨 짓을 하고 있는가?

다음은 중요하다. 사람들과의 관계는 당신의 삶에서 가장 중요한 것이다. 당신은 다른 사람들이 당신의 공포에 대해 아는 것이 싫어서 누군가가 당신의 공포에 관해 이야기하거나 위협받고 있다고 느끼면 지나치게 신중해지거나 방어적으로 행동하거나 심지어 욕설을 내뱉을지도 모른다. 또는 위축되어서 사람들과 어느 정도 거리를 두려고 할지도 모른다. 감정을 가감 없이 드러내도 괜찮다고 생각해 가족이나 가까운 지인에게 과민하게 반응하고 행동할 수도 있다. 어쩌면 왜 그렇게 반응하는지 스스로 이해하지 못한 채로 행동할 수도 있다. 어느 경우든지 인간관계에 집중하는 것은 어렵다는 사실을 깨닫게 될 것이다.

자신의 내적 가치와 정체성을 들여다보며 공포를 직시하는 일은 불편한 게 당연하다.

당신은 진실하게 말하는가? 두려움에 휩싸여서 실제와 다르게 행동하고, 생각하고, 느끼지는 않는가? 무엇을 믿고 있냐고 묻는다면, 당신은 진실한 답변을 내놓을 수 있는가? 공포 때문에 본연의 모습과 다른 사람들이 바라보는 모습에 차이가 날 수 있다.

공포를 대체하라

우리는 정신력을 진화시킬 수 있지만, 인간 본성의 일부로서 공포는 바꿀 수 없다. 하지만 의도적으로 공포를 차단하거나 다른 데로 보낼 수는 있다. 삶을 좀 더 즐기는 데 도움이 되는 곳으로 공포를 흘려보내라.

핵심은 공포를 그저 억누르지만 말고, 그 에너지를 좀 더 가치 있는 무언가로 향하도록 만들라는 것이다. 여기에 정답이나 보장된 공식은 없다. 단숨에 진행되진 않지만, 충분히 가능한 일이다.

당신의 인생 이야기를 다시 쓸 수 있다. 행복한 동화를 쓸 필요는 없다. 그냥 펜을 집어 들어라.

공포를 대체하려면 당신의 삶에 생기를 좀 더 불어넣어라.

상상하고 결정하고 행동하라. 고군분투하고 망치고 다시 일어나라. 그리고 앞을 바라보며 다시 나아가라.

자신이 누구이고 무엇을 귀하게 생각하는지를 말하라. 노력이 실패로 돌아갈 때를 대비하려 애쓰지 말고, 자신이 무엇을 추구하는지 당당하게 말하라.

실패는 그 어디에서도 받을 수 없는 하나의 교육이다. 자신이 누구인지 살펴볼 때, 심리적으로 안정감을 느끼는 영역은 존재하지 않는다는 사실을 깨닫게 될 것이다. 당신이 활용할 수 있는 것들을 찾고 그것으로 영혼을 채우라. 길을 잃을 위험을 감수하지 않고 안전과 안정을 얻을 수 있는 사람은 아무도 없다. 우리 마음속에는 길들여지지 않은 야생성이 존재한다.

삶에서 강력하고 지속적인 목적의식을 갖는 것은 주변 세상을 바라보는 관점을 형성하는 데 도움이 될 것이다.

삶의 목적이 굳이 웅장할 필요는 없다. 겸손한 목적도 좋다. 목적의식이 있으면 매일매일 의욕적으로 살아갈 가능성이 크다.

상상하고 갈망하고 꿈꾸는 것은 인간적인 본능이다.

꿈은 창의력과 정신력의 연료다. 공포에 대처하는 데 있어 공포에

나를 단단하게 만드는 심리학

순응하거나 공포를 논리로 해결하는 일은 효과가 적다. 여기서 스스로 다음의 질문을 던져 볼 필요가 있다. '무엇이 자기 자신과 세상, 인류의 한계를 넓히려는 당신의 마음에 새로운 에너지를 주는가?'

실수나 엉망이 된 과거를 완전히 잊고 새 출발 하려고 하지 말라.

실패와 고통을 또 다른 자원으로 만들어라. 누구나 실패하게 되어 있고, 그것 때문에 상처받게 되어 있다. 더는 실패와 고통을 환영하지 않을 것이다. 하지만 실패로 인한 비통한 심정이 무언가를 깨뜨리고 싶은 감정과 열정을 표출할지도 모른다. 열정은 합리적이거나 깔끔하지 않다. 그것은 당신을 특이하거나 이상한 사람으로 보이게 할 수 있다. 당신이 다른 사람들에게 보여 주지 않으려고 숨기는 바로 그 모습을 보여줄 수도 있다. 심지어 열정이 광기에 가깝게 느껴질 수도 있다. 하지만 열정은 공포를 넘어설 자원으로 활용될 수 있다.

공포는 다른 사람들과 함께할 기회를 빼앗는다.

다른 사람들과 적당히 어울리는 것이 아니라 그들과 친밀한 관계를 맺어야 한다. 마음을 열고 공감하는 방법을 바꿔야 한다. 다양한 형태의 사랑을 주고받을 수 있는 마음의 여유를 가져야 한다는 뜻이다. 가족 이외에 친밀한 관계를 형성할 만한 롤모델은 많지 않다. 하지만 서로 소통하고 신뢰하고 공감하면 우리의 공포는 치유될 수 있다. 회복탄력성을 살찌우고 스스로 부족할지 모른다는 공포를 완화해 주는 공동체와 인간관계에 충실하라.

마지막으로 순간에 다시 몰입하라.

우리는 자신이 부족할지도 모른다는 두려움 때문에 자기 생각에
갇혀 머릿속에서 길을 잃고 헤맨다. 좀비처럼 삶을 무기력하게 살고,
자신이 무엇을 어떻게 느끼는지 알지 못한다. 입속에 있는 음식의 맛
이 느껴지는가? 자신이 숨을 참고 있다는 사실을 알고 있는가? 허리
에 통증이 있다는 사실을 알고 있는가? 주기적으로 자신의 몸과 현
재에 집중해야 한다. 이것은 공포에 맞서는 기본적인 방법이며, 자기
자신을 진정시키는 방법이다. 그리고 공포를 본래의 크기로 줄여라.
지금 이 순간, 삶을 즐겨라.

감사의 글

이 책은 공포의 크기와 모양을 조정함으로써 좀 더 영혼이 담긴 삶을 사는 법에 관한 책이다. 그러한 삶을 살려는 노력의 중심에는 우리가 자기 자신과 타인과 맺는 관계의 질이 있다. 나는 직업적·개인적으로 참으로 대단하고도 축복받은 인간관계를 많이 맺고 있다. 그들이 없었다면, 이 같은 의미 있는 책을 낼 수 없었을 것이다. 이 책을 쓰는 여정과 나를 일으켜 세워 주고 격려해 준 많은 사람이 바로 그 증거다.

책을 쓰기로 했을 때, 나에게는 공포라는 복잡한 감정에 관해 책을 쓸 만한 권위가 없는 것처럼 느껴졌다. 그러다가 내게 부족한 것은 권위가 아니라는 사실을 깨달았다. 그보다는 누군가로부터 이 책을 써도 좋다는 허락을 받지 못한 느낌이었다. 2018년 월드컵 이후 예상치 못한 인정을 받았고 언론의 관심이 내게 쏟아졌다. 물론 이런 주목을 받을 자격이 없다며 눈을 치켜뜨는 이들도 있었다. 혹은 지나치게 나를 영웅으로 받드는 사람들도 있었다. 이로 인해서 나는 위축되었고 사람들의 눈에 띄지 않으려 애썼다. 한동안 '나 죽었소.' 하고 조용히 지내고 싶었다. 하지만 시간이 흐르면서 나의 발목을 잡는 것은 공포라는 사실을 깨달았다. 내가 나의 목소리를 되찾았을 때, 스스로 부족하다는 두려움에 시달리는 사람들에게 나의 경험이 얼마나 유용할지 이해하게 됐다. 나의 공포를 직시하고 온 세상 사람들과 나의 생각을 나누고 싶다는 강한 욕구도 깨달았다.

항상 그러하듯이 팀이 필요했다. 먼저, 나의 멋진 가족의 허락과 격려, 그들의 애정 어린 장난과 어머니의 사랑에 감사한다. 그들은 내 곁에 있는 진짜 내 사람들이다. 이 책을 쓰는 여정은 매 순간 험난했지만, 그들과 함께 이 책을 마무리할 수 있어 너무 기쁘다. 두 번째, 남편 압둘라예와 세네갈 시댁 식구들도 멋진 팀이다. 그들은 주기적으로 영감을 주고 용감무쌍함에 대한 또 다른 모델이 되어 주었다. 세네갈 사람을 아는 사람이라면 누구나 그 자부심을 이해하리라! 세 번째, 온 대륙에 퍼져 살면서 나를 끊임없이 지지해 주는 친구들이다. 그들은 내가 정말 아끼고, 힘들 때 기댈 수 있는 사람들이다. 책을 쓰는 동안 특히 에롤, 제인, 미치, 셰인, 캐서린, 이소벨, 수잔느와 케리에게 많이 의지했다. 그들이 보여 준 사랑과 배려와 유머에 매우 감사한다.

월드컵과 그 이후에도 나의 조력자이자 사고 파트너가 되어 준 오웰 이스트우드에게 감사한다. 관대한 리더십과 개방적인 마음가짐을 보여 준 사우스게이트, 브렌던 게일, 데이미언 하드윅, 스티븐 키

나를 단단하게 만드는 심리학

어니와 특히 톰 버넌에게 감사의 마음을 전한다.

내 마음을 계속 열어 주고 세계관을 재형성하도록 도와준 심리학자이자 교수인 마크 앤더슨 박사, 로리 파이 박사 그리고 비리디스대학원대학에 많은 빚을 졌다.

나를 끌어 주고 밀어 준 블레어 파트너십의 로리 스카프에게 감사하고, 펜을 들어 이 책을 쓸 수밖에 없게 만든 조엘 리켓과 멋진 에버리 팀이 보여 준 파트너십과 격려에 감사를 전하고 싶다. 이것이 우리 관계의 시작이길 바란다.

그리고 내가 겁에 질려 있을 때 나와 함께 롤러코스터에 올라탔을 뿐만 아니라, 내가 소중하게 여기는 가치를 잊지 않고 인간적인 배려로 계속해서 현실을 바라볼 수 있게 해준 사람이 있다. 내가 안정감을 느끼는 영역에서 벗어나 독자들에게 더 많은 것을 들려줄 수 있도록 도와준, 믿을 수 없을 만큼 강한 인내심을 지닌 편집자 브리짓 모스이다. 정말 말로 표현할 수 없을 정도로 감사하다.

참고문헌

아칼라, 《원주민 : 폐허가 된 제국의 인종과 계급Natives: Race and Class in the Ruins of Empire》 (Two Roads, 2018)

요한 하리, 《물어봐줘서 고마워요Lost Connections》 (쌤앤파커스, 2018)

존 고든, 《라커룸 리더십You Win in the Locker Room》 (리얼부커스, 2016)

콘라트 마셜, 《흑과 황Yellow and Black》 (Slattery Media, 2017)

그레타 툰베리, 《누구든 변화를 이뤄 낼 수 있다No One is too Small to Make a Difference》 (Penguin, 2019)

참고자료

| 영국 내 자해 및 자살 충동 관련 기관 |

사마리탄즈Samaritans | www.samaritans.org.uk
116-123 (24시간 무료 상담 전화)

파피루스Papyrus (청년 전용) | www.papyrus-uk.org
0800-068-4141 (평일 10 a.m.~10 p.m. 주말/공휴일 2 p.m.~10 p.m.)

차일드라인ChildLine | www.childline.org.uk
0800-1111

기타 기관
https://www.nhs.uk/condition/stress-anxiety-depression/mental-health-helplines/

앵자이어티 UK Anxiety UK | www.anxiety.org.uk
03444-775-774 (평일 9:30 a.m.~5:30 p.m.)

헤즈 투게더 Heads Together | www.headstogether.org.uk

멘탈 헬스 UK Mental Health UK | www.mentalhealth-uk.org

잉글랜드-리씽크 멘탈 일니스 England – Rethink Mental Illness | www.rethink.org
0121-522-7007 (평일 9:30 a.m.~4:30 p.m. 공휴일 제외)

웨일즈-하팔 Wales – Hafal | www.hafal.org
01792-816-600 / 832-400 (평일 9 a.m.~5 p.m. 공휴일 제외)

스코틀랜드 - 서포트 인 마인드 스코틀랜드 Scotland – Support in Mind Scotland
| www.supportinmindscotland.org.uk
0131-662-4359 (평일 9 a.m.~5 p.m. 공휴일 제외)

멘탈 헬스 파운데이션 Mental Health Foundation | www.mentalhealth.org.uk

마인드Mind | www.mind.org.uk
0300-123-3393 (평일 9 a.m.~6 p.m.)

세인SANE | www.sane.org.uk/support
0300-304-7000 (매일 4.30 p.m.~10.30 p.m.)

영마인즈YoungMinds | www.youngminds.org.uk

나를 단단하게 만드는 심리학

| 국내 자해 및 자살 충동 관련 기관 |

자살예방상담전화
1393 (24시간 무료 상담 전화)

정신건강상담전화
1577-0199 (24시간 무료 상담 전화)

청소년사이버상담센터 | www.cyber1388.kr:447
1388 (24시간 무료 상담 전화, 온라인 상담)

한국생명의전화 | www.lifeline.or.kr
1588-9191 (24시간 무료 상담 전화, 온라인 상담)

서울시 정신건강 통합 플랫폼 블루터치 | blutouch.net
02-3444-9934

경기도정신건강복지센터/자살예방센터/마음건강케어
| www.gangnam.go.kr/office/smilegn

경기도정신건강복지센터 031-212-0435 (평일 9:00 a.m.~6:00 p.m.)

경기도자살예방센터 031-212-0437 (평일 9:00 a.m.~6:00 p.m.)

부산광역정신건강복지센터 | www.busaninmaum.com
02-2226-0344 (평일 9:00 a.m.~6:00 p.m.)

한국상담학회 | counselors.or.kr

한국상담심리학회 | krcpa.or.kr

주석

5장 공포 문화에서는 무슨 일이 일어나나?

1 캐럴 드웩, 《마인드셋Mindset》(스몰빅라이프, 2017)

2 아칼라, 《원주민 : 폐허가 된 제국의 인종과 계급Natives: Race and Class in the Ruins of Empire》(Two Roads, 2018)

3 브레네 브라운, '수치심에 귀를 기울이자' (2012. 3)
http://www.ted.com/talks/brene_brown_listening_to_shame.html

6장 인간의 뇌는 어떻게, 왜 공포를 만들어내는가?

4 렐리 네이틀러, '내 IQ점수는 어디로 갔을까?' (2019. 9.)
www.psychologytoday.com/us/blog/leading-emotional-intelligence/201104/where-did-my-iq-points-go

7장 순간의 공포를 통제하는 법

5 작자 미상(2016), '윌리엄 트루브리지 : 해저 102m까지 잠수하여 프리다이빙 세계 신기록을 세운 뉴질랜드 프리다이버' (2019. 9.)
www.bbc.co.uk/sport/diving/36856390

6 작자 미상, '충격적인 프리다이빙 사망률' (2019. 9.)
freedivingfreedom.com/risks-of-freediving/freediving-death-rates-the-shocking-reality/

7 당케 스카레(2017), '우리는 왜 공포 영화를 보나?' (2019. 9.)
https://partner.sciencenorway.no/film-forskningno-inland/why-do-we-like-watching-horror-films/1451826

나를 단단하게 만드는 심리학

8 윌리엄 트루브리지, '102m를 잠수한 정신력' (2019.9.)

http://williamtrubridge.com/writings/mental-techniques-for-102m/

9 앞에 언급한 글에서 발췌

10 앞에 언급한 글에서 발췌

8장 부족함 공포와 마주하는 법

11 디팩 초프라(2012), '상상력을 사용하는 최고의 방법은 창의력이고, 최악의 방법
은 불안감' (트위터, 2019.9.)

https://twitter.com/deepakchopra/status/250980201360678912?lang=en

13장 진흙탕으로 걸어 들어가라

12 조지 손더스(2014), '우리가 사랑하는 것 : 알제, 외계인 그리고 성년'

(더 파리 리뷰, 2019.9.)

www.theparisreview.org/blog/2014/07/25/ the-vale-of-soul-making/

14장 공포를 새로운 이야기로 대체하라

13 조지 음팡가(2019), '당신은 조지의 팟캐스트를 들어본 적 있나?'

(팟캐스트, 2019.9.)

https://www.bbc.co.uk/programmes/p07915kd/episodes/downloads

14 요한 하리, 《물어봐줘서 고마워요Lost Connections》 (쌤앤파커스, 2018)

15 토마스 프리만 예보아(2018), '버락 오바마가 아프리카 지도자 프로그램으로 전
직 가나인 축구선수를 선택하다' (펄스닷컴, 2019.9.)

https://www.pulse.com.gh/sports/football/barrack-obama-selects-ex-
ghanaianfootballer-for-leaders-africa-programme/554r1hm

15장 공포를 목적의식으로 대체하라

16 수잔느 랙, '피파, 성추행 관련 아프간 축구 주요 인사를 영구 제명하다'

(〈더 가디언〉, 2019.9.)

https://www.theguardian.com/football/2019/oct/11/afghan-football-official-
banned-fifa-sexualabuse-sayed-ali-reza-aghazada

16장 공포를 항복으로 대체하라

17 제임스 보가게, '메시, 기자가 준 행운의 부적을 몸에 품고 출전한 아르헨티나전에서 승리거둬' (《더 워싱턴 포스트》, 2019.9.)

https://www.washingtonpost.com/news/soccer-insider/wp/2018/06/27/did-messis-good-luck-charmsend-argentina-to-the-world-cups-knockout-stage/

17장 공포를 꿈과 욕구로 대체하라

18 마크 엡스타인, 《욕구를 받아들여라Open to Desire》(Avery, 2006)

19 브루클린 뮤직 아카데미(2015), '불굴의 인간 정신을 지닌 제인 구달

https://www.youtube.com/watch?v=ZXQfomDTp3Q

18장 공포를 진정한 유대감으로 대체하라

20 요한 하리, 《물어봐줘서 고마워요Lost Connections》(쌤앤파커스, 2018)

21 존 고든, 《라커룸 리더십You Win in the Locker Room》(리얼부커스, 2016)

22 콘라트 마셜, 《흑과 황Yellow and Black》(Slattery Media, 2017)

23 앞에 언급한 책에서 발췌

24 플레이어즈 트리뷴 글로벌(2017), '트렌치 코친 - 결정적인 순간'

https://www.youtube.com/watch?v=Dob-KZm1piM

25 콘라트 마셜, 《흑과 황Yellow and Black》(Slattery Media, 2017)

나를 단단하게 만드는 심리학